19,80 €

Ethik der Religionen – Lehre und Leben
Band 5: Umwelt

Ethik der Religionen – Lehre und Leben
herausgegeben von Michael Klöcker und
Udo Tworuschka

Band 5

Umwelt

Unter Mitarbeit von
Sigurd M. Daecke, Alphons van Dijk, Heyo E. Hamer, Heinz-Jürgen Loth, Holger Möllenberg, Rainer Neu, Monika Tworuschka, Ernstjoachim Vierheller

Kösel

Vandenhoeck & Ruprecht

CIP-Kurztitelaufnahme der Deutschen Bibliothek

Umwelt / unter Mitarb. von Sigurd Daecke .... –
München : Kösel ; Göttingen : Vandenhoeck und
Ruprecht, 1986.
(Ethik der Religionen – Lehre und Leben ;
Bd. 5)
ISBN 3-466-36191-5 (Kösel)
ISBN 3-525-61475-6 (Vandenhoeck u. Ruprecht)

NE: Daecke, Sigurd [Mitverf.]; GT

Satz: Tutte Druckerei GmbH, Salzweg-Passau.
Druck und Bindung: Kösel, Kempten.
Umschlag: Günther Oberhauser, München.
ISBN 3-466-36191-5 (Kösel)
ISBN 3-525-61475-6 (Vandenhoeck u. Ruprecht)

Inhalt

Vorwort der Herausgeber

Die konstitutive Bedeutung der Religion(en) für die Ethik, verstanden etwa als »Lehre vom sittlichen Wollen und Handeln des Menschen in verschiedenen Lebenssituationen« (Fremdwörter-Duden) oder kurz als »Theorie der menschlichen Lebensführung« (T. Rendtorff), ist in der Reihe »Ethik der Religionen – Lehre und Leben« bisher in Hinsicht auf Sexualität, Arbeit, Gesundheit, Besitz und Armut herausgearbeitet worden. Die Herausgeber hoffen, daß der vorliegende letzte Band dieser Reihe am Beispiel des Umweltverhaltens wiederum demonstriert, wie not-wendig und fruchtbar der Blick auf die Vielfalt der religiösen Traditionen ist. Religionen sollten nicht als Museumsstücke behandelt werden, an denen man mehr oder weniger teilnahmslos vorbeigeht oder die man einfach besichtigt. Sie bieten ein Potential an menschlichen Möglichkeiten, das dazu einlädt, die eigene religiöse Orientierung zu vertiefen.
Die Artikel sind in gewohnter Weise aufgebaut: Unter Ziffer 0 findet sich ein Überblick zu dem folgenden Beitrag.
Ziffer 1 enthält die ausführliche Darlegung des Themas aus der Sicht der jeweiligen Religionstradition.
Unter Ziffer 2 folgen Arbeitstexte.

Die Herausgeber

1 Jüdische Religion

HEINZ-JÜRGEN LOTH

1.0 Überblick

»... du sollst ihre Bäume nicht verderben und mit Äxten umhauen« (Dtn 20,19) – so lautet eine Maxime jüdischen Verhaltens gegenüber der Umwelt. Es gibt aber kein ökonomisches Handeln, das nicht in die natürlichen Verhältnisse eingreifen würde. Die Darstellung wird zeigen, wie das Judentum mit diesem Grundproblem umging und welche Maßnahmen es ergriff, um ökonomische Rationalität und Umwelt in eine Relation zu bringen. Neben den Anfängen des ökologiefreundlichen Denkens in der Bibel wird vor allem die rabbinische Entdeckung der Umwelt als eines Rechtsgutes aufzuzeigen sein. So wird das Verhältnis zur Umwelt hineingestellt in die übergreifende Konzeptualisierung gesamtgesellschaftlicher Ordnung und der Willkür des einzelnen und seiner Sonderinteressen entzogen.

1.1 Umwelt im Judentum

Die Einstellung des Menschen zu seiner physikalisch-organischen Umwelt folgt aus analytischer Sicht der Zweck-Mittel-Relation: Tiere, Pflanzen und Mineralien sind Objekte, deren der Mensch zu seinem Lebenserhalt bedarf. Die Züchtung von Kulturpflanzen, die Domestikation von Haustieren und die Technik der Metallgewinnung gewähren ihm die Freiheit, seine soziale Lebenswelt, seine Kultur und religiösen Vorstellungen zu entfalten. Die Umwelt des Menschen ist also immer schon ein von ihm geprägter Raum und nie die sich selbst überlassene Natur. Die Vorstellung einer harmonischen Übereinstimmung von Mensch und Umwelt gehört in den Bereich des Mythos oder der Utopie.

Natürlich gibt es Unterschiede: Es gibt einerseits unterschiedliche Umweltbedingungen, andererseits bestimmen unterschiedliche institutionalisierte Kulturmuster die Richtung der Objektkategorisierung der Umwelt. Auf diese üben die ultimativen religiösen Werte einen entscheidenden Einfluß aus, dürfen aber ihrerseits nicht losgelöst von den Handlungsbereichen Gemeinschaft, Politik und Wirtschaft gesehen werden. Nur so erklärt sich der Unterschied in den Wertorientierungen der Gesellschaften, aber auch das in den modernen Gesellschaften zu beobachtende Phänomen eines Vorranges des Ökonomischen vor kulturellen und religiösen Werten.[1]

Die »ökologischen« Vorstellungen der Bibel.

1. Die Urgeschichte

In Gen 1–11 skizzieren der aus dem 10./9. Jh. v. Chr. stammende Jahwist (= J) und die dem 6./5. Jh. v. Chr. zuzuordnende Priesterschrift (= P)[2] in knapper Form die *conditio humana*: des Menschen Herkunft, sein Wesen, seine Funktion und seine Erfahrungen. Geschöpfsein, Sich-Verfehlen in der Gemeinschaft und gegenüber Gott, Herrschaftsausübung über die Schöpfung und die Mühsal der Arbeit sind die Konstanten menschlichen Daseins nach J und P.[3]

Auch wenn J den Adam in Beziehung zur Adamah, der Erde, setzt (Gen 2,7; 3,19) und ihn diese Herkunft mit den Tieren teilen läßt (Gen 2,19), so ist es doch nur *er*, der Gottes Odem empfängt (Gen 2,7) und die Tiere benennt (Gen 2,19f.). Seinetwillen wird die Erde verflucht, wird ihr die ursprüngliche Fruchtbarkeit genommen (Gen 3,17ff.) Auch die Vernichtung von Materie und Kreatur in der Sintflut geschieht wegen der Bosheit der Menschen (Gen 6,5–8). Das gilt selbst dann, wenn die kosmische Katastrophe »ökonomisch« gerechtfertigt zu sein scheint, nämlich wegen drohender Übervölkerung und Unsterblichkeit der Menschen, mit denen sich die »Götter« (Bene Elohim) vermischt haben (Gen 6,1–4). Des Menschen frühe Erfahrung mit ökologischen Krisen vermittelt bereits das sumerisch-babylonische Atrahasis-Epos, das nach der Flutkatastrophe die Idee der Geburtenkontrolle einführt.[4] In diese Problematik paßt auch die viel spätere rabbinische Interpretation des Schlußsatzes von Gen 1,31: »es war sehr gut« (*tov meod*), wenn Gott nun sagt: »Tod ist gut« (*tov mavet*, z.B. Genesis Rabbah 9,11). Die Textstelle ist P zuzuordnen, die bekanntlich mit der Lehre von der Ebenbildlichkeit des Menschen mit Gott (Gen 1,26f.) mit Entschiedenheit das *anthropische Axiom* verficht, wonach die Schöpfung in der Herrschaft des Menschen über die physikalisch-organische Welt gipfelt (Gen 1,28). Zwar segnet Gott die von ihm geschaffene Tierwelt und schreibt Mensch wie Tier die pflanzliche Nahrung vor (Gen 1,29f.), doch nach der Sintflut dienen auch die Tiere dem Menschen als Nahrung (Gen 6,21). Diesem werden die Tiere in Furcht und Schrecken ausgeliefert (Gen 9,2).

Man darf nicht vergessen, daß P Priesterliteratur ist, die in der rituell ausgeübten Gewalt an Tieren im Rahmen des blutigen Tieropfers eine legitime Handlung sieht. Überhaupt gründet ja die antike Gesellschaft auf dem Ritus des Blutvergießens: Er dient sowohl dem Zusammenhalt innerhalb der Gruppe als auch dem Selbstverständnis der Gemeinschaft gegenüber ihrem Gott.[5] Das Ritual ist also in Handlung umgesetzte Ordnungsmetaphysik, an der P bekanntlich sehr interessiert ist.

Man kann folglich im Hinblick auf die Schöpfungsgeschichte nicht von »einer schicksalhaften Solidarität« zwischen Mensch und Welt sprechen,[6] denn für die Urgeschichte ist die Welt – einen solchen Begriff gab es noch nicht[7] – nur als *Lebensraum* des Menschen interessant.[8] Überhaupt gilt für die ganze hebräische Bibel, dem »Alten Testament« der Christen, daß das Interesse an der Natur der Beziehung von Mensch und Gott untergeordnet ist.[9] Auch ist wieder darauf hinzuweisen, daß es den Begriff »Natur« in der Bibel nicht gibt.[10]

2. Umwelt im biblischen Kontext

Alles stammt von Gott und ward dem Menschen übergeben, um es zu *bewahren*: der Garten Eden (Gen 2,15), die Erde (Ps 115,16) und das Land Kanaan (Dtn 26,3) – als eine Leihgabe Gottes (vgl. Lev 25,23).

Aber drei Dinge bedrohten das Leben: Wassermangel, Verkarstung und Krieg. Dem Wasser kam daher eine entscheidende Bedeutung für die Fruchtbarkeit zu, das Graben von Brunnen galt als notwendig (Gen 2,5f.; 26,15.19ff.). Brunnen und Quellen wurden als abhängig von Gottes Willen angesehen und waren somit religiös verankert (z.B. Dtn 6,11; Neh 9,25). Jahwe selbst konnte von Jeremia als Quelle bezeichnet werden (Jer 2,13; 17,13). Baum und Wasser (vgl. Jer 17,8; Ez 17,5ff.) oder Baum und Quelle (vgl. Gen 49,22; Ex 15,27) wurden miteinander verknüpft. Das Pflanzen von Bäumen war ebenfalls religiös begründet. So wird in der jüdischen Tradition Lev 19,23 als Gebot des Pflanzens von Bäumen verstanden, wie ja das Pflanzen überhaupt gänzlich von Gott abhängig war (z.B. Ps 104,17ff.; Jes 28,23ff.).

Von vorrangiger Bedeutung waren Weinstöcke und Feigenbäume: ihre Vernichtung galt als schwere Heimsuchung und Strafe Gottes (Jer 5,17; 8,13; Joel 1,7.12). Nach den deuteronomischen Kriegsgesetzen war derjenige, der einen Weinberg gepflanzt und noch keine Weinernte eingebracht hatte, vom Militärdienst befreit (Dtn 20,6) – denn ein Weinberg verlangt sehr viel Pflege. Hierbei spielten sicherlich auch ökonomische Gründe eine Rolle, denn als Hauptnahrungsmittel neben Brot und Öl war der Wein ein Wirtschaftsprodukt ersten Ranges.

Die Notwendigkeit von Weideregeln wurde früh erkannt. Das Grasen von Schafen und Ziegen auf Böden mit dünner Humusschicht kann schnell zu einer Verkarstung führen, weshalb das Kleinvieh vom Kulturland ferngehalten werden muß. Deshalb lagerte Abraham abseits von kanaanäischen Feldern in der Wildnis (Gen 12,6).[11] In Gen 13,6 heißt es im Hinblick auf Abrahams und Lots Herden bezeichnenderweise: »das Land konnte es nicht ertragen«. Der felsige Boden Judäas verlangte sehr viel Arbeit von seiten des Bauern. Applanierung, Terrassierung und Entsteinen gehörten zum bäuerlichen Alltag.[12]

Die frühe Geschichte des jüdischen Staatswesens ist gekennzeichnet durch kriegerische Auseinandersetzungen. Wie in den Kriegen der modernen Zeit, so wurde auch in der Antike keine Rücksicht auf die Umwelt genommen. Die Kanaanäer verstopften Isaak die Brunnen (Gen 26,15.18) und in Ex 23,29–30 verspricht Gott, die Bewohner Kanaans nur langsam aus dem Lande zu vertreiben, »auf daß nicht das Land wüst werde und sich die wilden Tiere wider dich mehren«. Was hier als umweltbewußt erscheint, ist aber nur eine Rechtfertigung für die militärische Schwäche der Israeliten. Denn nachdem Abimelech, der Sohn Gideons, die Stadt Sichem erobert hatte, ließ er sie mit Salz bestreuen (Ri 9,45; vgl. Dtn 29,22), um die Region der Unfruchtbarkeit anheimzugeben.[13] Nach 2 Kön 3,19.25 forderte der Prophet Elisa von Joram von Israel (851–845 v. Chr.), die Städte der Moabiter zu verwüsten, die Bäume zu fällen, die Brunnen zu verstopfen und die Äcker mit Steinen zu verderben. Später wollte Hiskia (725–697 v.Chr.) durch Versiegeln der Wasserquellen und Bäche die Assyrer abschrecken (2 Chron 32,2–4.30). Man wird sich davor hüten müssen, in der Bibel überall ökologiegerechtes Verhalten zu sehen.

Was die Naturverbundenheit der biblischen, auch heute noch eingehaltenen Feste wie Pessach, Schavuot (Wochenfest) und Sukkot (Laubhüttenfest) angeht, so folgen diese nicht mehr den natürlichen Zyklen des Wachstums, sondern sind kalendarisch festgelegt. Das heißt, Zeit ist nicht mehr die Abfolge von bedeutsamen Ereignissen wie Säen, Pflegen und Ernten, sondern wird unabhängig davon gemessen – als zeitlicher Rahmen des Handelns.[14]

Allein Sukkot weist noch einen starken Bezug zur Vegetation auf: die Laubhütte aus Dattelpalmzweigen, das Ausschmükken mit Blumen und Früchten, der Feststrauß aus Myrten-, Bachweiden- und Dattelpalmzweigen, zu dem die Zitrusfrucht Etrog hinzukommt, und schließlich noch die Bitte um Regen nach dem letzten Festtag. Am Sabbat erinnern die zwei Brote, der Wein und die Kerzen an die Produkte Altisraels. Zur stehenden Symbolik gehört auch die Menorah, die ehemalige siebenarmige Tempelleuchte, die mit Öl gefüllt wurde (vgl. Ex 25,31 ff.): sie ist eine Nachbildung des heimischen Salbei. Das Staatswappen Israels zeigt heute die Menorah mit einem Ölzweig zu beiden Seiten – gleichsam als eine Realisierung der Vision des Propheten Sacharja (Sach 4,1 ff.).

3. Die Natur aus der Sicht der Propheten

Die Propheten entwickelten im Hinblick auf die Natur neue Aspekte. Es ist z. B. nun nicht mehr sicher, daß die Tiere für die Sünden der Menschen leiden müssen. In dem Bild vom messianischen Frieden zwischen Mensch und Natur haben auch die Tiere ihren festen Platz (Jes 11,6–9; 35,9; 65,25; Ez

34,28). Nach Hosea 2,20 will Gott sogar um der Menschen willen einen Bund mit den Tieren schließen. In der Not wenden sich die wilden Tiere sogar an Gott (Joel 1,20).
Die Verfluchung der Erde wird sich zu außerordentlicher Fruchtbarkeit wandeln.[15] Gott selbst wird die Israeliten »in ihr Land pflanzen« (Amos 9,15). Auch ansonsten gebrauchen die Propheten Gleichnisse, Metaphern und Analogien, die der Natur entnommen sind. So wird z. B. in Jes 31,4 Jahwe mit einem Löwen verglichen und Ez 17,22 ff. das erniedrigte davidische Königshaus mit dem Reis vom Wipfel einer Zeder. Die Natur hat teil an den großen Taten Gottes: die Erlösung Israels aus der babylonischen Gefangenschaft läßt Himmel und Erde, Berge, Wald und Bäume frohlocken und jauchzen (z. B. Jes 44,23).

4. Die »ökologischen« Mizwot

Die Rabbinen haben aus dem Pentateuch (Fünf Bücher Moses) einen Gesetzeskorpus von 613 Mizwot (Tarjag Mizwot)[16] oder religionsgesetzlichen Verpflichtungen herausgefiltert, die für das torahtreue Judentum auch heute noch von zentraler Bedeutung sind. Unter diesen befinden sich folgende Gebote und Verbote:

(1)	Ruhen der Feldbestellung im Sabbatjahr und Jobeljahr	Ex 23,11; 34,21 Lev 25,11
(2)	Fliegenlassen der Vogelmutter bei Wegnahme ihres Nestes	Dtn 22,7
(3)	Verordnung über die Levitenstädte	Num 35,2
(4)	Reinhaltung des Militärlagers	Dtn 23,14–15
(5)	Hilfeleistung für das zusammenbrechende Lasttier	Ex 23,5
(6)	Entschädigung für das Weiden	Ex 22,4

	auf fremdem Acker und im Weinberg	
(7)	Verbot des Abholzens von Fruchtbäumen, selbst in Kriegszeiten	Dtn 20,19
(8)	Verbot des Tötens von Muttertier und Jungen am gleichen Tage	Lev 22,28
(9)	Verbot des Genusses von Teilen eines noch lebenden Tieres	Dtn 12,23; Lev 19,26
(10)	Verbot des Kreuzens verschiedener Tierarten	Lev 19,19
(11)	Verbot, verschiedene Tierarten zusammen anzuschirren	Dtn 22,10
(12)	Verbot, den arbeitenden Tieren das Maul zu verbinden	Dtn 25,4
(13)	Arbeitsverbot am Sabbat = Ruhetag für Tiere	Ex 20,10
(14)	Verbot von Sexualkontakten mit Tieren	Lev 18,23
(15)	Verbot der Kastration von Tieren	Lev 22,24

Fragen wir nun nach der zugrunde liegenden Motivation: (1) gehört zu den Erlaß- und Jobeljahrgesetzen und ist primär religiös und sozial begründet.[17] Daß die Brache zur Bodenerneuerung beiträgt, steht außer Zweifel. (2) und (8) folgen aus der ökonomischen Einsicht, daß mit dem Verzehr nur der Eier oder Jungen die weitere „Produktion" nicht unterbunden wird. (3) legt fest, daß den Leviten Städte und Land übereignet wird (Num 35,2–8). Das Land besteht aus einem inneren, 1000 Ellen breiten Ring von gemeinschaftlich zu nutzendem Weideland und einem äußeren Ring gleicher Breite, der nur für Felder und Weinberge bestimmt ist.[18] (4)

dient der Hygiene, aber auch der Abfallbeseitigung. (5) dient dem Tierschutz, fällt aber in den Bereich der Sozialgesetze (vgl. Ex 23,4), während (6) die Entschädigung für Umweltzerstörungen festlegt. (7) folgt mehr ökonomischen Erwägungen, da andere Bäume durchaus gefällt werden dürfen. (9) steht im Dienste des Tierschutzes. Man denke z. B. an die Massai, die ihren noch lebenden Rindern Blut abzapfen. (10) ist religiös begründet und verweist auf die Berechtigung einer jeden Tierart, während (11) bis (15) auf die Praxis des Tierschutzes abzielt.

Es können folglich nur (3) und (6) *direkt* als ökologische Mizwot angesprochen werden, wobei (3) durch vorherige Abgrenzung der Nutzungsflächen die nach (6) zu regulierenden Schäden – entstanden durch das freie Grasen von Ziegen und Schafen – ausschließen will. In allen anderen Fällen wird man jedoch einen *indirekten* positiven Effekt auf die Umwelt behaupten können. Wir kommen dann zu dem Ergebnis, daß nach der biblischen Überlieferung Altisrael bereits über ein reflektiertes Verhältnis zur Natur verfügte. Denn geographische Lage, physikalische Beschaffenheit des Landes und begrenzte ökonomische Möglichkeiten *zwangen* zu einem Verhalten, das man aus heutiger Sicht als ökologiefreundlich bezeichnen kann. Aber abgesehen von der Brache im Sabbat- und Jobeljahr zog die Einhaltung der erwähnten Vorschriften keine wirtschaftlichen Einbußen nach sich.

5. Der rabbinische Weg: Umwelt als Rechtsgut

Für Philo von Alexandrien (ca. 20 v. – 40 n. Chr.) stand der Mensch deshalb am Ende der Entwicklung, weil erst die materielle Grundlage geschaffen werden mußte, die ein gutes Leben ermöglicht (De opificio mundi[19] §§ 64 ff. 77). Die Benennung der Tiere und ihre Domestikation verstand er als Herrschaftsakt (§§ 84 f. 148). Dennoch bleibt der Mensch nur

Statthalter Gottes, beauftragt mit der Fürsorge für die Tiere und Pflanzen (§ 88).

Das Verhältnis der *Natur* zum Menschen ist Gegenstand der Haggadah[20] in Talmud und verwandtem Schrifttum. In der Haggadah, »in der die Anschauung herrscht, daß Tieren und leblosen Dingen Lohn zuteil wird und sie der Strafe unterworfen sind – lebt die gesamte Natur, lebt, fühlt, hört, sieht, spricht und – denkt«.[21] Die physikalisch-organische Welt ist also keinesfalls Sklavin des Menschen.

Mit dem Verhältnis des *Menschen* zur Natur beschäftigt sich der halachische (gesetzliche) Teil des Talmuds. Urbanisierung sowie Handwerks- und Industriebetriebe schufen damals bereits ökologische Probleme. Eine schöne Wohnung war allgemein begehrt (Berakhot 57a), denn das Leben in einer großen Stadt galt als schwierig und wenig gesundheitsfördernd (Ketubot 110b.)

In Sachen Umwelt folgte das rabbinische Denken zwei Rechtsprinzipien: (1) *zaar baalei chajjim*, »der Schmerz der Tiere«, und (2) *bal taschchit*, »du sollst nicht verderben«.[22] Zu dem ersten Grundsatz zählen die oben angeführten Mizwot (2), (5), (8) und (11) bis (15) (vgl. Baba Mezia 32a, b; Schabbat 110b). Tiere dürfen nicht hungern (s. Ketubot IV,8; Gittin 62a), mit möglicherweise vergiftetem Wasser getränkt werden (Tosafot Baba Kamma 115b) und haben Anspruch auf Krankenpflege.[23]

Der zweite Grundsatz folgt aus der Generalisierung der Mizwa (Dtn 20,19): »du sollst ihre Bäume nicht verderben«. Nach Kidduschin 32a stellt jede unbegründete Zerstörung eine Verletzung dieses Grundsatzes dar. Das gilt auch in Hinblick auf die willkürliche Tötung eines Tieres (Chullin 7b) oder die erwähnte Versiegelung der Wasserquellen durch König Hiskia (Pesachim 56a).

Für die allgemeine Hochschätzung der Fruchtbäume steht der von Hillels Schule auf den 15. Schwat gelegte Neujahrstag der Bäume, Tu B'Schwat, der im modernen Israel ein

Festtag ist. Bekannt ist auch der von Rabbi Jochanan ben Zakkai (1. Jh. n. Chr.) stammende Ausspruch: »Wenn du eine Pflanze in der Hand hältst und man dir sagt: ›Der Messias ist da!‹ – pflanze sie zuerst ein und dann geh, ihn zu begrüßen« (Abot de Rabbi Natan 31). Dennoch konnten Bäume dem Rentabilitätsdenken zum Opfer fallen (Baba Kamma 91 b; 92 a; Baba Batra 26 a).

Bezüglich der Reinheit des Wassers waren die Rabbinen besorgt.[24] Man durfte in Trinkwasser keinerlei Waschungen vornehmen (Tos. Baba Kamma VI,31). Und Wasser, in dem Flachs gewaschen worden war, durfte nicht mehr auf Gemüsefelder geleitet werden (Baba Batra 18 a; 25 a).

Auch die Luftverschmutzung stellte bereits ein Problem dar. So war es nicht erlaubt, eine Bäckerei, einen Färberladen oder einen Rinderstall unter einem Speicher einzurichten. Eine Tenne zum Dreschen mußte 50 Ellen von der Stadt oder fremdem Eigentum entfernt sein (Baba Batra 24 b; M Baba Batra II,8). Äser, Gräber und Gerbereien mußten ebenfalls 50 Ellen von der Stadt entfernt sein (Baba Batra 25 a). Der Lagerung von Abfällen diente öffentlicher Grund und Boden (Baba Kamma 30 a; 81 b). Aber es war in der regenarmen Sommerzeit verboten, Abwässer oder Müll aus den Kellern auf die öffentlichen Durchgangsstraßen zu befördern (ebd., 30 a).

Ein weiteres Problem der antiken Stadt war die Lärmbelästigung. Wegen des großen Publikumverkehrs durften in einem gemeinsamen Hof keinen Laden errichten: der Mohel (Beschneider), der Aderlasser, der Weber, der Lehrer nichtjüdischer Kinder und der »Schulrat« (Baba Batra 21 a). Der Nachbar hatte die Möglichkeit der Einrede, daß er wegen des Lärms der Kommenden und Gehenden nicht schlafen könne (ebd., 20 b). Das galt aber nicht, wenn jüdische Kinder in der Torah unterrichtet wurden und – wenn es sich um Handwerksbetriebe handelte. Diese wurden bewußt gefördert.

Aus Gründen der absoluten Heiligkeit Jerusalems[25] galten hier besondere Vorschriften. So waren Dunghaufen, »Hochöfen«, Gärten oder Obsthöfe und Geflügelhaltung untersagt (Baba Kamma 82b).

Nach rabbinischer Auffassung war also der Eigentümer keineswegs frei in der Nutzung seines Eigentums. Denn es gab keinen rechtlichen Anspruch auf Dinge, die Schaden verursachen (Baba Batra 23a). Vielmehr galt die Rechtsnorm, daß derjenige, der die Umwelt schädigt und damit seinem Nachbarn Schaden zufügt, zur Unterlassung verpflichtet ist (ebd., 18b; Baba Kamma 30a). Selbst für den Fall, daß die Behörden die Lagerung von Abfällen auf öffentlichen Plätzen erlaubten, galt das Prinzip der Verursacherhaftung, wenn jemand zu Schaden kam (Baba Kamma 30a, b). Es galt auch der Grundsatz, daß die Abwendung eines Unrechtes von der Öffentlichkeit Vorrang hatte vor dem dadurch einem Individuum zugefügten Schaden (Baba Batra 24b).

Umweltschädigungen wurden folglich als unerlaubte Handlungen angesehen und damit zu einem Gegenstand der Rechtsprechung, die über Zwangsmittel zur Durchsetzung des Rechtes verfügte. Umwelt wurde so zu einem Rechtsgut, nachdem aus der religiösen Handlungsorientierung *bal taschchit* eine soziale Norm geworden war.

6. Der Niedergang des Umweltdenkens im Mittelalter

Der jüdische Landbesitz war sowohl im christlichen Okzident als auch im islamischen Orient – hier jedoch in einem geringeren Maße – im Abnehmen begriffen.[26] Die Juden wurden nach und nach dem Ackerbau entfremdet und wandten sich Gewerbe und Handel zu, was in der offeneren muslimischen Gesellschaft einfacher war als im christlichen

Abendland. Die Entwicklung führte dann zum jüdischen *homo oeconomicus*, dem Fachmann für finanzielle Transaktionen im Dienste der Herrschenden.[27]
Als Moses Maimonides (1135–1204) sein »Buch über die Landwirtschaft« (Mischneh Torah, Buch VII) verfaßte, lebte die Mehrheit seiner Glaubensgenossen in Städten. Land war nur noch ein Anhängsel zum Stadtbesitz. Auch seine Ausführungen zum Grundsatz *bal taschchit* im »Buch der Richter« (Traktat 5: Könige und Kriege [Mischneh Torah, Buch XIV]) gehen nicht über das hinaus, was in der halachischen Tradition (s. o.) überliefert ist.[28] Wenn er dagegen in seinem Traktat über das Asthma die Verbesserung der Luft für eine entscheidende Grundlage der Gesundheit von Körper und Geist hält,[29] dann spricht er wohl eher als Mediziner.
Da die Juden als Minorität in ihrem Handeln nicht frei waren, gab es für sie keine Möglichkeit, ihre ökologischen Erkenntnisse im Alltag anzuwenden.[30] Im Vordergrund stand das Überleben – im physischen und ökonomischen Sinne.

7. Umweltbewußtsein in Israel

Der Versuch einer »Rückkehr zum Boden« in den 80er Jahren des letzten Jahrhunderts mißlang. Mit der Gründung des Jüdischen Nationalfonds (Keren Kajemeth Leisrael = KKL) auf dem 5. Zionistenkongreß in Basel (1901) begann jedoch eine kontinuierliche Urbarmachung und Aufforstung des Landes, der die Erschließung durch Straßenbau voranging. Sümpfe und Sandland wurden in Ackerland verwandelt, Berghänge mit Bäumen bepflanzt und Terrassen herausgesprengt sowie Wüsten mit antiken und modernen Wassertechniken und salzresistenten Pflanzen in Obstgärten ver-

wandelt. Im nachhinein kann man sagen, daß die jüdischen Siedler schon vor 80 Jahren mit ökologischen Maßnahmen begannen, als diese überhaupt noch kein Thema waren.
Inzwischen sind auch 180 Nationalparks und Naturschutzgebiete entstanden. Unter letzteren befindet sich auch das 1977 der Öffentlichkeit übergebene biblische Tierreservat »Hai-Bar« (»Freie Wildbahn«) im Arava-Tal, das besondere Erwähnung verdient. Es ist einmal »Arche Noah des 20. Jahrhunderts« für die bedrohte Tierwelt, zum anderen dient es dazu, die antike Tierwelt wieder »einzubürgern«. Initiator war Avraham Joffe, Reservegeneral und Direktor der »Naturschutzbehörde«: »Nicht nur die Juden, sondern auch die Tiere der Bibel müssen in ihre Urheimat zurückkehren«.[31] Unter großen Schwierigkeiten wurden z. B. die Negev-Gazelle (Hoheslied 2,9), der Steinbock (Ps 104,18), der Halbesel oder Onager (Jer 2,24), der Wildesel (Hiob 39,5) und der Strauß (Klagel 4,3) in »Hai-Bar« wieder heimisch gemacht. In freier Natur lassen sich auch wieder Wolf und Hyäne beobachten – Tiere, die wegen ihrer Bedeutung für das Ökosystem gesetzlich geschützt sind. Insgesamt ist es gelungen, den Großteil der in der Bibel erwähnten Tiere in Israel wieder »einzubürgern«.
Aber dieser positiven Bilanz steht auch eine negative gegenüber: Die Entwicklung Israels zu einem modernen Industriestaat hat – wie in anderen Industriestaaten auch – zu einer erheblichen Belastung der Umwelt geführt. »In Israel kursierte zeitweilig der Witz, daß – falls die Ansammlung organischer Stoffe im See von Galiläa [Genezareth] im gegenwärtigen Tempo weitergehe – bald *jeder* auf ihm werde wandeln können«.[32] Inzwischen sind Maßnahmen ergriffen worden, um ein »Umkippen« des Sees zu verhindern.[33]
Aber es bleibt die Tatsache, daß trotz der seit 1961 in Gang gekommenen Umweltschutzgesetzgebung viele Flüsse und Teile der Mittelmeerküste nachhaltig verseucht sind[34] und die Abfallbeseitigung in dem kleinen Land ein sehr großes

Problem darstellt. Gefordert ist eine ökologiekonforme Wirtschaft.
Die Umweltprobleme lassen sich durch Entwicklung einer Umweltethik allein nicht therapieren,[35] es bedarf der Gesetzgebung und staatlichen Zwanges. Uri Marinov, der Direktor des »Amtes für Umweltschutz«, fordert deshalb die verstärkte Umweltgesetzgebung, die Stärkung der Administration, um diese durchsetzen zu können, konkrete ökologische Maßnahmen und erst dann die Entwicklung eines auf die Umwelt bezogenen Verhaltenskodex.[36] Es spricht für den Realitätssinn der Rabbinen, daß auch sie in Fragen der Umwelt sich nicht auf religiöse Forderungen verließen, sondern schon vor anderthalb Jahrtausenden in der Rechtsschöpfung den Weg zu einer Ordnung in der Welt sahen.

1.2 Text

Interview mit Herrn Direktor Gur und Herrn Liebermann vom KKL/Jüdischer Nationalfonds e. V., Düsseldorf

Loth: Herr Direktor Gur, der KKL hat seit seiner Gründung mehr als 170 Millionen Bäume gepflanzt und so das Bäumepflanzen zu einem nationalen »Sport« werden lassen. Mit welchem Ergebnis?
Gur: Nach den Statuten ging es dem KKL darum, Boden zu erwerben, urbar zu machen und auf das Anpflanzen vorzubereiten. An die Umwelt dachte man damals noch nicht. Man kaufte Land, legte Sümpfe durch das Anpflanzen von Eukalyptusbäumen trocken und suchte Berge zu bewalden. Bäume geben in unserem Land nicht nur den erwünschten Schatten, sie verbessern auch erheblich die Luftqualität, wie das Beispiel der Jerusalem-Pinie zeigt: ihre klebrige Oberfläche filtert Schadstoffe heraus. So erlangt insbesondere

Jerusalem seine klare und frische Luft. Übrigens sind unsere Wälder nicht Privateigentum wie hierzulande, sie dienen allen als Erholungsstätten. Das Bäumepflanzen möchte ich nicht als nationalen »Sport« bezeichnen. Wie Sie wissen, feiern wir alljährlich das Neujahrsfest der Bäume: Tu B'Schwat. In Israel ist das ein großer Festtag, an dem 100.000 Schulkinder Setzlinge pflanzen. In diesem Jahr waren auch Soldaten beteiligt. Wie vor Pessach kleine Gaben verteilt werden, so auch an diesem Tag. Überhaupt hat sich der Brauch eingebürgert, Bäume anstatt Blumen zu verschenken. Und in vielen jüdischen Familien steht die Blaue Büchse des KKL. Die Mutter gibt dem jüngsten Kind ein Geldstück vor dem Kerzenanzünden am Freitagabend, damit es dieses in die Sammelbüchse stecke. So wird z. B. außerhalb Israels Verbundenheit mit dem Land gefördert.

Auch Christen beteiligen sich am Bäumepflanzen. Für jene Nichtjuden, die Juden während des Holocaustes halfen, gibt es im Jad Vaschem[37] eine Allee der Gerechten aus den Völkern.

Loth: Damit stellt sich für mich die Frage nach der Motivation der Arbeit des KKL. Bestehen nicht auch Beziehungen zur Religion?

Gur: Es gibt ein Gebet zum Baumpflanzen. Es ist aber nicht verpflichtend. Die Arbeit des KKL ist rein säkular. Aber es wird niemand daran gehindert, sich – wenn z. B. eine neue religiöse Siedlung entsteht – religiös zu betätigen.

Loth: Ich denke hier aber an Ornis Buch über den KKL, in dem er darlegt, daß die Bodenreform von den Richtlinien der Torah beeinflußt wurde. Deshalb gibt es keinen Privatbesitz an Boden, sondern nur eine Pacht von 49 Jahren.[38]

Gur: Die natürlich verlängert werden kann. Ich habe selbst eine solche Pacht abgeschlossen und mir ein Haus gebaut. Daß ich in Israel lebe, das Land bearbeite und helfe, das Volk wieder aufzubauen, hängt mit der Bibel zusammen.

Loth: Beteiligt sich der KKL auch an der Städtesanierung?

Gur: Ja, in diesen Tagen wird z. B. im Süden von Tel Aviv ein großer Park angelegt. Da das Gebot der Sabbatruhe Ausflüge mit dem Auto ans Mittelmeer oder in die Freizeitparks in unseren Wäldern nicht gestattet, bringen wir das Grüne zu den Menschen in die Stadt. Beiläufig sei erwähnt, daß es ein Gesetz gibt, wonach ein vom KKL gepflanzter Baum nicht ohne seine Einwilligung von einem späteren Erwerber gefällt werden darf.

Loth: Welche Projekte plant der KKL für die Zukunft?

Gur: Bis zum Ende dieser Dekade werden wir uns der weiteren Sanierung der großen Ortschaften sowie der Bodenentwicklung im

Norden und Süden des Landes widmen. Auf unsere Initiative hin wurde 1984 eine interuniversitäre »Kommission für Ökologie« gegründet, deren Ziel der Wissenschaftstransfer ist, z. B. mit Ländern wie Deutschland und Kanada.

Loth: Ich möchte noch einmal auf die Rolle der Religion zurückkommen. Auch wenn die Unternehmungen des KKL rein säkular sind, so gibt es m. E. dennoch eine Beziehung zu bestimmten religiösen Vorstellungen.

Liebermann: Im Judentum läßt sich keine scharfe Trennung zwischen Volk und Religion ziehen, da beides zusammen eine Einheit bildet. Natürlich kann man hinsichtlich unserer Arbeit auf Ezechiel 36,34 verweisen, wo die Rede vom Wiederaufbau des Landes ist, oder auf Leviticus 19,23: »Wenn ihr in das Land kommt und allerlei Bäume pflanzt...«.

Loth: Muß man dann im Bäumepflanzen, zu dem ja auch Prominente des In- und Auslandes, Juden wie auch Nichtjuden, vor die Kamera geladen werden, nicht auch einen Akt mit symbolischer Bedeutung sehen, also ein Ritual?

Liebermann: Ich würde eher von Brauchtum sprechen, allenfalls von einem säkularen Ritual, wenn die Bezeichnung Ritual zutreffen sollte.

Gur: Als Brauchtum würde ich es ebenfalls bezeichnen, wenn der KKL Erde aus Israel für Trauerfälle besorgt. Ist es nicht möglich, in Israel zu leben und dort begraben zu werden, dann will man wenigstens mit ein wenig Staub aus dem Heiligen Land bedeckt sein.[39]

Loth: Sie werden doch aber zugeben müssen, daß dem Akt des Bäumepflanzens ein symbolischer Charakter nicht abgesprochen werden kann: Bäumepflanzen verweist auf die Zukunft, sichert Leben – und hilft der Umweltverbesserung.

Liebermann: Ja, aber ein religiöser Akt ist es dennoch nicht. Ich möchte noch einmal an das schon erwähnte Neujahrsfest der Bäume erinnern. Tu B'Schwat wird im Talmud nur »by the way« erwähnt und bezieht sich auf die Obstkulturen.

Loth: Meine Herren, ich bedanke mich für das Gespräch.

2 Christentum

SIGURD MARTIN DAECKE

2.0 Überblick

Die ökologische Frage trennt die Religionen und Konfessionen nicht, sie verbindet sie vielmehr. Spezifisch für die *alttestamentlichen* Schöpfungsaussagen ist jedoch die Unterscheidung und Trennung des Schöpfers von seiner Schöpfung und damit die Entgötterung und Entgöttlichung der Welt. Innerhalb der Schöpfung hat der Mensch eine Sonderstellung als aus der Natur herausgehobener Statthalter Gottes und Verwalter der Schöpfung; er steht auf der Seite des Schöpfers über der übrigen Schöpfung. Diese Transzendenz des Schöpfers und diese Sonderstellung des Menschen sind in der ökologischen Diskussion der siebziger Jahre für die Umweltkrise verantwortlich gemacht worden. Aber der »Herrschaftsauftrag« Gottes an die Menschen, das »dominium terrae«, ruft vielmehr den Verwalter zur Verantwortung für die Schöpfung auf. Und im Neuen Testament werden Schöpfer und Schöpfung, Gott und Natur noch mehr zusammengeschlossen und verbunden. Auch die Auslegungs- und Wirkungsgeschichte der Bibel erlaubt keine Ableitung der Umweltkrise aus der biblischen Schöpfungsüberlieferung.

Diese ist vielmehr notwendig Grundlage einer Umweltethik. Eine solche kann einerseits anthropozentrisch begründet werden, sofern der Mensch als Mittelpunkt und »Krone der Schöpfung« verstanden wird. Aber eine physio- oder biozentrische Ethik, die den Eigenwert und die Eigenrechte der Natur betont, ist dem biblischen Schöpfungsglauben noch angemessener. Doch genuin christlich ist eine schöpfungszentrierte, christologisch und pneumatologisch begründete ökologische Theologie, die die Natur als durch Gott geheiligt versteht. Diese unmittelbare Beziehung zwischen Gott und Natur, dieses Verständnis des Schöpfers als nicht nur über, sondern *in* seiner Schöpfung gegenwärtig, ist eine spezifisch religiöse Begründung dafür, daß die Natur nicht nur um ihrer selbst, sondern um Gottes willen erhalten und geschützt werden muß. In Jesus Christus ist der Schöpfer selber zum Geschöpf geworden und in seine Schöpfung eingegangen, und als Heiliger Geist ist er in den Weltprozessen lebenschaffend am Werk. So hat der Schöpfer durch seine Präsenz in der Schöpfung diese geheiligt und ihr einen göttlichen Wert verliehen. Daraus folgt zwingend die Notwendigkeit, die Schöpfung zu erhalten und zu bewahren.

2.1 Umwelt im Christentum

1. Gemeinsamkeit zwischen Religionen und Konfessionen

Die grundlegenden biblischen Aussagen, die die ökologische Diskussion im Protestantismus während der letzten beiden Jahrzehnte bestimmt haben, sind ihm mit dem Katholizismus und zum großen Teil auch mit dem Judentum gemeinsam. Im Mittelpunkt sowohl der ökologischen Kritik am jüdisch-christlichen Verständnis von Gott, Mensch und Natur als auch im Zentrum der Begründung einer Umweltethik stehen die Worte des Alten Testaments, also die religiöse Überlieferung auch des Judentums. Und von der Hoffnung des Apostels Paulus auf Erlösung und Befreiung auch der Schöpfung (Röm 8,19–23) bis zur brüderlichen Verbundenheit Franz von Assisis mit aller Natur und Kreatur teilt der Protestantismus die neutestamentliche und kirchliche Tradition mit dem Katholizismus.

Zwar können die Interpretation und Bewertung dieser religiösen Sicht von Natur und Umwelt bisweilen spezifisch protestantische Züge tragen. Denn die Kritik an der Trennung von Schöpfer und Schöpfung, am Herrschaftsauftrag Gottes und an der Sonderstellung des Menschen über der Natur ist vor allem in der evangelischen Theologie rezipiert und diskutiert worden. Aber Carl Amery, der in diesem Sinne vor den »gnadenlosen Folgen des Christentums«[1] für Natur und Umwelt warnte, ist Katholik. Und auch bei der Begründung einer Umweltethik gibt es keine entscheidenden konfessionellen Unterschiede: Einerseits wird die mehr »protestantisch« erscheinende *anthropozentrische* Begründung des Umweltschutzes durch die personale Verantwortung gegenüber der Schöpfung Gottes am entschiedensten durch den katholischen Moraltheologen Alfons Auer vertreten.[2] Und andererseits findet sich die »katholisch« anmutende »sakramentale« Grundlegung einer ökologischen Theologie der Natur durch den Gedanken einer »geheiligten« Schöpfung weniger bei Katholiken als bei anglikanischen und orthodoxen, lutherischen und sogar reformierten Theologen.[3]

Was die ökologische Tradition und Diskussion betrifft, so gibt es also kaum Differenzen zwischen Katholizismus und Protestantismus, und die Begründung der Umweltethik durch eine Schöpfungsverantwortung, die dem göttlichen Herrschaftsauftrag und der Gottebenbildlichkeit entspricht, ist als alttestamentliche Überlieferung sogar Judentum und Christentum gemeinsam. Spezifisch protestantisch kann die folgende kurze Skizze der ökologischen Diskussion in der evangelischen Theologie also sicher nicht sein, weil die religiösen und konfessionellen Differenzen hinter den positionellen zurücktreten.

Angesichts der westlichen Naturvergessenheit und des

abendländischen Dualismus richten evangelische Theologen ihren Blick sogar auf die Einheit von Gott, Mensch und Natur in den östlichen, afrikanischen und indianischen Religionen und stellen sie als vorbildlich dar. So trägt die ökologische Fragestellung in der evangelischen Theologie dazu bei, um eines religiösen Naturverständnisses willen Brücken zu den anderen Religionen zu schlagen und von ihnen zu lernen, die Natur zu heiligen und zu bewahren. Der dänische Lutheraner Ole Jensen etwa fordert um des Umweltschutzes willen »die Möglichkeit einer universal-ökumenischen Religionsphilosophie, deren ökumenische Weite auch die fremden Religionen« einbeziehen sollte.[4]

2. Biblische Schöpfungsaussagen in ökologischer Sicht

Eine solche Erinnerung an östliche, indianische und afrikanische religiöse Vorstellungen einer Heiligkeit der Natur macht eine Absage an das alttestamentlich-jüdische Schöpfungsverständnis – wie Ole Jensen vor über zehn Jahren noch meinte[5] – allerdings nicht nötig. Damals stand die evangelische Theologie in der Tat unter dem Eindruck der von Lynn White[6] ausgehenden Kritik an der jüdisch-christlichen Schöpfungsüberlieferung im Alten Testament, der die Schuld an Naturausbeutung und Umweltzerstörung gegeben wurde. Gegenstand dieser Anklage war das Verständnis von Schöpfer und Schöpfung, von Gott, Mensch und Natur, wie es sich vor allem in der priesterschriftlichen Schöpfungsgeschichte Gen 1,1–2,4a und in Ps 8,6.7 findet: Der Schöpfer wird hier – im Gegensatz zur antiken Umwelt – von seiner Schöpfung deutlich unterschieden und geschieden; die einzige Verbindung ist das schöpferische Wort. Der Schöpfer ist transzendent und thront über seiner Schöpfung, diese aber wird radikal entgöttert und entgöttlicht: so sind nach Gen

1,14–18 Sonne, Mond und Sterne keine Götter mehr, sondern werden rein funktional als »Lampen« und als Zeitanzeiger verstanden, die dem Menschen dienen sollen.
Diese profan und säkular verstandene Schöpfung wird nun durch das »dominium terrae«, den Herrschaftsauftrag Gottes an den Menschen, sich die Erde untertan zu machen und über die Tiere zu herrschen (Gen 1,26.28), dem Menschen zur Verfügung gestellt. Denn als »Bild Gottes« (Gen 1,27) ist der Mensch als Statthalter Gottes und Verwalter der Schöpfung aus der Natur herausgehoben. In dieser Sonderstellung teilt er mit Gott dessen Transzendenz über der Natur, steht er auf der Seite des Schöpfers über der übrigen Schöpfung. In dieser Sonderstellung, nicht nur als »Krone«, sondern als Beherrscher der Schöpfung im Auftrag des Schöpfers, sieht den Menschen nicht nur die priesterschriftliche Quelle des Alten Testaments, sondern auch etwa Ps 8,6.7. Ob hier mit »elohim« nun Gott selbst oder Engelmächte gemeint sind, ist unerheblich für den Ort des Menschen zwischen Gott und Natur. Artur Weiser[7] übersetzt sogar: »Fast göttliche Stellung hast du ihm gegeben.« Gott hat den Menschen »mit Ehre und Hoheit gekrönt«, ihm alles »unter seine Füße getan« und ihn zum Herrscher über das Werk seiner Hände gemacht. Der Mensch steht also in der Tat, fast wie ein kleiner Gott, über der übrigen Schöpfung, ganz nahe beim Schöpfer. Dem »Unter-die-Füße-Getan« von Ps 8,7 entspricht das »dominium terrae« von Gen 1,28: »Untertan machen« kann als gewaltsames Unterwerfen und Unterjochen, »beherrschen« als brutales Niedertrampeln und massives Durchsetzen des Willens übersetzt werden.
Der Mensch wird hier also – statt in eine als göttlich verehrte und geheiligte Schöpfung als Mitgeschöpf eingefügt und eingebunden zu sein – als von Gott bevollmächtigter Herrscher über eine profane Natur verstanden, die ihm zu Füßen liegt und ihm als Material zur Verfügung steht. Ist dann die Anklage nicht berechtigt, daß Naturwissenschaft und Technik

»eine Errungenschaft des Christentums« seien und dieses auch die Schuld daran trage, daß deren Auswirkungen außer Kontrolle geraten seien (Lynn White)? Bereits knapp zwei Jahrzehnte vor dieser Anklage hat ja die »Säkularisierungsthese« Friedrich Gogartens[8] mit fast denselben Argumenten die Entstehung von Naturwissenschaft und Technik mit der Säkularität der Schöpfung im jüdisch-christlichen Schöpfungsglauben begründet. Denn nur eine weltliche Natur, die der Mensch nicht in staunender Scheu verehrt, sondern die er objektiviert und beherrscht, erlaube die wissenschaftliche Analyse und die technische Manipulation.

Aber was zunächst dem christlichen Glauben zur Ehre angerechnet wurde und zu seiner Rehabilitierung diente, was als sein Verdienst am Entstehen der modernen Welt galt, das erhielt – als der Fortschrittsoptimismus durch das erwachende Umweltbewußtsein verdrängt wurde – das umgekehrte Vorzeichen und führte jetzt zur Anklage: Naturwissenschaft und Technik hätten zur Ausbeutung der Natur und zur Zerstörung der Umwelt geführt. Die pauschale Schuldzuweisung klang vor eineinhalb Jahrzehnten zunächst ebenso einleuchtend wie das Lob für den christlichen Glauben zuvor in den fünfziger Jahren. Aber daß diese einfache Ableitung der ökologischen Krise und der Naturausbeutung als »gnadenlose Folgen des Christentums« (C. Amery) die komplexen Sachverhalte zu stark vereinfacht und daher in dieser Weise nicht stimmt, hat Lynn White bereits wenige Jahre nach seiner spektakulären These selber eingeräumt:[9] »Die Arroganz gegenüber der Natur«, der sich das westliche Christentum schuldig gemacht habe, sei durch unser heutiges Verständnis der Bibel nicht mehr gerechtfertigt.

Denn die Exegeten sind sich einig darin, daß das Verständnis des Herrschers als Gottes Statthalter und seiner Herrschaft als Auftrag Gottes eine zerstörerische Deutung ausschließt und daß diese Würde des Menschen mit einer Ausbeutung der Schöpfung unvereinbar ist. Ferner ist der Herrschafts-

auftrag ausdrücklich ein *Segen* Gottes, soll also nur zum Guten dienen, und schließlich verbietet die »Billigungsformel«, das bejahende »Sehr gut«, eine Schädigung der Natur durch die menschliche Herrschaft. Kurz, der Herrschaftsauftrag ist eine »notwendig und uneingeschränkt positiv gewertete Regelung«; dem Statthalter Gottes ist die Verantwortung für Bestand und Fortbestand der Lebenswelt, für die Wahrung der Schöpfungsqualität zugewiesen. Sinn des Herrschaftsauftrags ist lediglich die Ermächtigung zum »Aufbruch des Bodens zum Nahrungsanbau«, zur Verteidigung gegen die wilden Tiere und zur Nutzung von Haustieren (O. H. Steck).[10] Damit wird wohl nachträglich der Übergang von der Nomaden- zur Ackerbau- und Viehzucht-Gesellschaft nach der Landnahme legitimiert. Mehr aber nicht, auf keinen Fall eine Ausbeutung der Natur durch den autonomen Menschen, der sich nicht mehr als Beauftragter Gottes, sondern emanzipiert und selbstherrlich versteht.
So darf das *dominium terrae* also nicht als Freigabe der egoistischen Ausbeutung der Natur und nicht als Freibrief für einen rücksichtslosen Umgang mit der Umwelt verstanden werden. Ganz im Gegenteil: mit dem Herrschaftsauftrag wird das »Bild Gottes« zu der in dieser Funktion begründeten Verantwortung für Gottes Schöpfung aufgerufen, die Gott seinem Repräsentanten ja nur anvertraut hat. Dasselbe sagt die jahwistische Schöpfungsgeschichte, wenn sie die Schöpfung als einen »Garten« beschreibt, den der Mensch »bebauen und bewahren« soll (Gen 2,15).
Doch selbst, wenn Gott der Schöpfer unter *theistischem* Aspekt in der Tradition der alttestamentlichen Schöpfervorstellung als nur *transzendent*, als von seiner Schöpfung getrennt und *über* ihr thronend gesehen wurde, so ist Gott doch unter *christologischem* Aspekt *in* die Welt eingegangen, durch seine Inkarnation ihr *immanent* geworden und so mit seiner Schöpfung eng verbunden. Paulus spricht im Römerbrief (Röm 8,19–23) von der erhofften Befreiung und Erlö-

sung der der Nichtigkeit und Sklaverei unterworfenen Schöpfung. Und im (erst nachträglich in V. 18 ekklesiologisch ergänzten) urchristlichen Hymnus des Kolosserbriefes (Kol 1,15–20) wird der universale und kosmische, der präexistente und erhöhte Christus als »Haupt« des Alls organisch mit dem kosmischen »Leib« verbunden und so als lebendige Einheit mit der natürlichen Welt zusammengeschlossen. Als »Haupt« ist er zwar in gewisser Weise über dem Leib, aber nicht auf Distanz. Er ist dem Kosmos nicht transzendent, und er hat das All, die natürliche Wirklichkeit, nicht nur in der Vergangenheit geschaffen, sondern sie »besteht in ihm« auch jetzt noch und wird durch ihn »versöhnt«, erlöst: Schöpfung, Erhaltung und Erlösung – Gottes vergangenes, gegenwärtiges und zukünftiges Wirken – sind hier in Christus vereint. Hier im Neuen Testament findet sich also eine anders akzentuierte Überlieferung, die Schöpfer und Schöpfung, Gott und Natur zusammenschließt und verbindet.

Wie es also nicht möglich ist, die Umweltkrise unmittelbar aus der biblischen Schöpfungsüberlieferung abzuleiten, so wenig läßt sich eine direkte Beziehung zwischen deren Auslegungs- und Wirkungsgeschichte einerseits und der Ausbeutung und Zerstörung der Natur andererseits aufweisen. Lynn White, Gerhard Liedke[11] und Udo Krolzik[12] haben zwar Einflüsse des *dominium terrae* auf die Entstehung von Naturwissenschaft und Technik im Mittelalter und in der beginnenden Neuzeit festgestellt; bei Francis Bacon und René Descartes (die Menschen als »Herren und Besitzer der Natur«) scheint der biblische Herrschaftsauftrag in der Tat ein Motiv für die Unterwerfung der Natur zu sein. Aber aufgrund anderer Quellen wirkt das Aufkommen der modernen Naturwissenschaft und Technik, denen die Umweltkrise angelastet wird, mehr als eine aufklärerische, rationalistische, emanzipatorische Bewegung *gegen* die Kirche – während der christliche Glaube die auf Gott bezogene Natur gerade vor ihrer Objektivierung, Ausbeutung und Zerstö-

rung durch humane Selbstbehauptung und rationale Wißbegier schützen wollte.
Bis ins Mittelalter dominierten offenbar die innerchristlichen Gegenkräfte, die die Natur vor dem Zugriff der emanzipatorischen Weltbemächtigung bewahren konnten, nämlich die Bindung an Gott und das Bewußtsein der Verantwortung vor ihm. Mit Beginn der Neuzeit aber verband sich das westlich-abendländische Denken, das bereits aus der Antike rationalistisch-aufklärerische Tendenzen mitbrachte, mit den im Blick auf die Natur emanzipatorischen und rationalen Elementen der christlichen Tradition: der Vorstellung vom Menschen als Repräsentant und Stellvertreter Gottes gegenüber und über aller übrigen Schöpfung, als aus der Natur Herausgehobener und mit der Herrschaft über sie Bevollmächtigter. Nun mußte nur noch der Gottesglaube, der diese Herrschaft an die Verantwortung des Menschen gegenüber Gott gebunden hatte, fortfallen, und schon stand der Mensch als absoluter, unbeschränkter Herrscher über die Natur autonom an der Stelle Gottes statt verantwortlich in seinem Auftrag. Usurpierte und säkularisierte Elemente des christlichen Glaubens haben zwar die neuzeitliche Naturwissenschaft und Technik mit herbeiführen helfen – aber man kann das *dominium terrae* sicher nicht pauschal dafür verantwortlich machen. Denn die Entgötterung der Natur und die Herrscherstellung des Menschen können solange nicht zur Zerstörung der Umwelt führen, wie der Mensch sich als von Gott Beauftragter und vor Gott Verantwortlicher versteht.

3. Anthropozentrische und physiozentrische Begründung einer Umweltethik

Nach der vorherrschenden christlichen sozialethischen Auffassung, die sich an das alttestamentliche Bild von Schöpfer und Schöpfung, von Mensch und Natur anschließt, steht der Mensch als Statthalter und Haushalter Gottes über der Schöpfung. Damit ist zwar die Verantwortlichkeit des Menschen für die von ihm in Gottes Auftrag beherrschte Schöpfung betont, und so läßt sich eine Umweltethik mit Recht *anthropozentrisch* begründen. Aber der *Mensch* steht eindeutig im Mittelpunkt, er ist über die Natur hervorgehoben, und die ganze Schöpfung hat ihm zu dienen. Danach wäre es legitim, daß der Umweltschutz nicht in erster Linie Naturschutz, sondern Menschenschutz ist. Bei der anthropozentrischen Begründung des Umweltschutzes wäre die Verantwortung für die Natur bedingt und eingeschränkt durch die ihr übergeordnete Verantwortung für den Menschen. Beim heute üblichen Umweltschutz – dem Schutz der menschlichen Um-Welt – schützt der Mensch in der Tat nur sich *selbst* vor den für seine Gesundheit, seine Lebensqualität und für seine Wirtschaft schädlichen *Folgen* der Umweltzerstörung. Umweltschutz ist in Wirklichkeit also Selbstschutz. Auch in den offiziellen Begründungen der Umweltschutzgesetze wird primär der Mensch als schutzbedürftig betrachtet, die Natur nur in ihrer Eigenschaft als »Umwelt« des Menschen, als »biologisch-physische Voraussetzung« für gesellschaftliches Leben: »zu schützen ist der Mensch in seiner Biosphäre«.[13] Das anthropozentrische Verständnis der Schöpfung kann zwar eine Umweltethik begründen, aber im Konfliktfall – seien es Tierversuche oder die Zerstörung von Biotopen – hat das Wohl des Menschen fraglosen Vorrang.

Im Vergleich zu dieser traditionsreichen und verbreiteten Haltung gegenüber der nichtmenschlichen »Umwelt« ist jene andere Begründung für den Schutz und die Erhaltung der Natur selten, die fordert, daß Tiere und Pflanzen, aber auch die Elemente wie Luft und Wasser um ihrer selbst willen geschützt werden sollen. Hier wird der Natur ein *Eigenwert* zuerkannt. Der Mensch ist nicht mehr das Maß aller Dinge, nicht mehr Mitte, Ziel und Krone der Schöpfung, ja nicht einmal mehr Mittelpunkt einer »Umwelt«. Denn dieser Begriff setzt gerade voraus, daß die Natur, für die der Mensch Verantwortung wahrnimmt, Um-Welt um ihn als Mittelpunkt ist.

So entlarvt etwa Klaus Michael Meyer-Abich[14] die Begriffe »Umweltbewußtsein« und »Umweltschutz« – gewöhnlich als Zuwendung zur Natur dankbar begrüßt – als Ausdruck eines anthropozentrischen Welt- und Naturverständnisses und ersetzt »Umwelt« durch »natürliche Mitwelt«. Damit wird zum Ausdruck gebracht, daß Tiere und Pflanzen gleichwertig und gleichberechtigt neben dem Menschen stehen. Eine solche *physiozentrische* (Meyer-Abich) oder *biozentrische*[15] Ethik fordert Eigenrechte der natürlichen Mitwelt, ein Lebensrecht für alle Lebewesen, wie es bereits Albert Schweitzer getan hat: »Ich bin Leben, das leben will, inmitten von Leben, das auch leben will« – sie fordert »Ehrfurcht vor dem Leben«. Auch wer so den Eigenwert und die eigenen Rechte der Natur respektiert, wird trotzdem weiterhin auf die natürliche Mitwelt einwirken und in sie eingreifen müssen, um in unserer gegenwärtigen, durch Naturwissenschaft und Technik bestimmten Welt leben zu können. Aber er wird nicht von vornherein und grundsätzlich vom Vorrecht des Menschen ausgehen, sondern »die menschlichen Interessen gegen die der betroffenen Mitwelt abwägen« und »Mitgefühl und Schuld« empfinden (Meyer-Abich).

Genügt es aber, solche Forderungen einzig und allein auf die Tatsache der naturgeschichtlichen Verwandtschaft mit der natürlichen Umwelt zu gründen, wie Meyer-Abich es tut? Denn im allgemeinen gilt gerade unter diesem naturgeschichtlichen Aspekt der Mensch als höherstehend und der Natur übergeordnet. Ihm werden daraus sogar ein höherer Wert und größere Rechte zuerkannt. Aus der naturgeschichtlichen Verwandtschaft wird sogar oft die anthropozentrische Betrachtungsweise gefolgert, sei es theologisch und philosophisch, sei es anthropologisch und biologisch.

4. Schöpfungszentrierter, christologischer und pneumatologischer Ansatz für eine ökologische Theologie

Daher muß der physiozentrische Ansatz sich mit einem schöpfungszentrierten, muß die naturgeschichtliche sich mit einer religiösen Argumentation verbinden, um gemeinsam einer anthropozentrischen Begründung der Umweltethik überlegen sein zu können. Der eigene und innere, autonome und unabgeleitete Wert der Natur, um den es dem schöpfungszentrierten ebenso wie dem physio- oder biozentrischen Ansatz geht, wird in traditioneller religiöser Sprache ihre »Heiligkeit« genannt. Damit ist keine immanente Qualität der Natur gemeint; vielmehr ist die Natur heilig, weil sie von Gott geheiligt ist, weil eine unmittelbare Beziehung zwischen ihr und Gott besteht. Diesen Wert hat Gott ihr unmittelbar verliehen, sie besitzt ihn weder um des Menschen willen noch durch naturgeschichtliche Gegebenheiten, sondern um ihrer selbst und um Gottes willen.

Eine solche Deutung der Natur als von Gott geheiligte Schöpfung wäre eine überzeugende religiöse Begründung dafür, daß die Natur um ihrer selbst und um Gottes willen erhalten und geschützt werden muß. Bei diesem Kriterium braucht die Ethik nicht mehr auf die schädlichen Folgen für den Menschen zu reflektieren, sondern könnte direkt bei der Beziehung Gottes zur Natur ansetzen. Denn wenn es einen unmittelbaren Zusammenhang zwischen Gott und der Natur gibt, wenn der Schöpfer in seiner Schöpfung nicht mehr nur durch den Menschen als seinen Statt- und Haushalter vertreten wird – dann kann begründet werden, warum die Schöpfung nicht mehr rücksichtslos ausgebeutet, warum die Natur nicht mehr zerstört werden darf.

Die in der christlichen Tradition aufgrund des alttestamentlichen Ansatzes vorherrschende Auffassung, daß Gott hoch *über* einer weltlichen Schöpfung thront und sich in ihr durch den Menschen vertreten läßt, muß dahingehend ergänzt werden, daß Gott auch unmittelbar *in* seiner Schöpfung lebt und wirkt. Diese Vorstellung läßt sich auf die in der Auslegungs- und Wirkungsgeschichte des Alten Testaments vernachlässigte weisheitliche Überlieferung stützen, aber mehr noch auf die christologischen und pneumatologischen Aussagen des Neuen Testaments. Zwar ist die traditionelle pantheistische und mystische Vorstellung von der Heiligkeit der Natur durch die Immanenz Gottes, durch die Präsenz des Göttlichen in ihr, verknüpft mit dem überwundenen statischen Verständnis der Welt und daher vor allem von Naturwissenschaftlern und Technikern nicht mehr nachvollziehbar. Heute aber kann Gott der Schöpfer dynamisch als der Evolution immanent verstanden werden.

Der transzendente Gott ist auch *in* den Prozessen der natürlichen Welt am Werk; Gott der Schöpfer ist als »Erhalter« der Schöpfung zugleich Beweger und Vollender des schöpferischen Prozesses, er ist Zentrum und Ziel der Evolution. Wird Gott der Schöpfer vom Prozeß der Schöpfung, von Gottes fortgesetzter Schöpfung her verstanden, so ist er auch *in* der Schöpfung zu erkennen. Und so kann auch die sich entwikkelnde Natur als von Gott geheiligt betrachtet werden. Damit wird das traditionelle statische und daher heute nicht mehr rezipierbare Verständnis einer Göttlichkeit der Natur überwunden und die Übereinstimmung mit dem evolutionären naturwissenschaftlichen Weltbild erzielt. Und so kann eine schöpfungszentrierte Ethik den Eigenwert der Natur nicht nur mit ihrer natürlichen Geschichte, sondern mit ihrer Erschaffung durch Gott – die auch als göttlicher schöpferischer Prozeß verstanden wird – begründen.

Nach christlicher Lehre ist der Schöpfer in Jesus Christus selber zum Geschöpf geworden und auch in diesem Sinne in der Schöpfung gegenwärtig. Eine Schöpfung, in die der Schöpfer eingegangen ist, kann erst recht »heilig« genannt werden. Die Natur ist heilig, weil Gott in Jesus in sie einge-

gangen ist, um sie zu erlösen. Diese Erlösung der Natur durch Christus wird im Römer- und Kolosserbrief in ganz verschiedener Weise zum Ausdruck gebracht – von Paulus geschichtlich als Befreiung aus der Sklaverei, im Kolosser-Hymnus mythisch und bildlich als organische Einheit von Haupt und Leib, aber auch durch den Vergangenheit, Gegenwart und Zukunft zusammenfassenden Gedanken einer Entwicklung, die vom Präexistenten herkommt, von Christus getragen wird (»in ihm Bestand hat«) und auf den kosmischen, universalen Christus hinführt.
Durch die Inkarnation bekommt alles Geschaffene seinen eigenen Wert, und so begründet die Menschwerdung Gottes den Eigenwert der Natur, den der physiozentrische Ansatz naturgeschichtlich erklären will. »Die Natur ist für den Christen heiliger, als sie es je für den heidnischen Pantheismus war... Die Fleischwerdung des Wortes geht über alles hinaus, was sich pantheistische Philosophen je träumen ließen« (Ernesto Cardenal).[16] Die Inkarnation Gottes in Christus kann verstanden werden als »Gottes Identifikation mit der biologischen Welt«, und diese »sakramentale Sicht alles Geschaffenen« läßt die Natur als heilig erscheinen. Durch die Inkarnation bekommt »alles Geschaffene einen unendlichen Wert in sich«, und dieser »Eigenwert alles Geschaffenen«, diese »Heiligkeit der Natur« kann sie vor Ausbeutung und Zerstörung schützen.[17] Christozentrischer Glaube ist nicht anthropozentrisch, sondern schöpfungszentriert.
Schließlich ist Gott aber in seiner durch Ausbeutung und Zerstörung bedrohten Schöpfung auch im Heiligen Geist gegenwärtig. Die »Schöpfung im Geist« entspricht der »heute gesuchten und benötigten ökologischen Schöpfungslehre am besten« (Jürgen Moltmann).[18] Denn im Geist schafft Gott die Welt und geht zugleich in sie ein. Das frühere pantheistische Verständnis der Heiligkeit der Natur war statisch. Wenn aber Gott als Heiliger Geist in den evolutionären Weltprozessen am Werk ist, dann kann die Schöpfung auch im heuti-

gen naturwissenschaftlichen Weltbild wieder als heilig verstanden werden. Denn pneumatologisch betrachtet läßt sich die Präsenz des Schöpfers in der Schöpfung dynamisch verstehen und mit dem evolutionären Weltbild vereinen. Das immanente Schöpfungswirken Gottes ereignet sich in den Strukturen der Evolution. Als Heiliger Geist wirkt Gott weiterschaffend und erhaltend in den evolutionären Weltprozessen. Durch diesen Weltbezug Gottes und diesen Gottesbezug der Welt wird die Schöpfung zwar nicht vergöttlicht, wohl aber geheiligt.
Wer nun die Schöpfung als eine durch Gott geheiligte versteht, der wird sie auch heilig halten, wird sie erhalten und bewahren, denn derjenige, für den Gott als Schöpfer, dann als Geschöpf in Christus und schließlich in seinem Geist in der Schöpfung präsent ist und die Schöpfung heiligt, kann sie nicht mehr ausbeuten und zerstören. Die Gegenwart Gottes in der bedrohten Natur heiligt diese, gibt ihr einen göttlichen Wert, und so verbietet sie deren Mißbrauch nicht nur, sondern macht ihn unvorstellbar. Die Verantwortung für die Schöpfung ist nun keine bloße Forderung mehr, sondern eine innere Notwendigkeit.

2.2 Texte

Und Gott sprach: Lasset uns Menschen machen nach unserm Bilde, uns ähnlich; die sollen herrschen über die Fische im Meer und die Vögel des Himmels, über das Vieh und alles Wild des Feldes und über alles Kriechende, das auf der Erde sich regt. Und Gott schuf den Menschen nach seinem Bilde, nach dem Bilde Gottes schuf er ihn; als Mann und Weib schuf er sie. Und Gott segnete sie und sprach zu ihnen: Seid fruchtbar und mehret euch und füllet die Erde und machet sie euch untertan, und herrschet über die Fische im

Meer und die Vögel des Himmels, über das Vieh und alle Tiere, die auf der Erde sich regen!... Und Gott sah alles an, was er gemacht hatte, und siehe, es war sehr gut. (Gen 1,26–28.31)

Und Gott der Herr nahm den Menschen und setzte ihn in den Garten Eden, daß er ihn bebaue und bewahre. (Gen 2,15)

Wenn ich schaue den Himmel, das Werk deiner Hände, Mond und Sterne, die du geschaffen: Was ist doch ein Mensch, daß du sein gedenkst, und ein Menschenkind, daß du dich seiner annimmst! Fast göttliche Stellung hast du ihm gegeben, hast ihn gekrönt mit Ehre und Herrlichkeit, läßt ihn herrschen über die Werke deiner Hände, alles hast du ihm zu Füßen gelegt; Schafe und Rinder zumal und auch die Tiere des Feldes, die Vögel am Himmel, die Fische im Meer, was zieht seine Pfade im Wasser (Ps 8,4–9).

Das sehnsüchtige Harren der Schöpfung wartet auf die Offenbarung der Söhne Gottes. Denn der Nichtigkeit ist die Schöpfung unterworfen worden, nicht aus eigenem Willen, sondern um dessen willen, der sie unterworfen hat – freilich auf Hoffnung. Denn auch sie, die Schöpfung, wird befreit werden aus der Sklaverei der Vergänglichkeit zur herrlichen Freiheit der Kinder Gottes. Denn wir wissen: Die ganze Schöpfung stöhnt und liegt in den Wehen bis jetzt. Aber nicht sie allein, sondern auch wir selbst, die wir den Geist als Vorschuß auf die zukünftige Herrlichkeit empfangen haben, stöhnen noch miteinander und warten darauf, als Söhne eingesetzt zu werden und die Erlösung unseres Leibes zu erfahren. (Röm 8,19–23)

Er ist das Bild des unsichtbaren Gottes, der Erstgeborene vor aller Schöpfung. Denn durch ihn ist alles geschaffen im Himmel und auf Erden, das Sichtbare und das Unsichtbare, Throne und Majestäten, Herrschaften und Mächte. Alles ist durch ihn und auf ihn hin geschaffen. Er aber ist allem zuvor. Das All hat durch ihn seinen Bestand. Er ist das Haupt des Leibes (, der Kirche). Er ist der Anfang, der Erstgeborene von den Toten, um unter allen der erste zu sein. Denn es war der Wille der ganzen Gottesfülle, in ihm Wohnung zu nehmen und durch ihn das All zu versöhnen zu ihm hin,... durch ihn alles, was auf Erden und im Himmel ist. (Kol 1,15–20)

3 Islam

MONIKA TWORUSCHKA

3.0 Überblick

In vielen Koranversen ist davon die Rede, daß Gott die Welten und den Menschen erschaffen hat, dem als Stellvertreter Gottes auf Erden (Ḫalīfa) die gesamte Schöpfung zur Verfügung steht. Dieser Ḫalīfagedanke als schöpfungsethisches »concept of stewardship«[1] ist jüdischen, aber auch christlichen Vorstellungen vergleichbar. Der Koran bietet Belege dafür, daß der Herrschaftsauftrag des Menschen über die Schöpfung an bestimmte Bedingungen geknüpft ist und der Mensch von Gott dereinst auch für seinen Umgang mit der »Umwelt« zur Rechenschaft gezogen wird. Einige Koranpassagen werden in neuester Zeit ökologisch gedeutet. Von wenigen Ansätzen abgesehen, hat im Islam bislang keine umfassende Umweltdiskussion stattgefunden. Ein Hauptgrund dürfte darin bestehen, daß die meisten islamischen Länder trotz teilweise bestehender Umweltprobleme (z. B. Übernutzung von Wäldern, Steppen und Wasservorkommen und damit in Zusammenhang stehende Erosions-, Trocken-, Wasser- und Versalzungsschäden[2]) ökonomische Entwicklungsfragen als erstrangig betrachten und sich noch nicht intensiv mit deren ökologischen Folgen beschäftigen. Umweltethische Fragen scheinen insbesondere in Sufikreisen diskutiert zu werden. Die islamischen Mystiker besaßen von jeher ein besonderes Naturverständnis. Auch im Westen lebende Muslime, die stärker mit der Umweltkrise der Industrienationen konfrontiert sind, nehmen gelegentlich zu ökologischen Problemen Stellung. Dabei wird vor allem hervorgehoben, daß die heutige Umweltzerstörung eine moralische Krise des Menschen ist, der aufgrund von Gier, Unwissenheit und hohen Ansprüchen vergißt, daß er und die »Umwelt« Gottes Schöpfung sind und daß die Erde, obwohl sie dem Menschen eine Zeitlang zur Verfügung gestellt wird, Gott gehört. Man kann also zusammenfassend von einer theozentrischen Umweltethik des Islam sprechen.

3.1 Umwelt im Islam

1. Eingrenzung des Themas

Der Umweltbegriff hat seit den 60er, vor allem aber 70er Jahren, ausgelöst durch die sogenannte Umweltkrise, eine Bedeutung entwickelt, die in erster Linie die primäre Umwelt, d. h. die Biosphäre (Erdoberfläche, Gewässer, Lufthülle) bezeichnet. Davon wird als sekundäre Umwelt die Technosphäre (Wohn-, Arbeitswelt, Technik, Wissenschaft, Konsum und deren Auswirkungen[3]) unterschieden. Der vorliegende Beitrag konzentriert sich auf das Verhältnis des Islam zur primären Umwelt bzw. »Mitwelt«, da die nichtmenschlichen Lebewesen mit in die Betrachtung einbezogen werden. Das Verhältnis von Islam und Umwelt berührt einige Fragestellungen, die hier nicht näher behandelt werden können. Religionsgeographisch interessant wäre es beispielsweise, differenziert zu untersuchen, ob bzw. wie die natürliche Umwelt Lehre und Praxis der islamischen Religion beeinflußt hat. W. Gebel[4] machte in seiner berühmt-berüchtigten Dissertation die Wüste für den strengen Monotheismus verantwortlich. Der dauernde Kampf mit der kärglich spendenden Natur habe die Araber zu einem kriegerischen Herrenvolk gemacht. Die Reinigungs- und Speisevorschriften seien vor

allem Sicherheitsmaßregeln gegen ansteckende Krankheiten, die sich besonders im heißen Klima ausbreiten.
Auch die umgekehrte Frage, wie der Islam seine Umwelt durch Kultbauten, bestimmte Städteplanung, Anbaumethoden, Wirtschaftsformen (»Rentenkapitalismus«) und Bewässerungsmethoden prägte, ist schon häufiger Gegenstand vor allem geographischer Untersuchungen gewesen.[5] Diese und weitere relevante Fragen (z.B. zum umweltprägenden Pilgerwesen[6]) können im nachstehenden Beitrag nicht thematisiert werden. Im folgenden geht es hauptsächlich um das islamische Schöpfungsverständnis und die darin implizierte Umweltethik.

2. Schöpfung und Umwelt im Koran

Schöpfung ist im Islam ein so zentrales Thema, daß manche Koraninterpreten, wie etwa der bedeutende japanische Gelehrte Toshihiko Isutzu, den Koran als einen »großen Hymnus zu Ehren der göttlichen Schöpfung«[7] beschrieben haben. Dem Menschen wird in fast jeder Sure in Erinnerung gerufen, daß Gott Urheber und Schöpfer aller Dinge ist: »Er ist es, der alles auf Erden erschuf; alsdann stieg er zum Himmel empor« (2,27).[8] Oder: »Sprich: ›Verleugnet ihr etwa den, der die Erde in zwei Tagen erschuf und gebt ihm Seinesgleichen? Das ist der Herr der Welten« (41,8).[9] Gott hat die Welt, Tiere, Pflanzen, Gestirne, Gezeiten, den Tag und die Nacht als »Zeichen« (Āya) für die Menschen erschaffen:[10] »Siehe, in der Schöpfung der Himmel und der Erde und in dem Wechsel der Nacht und des Tages sind wahrlich Zeichen für die Verständigen« (3,187). Der erhabene und mächtige Gott hat sich »zur Barmherzigkeit verpflichtet« (6,12.54). Wichtige Hinweise auf die göttliche Barmherzigkeit (Raḥma) sind beispielsweise die vielerlei »Zeichen«, die von verständigen Menschen in ihrer symbolischen Beziehung zu Gott ent-

schlüsselt werden. Auch jeder einzelne Koranvers wird mit demselben Begriff (Āya) bezeichnet. Alles Erschaffene ist ein wunder-bares Zeichen Gottes. Erkennen die Menschen diese Zeichen und Winke und handeln entsprechend, so gehören sie zu den Gläubigen. Wer die Hinweise jedoch bewußt leugnet, zählt zu den Ungläubigen.
»Gott läßt keimen das Korn und den Dattelkern. Er bringt das Lebendige aus dem Toten hervor und das Tote aus dem Lebendigen. Das ist Gott. Warum erkennt ihr dies nicht an? Er läßt den Morgen anbrechen und schafft die Nacht als Ruhepause. Sonne und Mond läßt er zur Zeitrechnung entstehen. All dies geschieht auf Anordnung des Mächtigen, des Wissenden. Er hat die Sterne geschaffen, damit ihr mit ihrer Hilfe in der Finsternis zu Lande und zu Wasser recht geleitet werdet. Wir haben die Zeichen für Leute auseinandergesetzt, die Bescheid wissen. Er ist derjenige, der euch aus einem einzigen Wesen geschaffen hat und euch einen Ort der Ruhe und der Zuflucht gab. Wir haben die Zeichen nun deutlich für einsichtige Leute erklärt, und er ließ vom Himmel Wasser herabkommen. Dadurch haben wir Wachstum aller Art hervorgebracht und daraus das Grüne, aus dem wir dichtes Korn hervorbringen, und aus den Blütenscheiden der Palmen lassen wir niederhängende Fruchtbüschel entstehen und Gärten voller Weintrauben, Oliven und Granatäpfel, einander ähnlich und unähnlich. Schaut euch ihre Frucht an, wenn sie keimt und reift. Ja, dies sind Zeichen für Menschen, die glauben« (6,95–99).
»Ja, Euer Herr ist der Gott, der die Himmel und die Erde in sechs Tagen erschaffen hat und sich dann auf dem Thron niederließ. Er läßt die Nacht den Tag bedecken, wobei sie ihn schnell zu erreichen versucht. Sonne, Mond und Sterne gehorchen seinem Befehl. Ja, ist er nicht der Ursprung jeglicher Schöpfung und Herrschaft über die Welt? Gott, der Herr der Welten, ist voller Segen. Ruft euren Herrn voller Demut und Ehrfurcht an. Er liebt keine Menschen, die Übertretungen

begehen. Richtet auf der Erde kein Unheil an, nachdem sie in Ordnung gebracht wurde! Betet zu Gott in Ehrfurcht und Verlangen nach seiner Barmherzigkeit! Ja, die Barmherzigkeit Gottes steht denjenigen nahe, die Gutes tun« (7,52–54). Gott ist auch der Schöpfer des Menschen, der sich als »andere Schöpfung« von der übrigen Welt abhebt. Das menschliche Leben wird durch seine Schöpfung, Bewährung in dieser Welt und Rückkehr zu Gott bestimmt. Am Jüngsten Tag muß sich jeder einzelne für sein irdisches Tun verantworten: »Ja, wir schufen den Menschen aus einer Art von Erde. Dann machten wir ihn zu einem Samentropfen an einem geschützten Ort. Dann schufen wir aus dem Tropfen einen Blutklumpen und schufen den Blutklumpen zu einem Fleischstückchen und schufen in dem Fleischstückchen Knochen. Dann versahen wir die Knochen mit Fleisch. Dann ließen wir den Menschen entstehen als eine andere Schöpfung. Daher sei Gott gesegnet; denn Gott ist der beste Schöpfer. Dann werdet ihr später gewiß sterben und dann werdet ihr am Tag der Auferstehung auferweckt werden« (23,12–16).[11]

Diese besondere Rolle des Menschen wird dadurch ausgedrückt, daß er als Ḫalīfa (Nachfolger, Statthalter, Stellvertreter) auf der Erde eingesetzt und mit dem dominium terrae beauftragt ist. Die klassische Belegstelle ist Sure 2,28 ff., in der einerseits die Größe und Überlegenheit des Menschen, andererseits jedoch seine gewalttätigen und dunklen Eigenschaften beschrieben werden, so daß Hassan Askari ihn treffend als »Wesen in der Krise«[12] beschreiben konnte.

»Damals, als Dein Herr zu den Engeln sagte: ›Ich werde einen Statthalter auf Erden einsetzen‹, sagten sie: ›Willst Du etwa jemanden einsetzen, der Unrecht begeht und Blut vergießt, während wir Engel Dich doch loben und preisen!‹ Da sagte er: ›Ich weiß Dinge, die Ihr nicht wißt.‹ Er lehrte Adam alle Namen. Dann zeigte er sie den Engeln und sprach: ›Wenn ihr aufrichtig seid, so nennt mir die Namen dieser

Dinge!‹ Sie sagten: ›Lob sei Dir. Wir besitzen kein Wissen außer von dem, was Du uns vorher beigebracht hast. Du bist der Wissende und Weise‹. Da sprach er: ›Adam, nenne Du ihnen die Namen der Dinge.‹ Als er sie ihnen mitgeteilt hatte, sprach Gott: ›Sagte ich Euch nicht, daß ich die Geheimnisse von Himmel und Erde kenne. Ich weiß über alles Bescheid, was Ihr offen aussprecht und über das, was Ihr verheimlicht.‹ Daraufhin sagte er zu den Engeln: ›Werft Euch vor Adam nieder!‹ Und sie taten es alle außer Iblis, dem Satan. Er weigerte sich aus Hochmut und weil er zu den Ungläubigen gehörte. Wir sagten auch: ›Adam! Bewohne mit Deiner Gattin den Paradiesgarten und eßt beide ohne Ausnahme von den Früchten, wo immer Ihr wollt. Nähert Euch jedoch nicht diesem Baum; sonst gehört Ihr zu den Frevlern.‹ Der Satan verführte sie jedoch dazu, Unrecht zu begehen und vertrieb sie von dem Ort, an dem sie weilten. Wir sprachen: ›Geht fort von hier. Einer sei des anderen Feind. Auf Erden werdet Ihr einen Aufenthaltsort und Nießbrauch für eine gewisse Zeit erhalten.‹ Daraufhin nahm Adam von seinem Herrn Worte entgegen, und Gott wandte sich ihm wieder zu; denn er ist barmherzig und bereit zu vergeben. Wir sagten: ›Geht alle hinab auf die Erde. Später wird von mir zu euch eine rechte Leitung gelangen. Wer dieser folgt, braucht keine Furcht vor der Entscheidung des Jüngsten Tages zu hegen. Diejenigen aber, die ungläubig sind und unsere Zeichen verleugnen, werden dem Höllenfeuer anheim fallen und ewig darin weilen‹« (2,28–37).

Noch an verschiedenen anderen Stellen des Korans wird der Mensch als Ḫalīfa bezeichnet.[13] Der anglikanische Theologe Kenneth Cragg hat darauf aufmerksam gemacht, daß viele der in der jüdisch-christlichen Theologie mit Gottebenbildlichkeit bezeichneten Inhalte in der islamischen Konzeption vom Menschen als Ḫalīfa Gottes zum Tragen kommen.[14] Unter den übrigen Geschöpfen nimmt der Mensch eine bevorzugte Stellung ein. Er steht rangmäßig sogar über den

Engeln, weil er im Unterschied zu diesen einen freien Willen besitzt. Der Koran stellt an zahlreichen Stellen fest, daß die Erde mit ihrem gesamten Reichtum dem Menschen zur vorübergehenden Verfügung gestellt worden ist. In der Terminologie heutiger Umweltethik formuliert, haben wir es mit einer anthropozentrischen Umweltsicht zu tun, die jedoch eine theozentrische Umweltethik als letzte Begründung besitzt.
»Der euch die Erde zu einem Bett gemacht und den Himmel darüber erbaut, und vom Himmel Wasser herniedersandte und durch dieses Früchte hervorbrachte zu eurer Nahrung. Stellt ihm daher nicht Götter zur Seite, wo ihr's wißt« (2,20).[15]

»Allah ist's, der die Himmel und die Erde erschuf, und er sendet vom Himmel Wasser hernieder und lockt durch dasselbe Früchte hervor zu eurer Versorgung. Und er hat euch dienstbar gemacht die Schiffe, daß sie auf seinen Befehl das Meer durcheilen. Und dienstbar machte er euch die Flüsse; und er machte euch dienstbar die Sonne und den Mond in rastlosem Wandel. Und dienstbar machte er euch die Nacht und den Tag. Und er gibt euch von allem, um was ihr ihn bittet, und so ihr aufzählen wolltet die Gnadenerweisungen Allahs, ihr könntet sie nicht berechnen. Siehe, der Mensch ist wahrlich ungerecht und undankbar« (14,37).

»Er ist's, der euch von dem Himmel Wasser herniedersendet. Von ihm ist der Trank und von ihm sind die Bäume, unter denen ihr weidet.
Aufsprießen läßt er euch durch dasselbe die Saat und den Ölbaum und die Palme und die Reben und allerlei Früchte. Siehe, hierin ist wahrlich ein Zeichen für nachdenkende Leute. Und dienstbar machte er euch die Nacht und den Tag; und die Sonne, der Mond und die Sterne sind (euch) dienstbar auf sein Geheiß. Siehe, hierin ist wahrlich ein Zeichen für einsichtige Leute.

Und was er euch erschuf auf Erden, verschieden an Farbe, siehe, ein Zeichen ist wahrlich darin für Leute, die sich warnen lassen.
Und er ist's, der das Meer (euch) dienstbar machte, daß ihr frisches Fleisch daraus esset und Schmuck daraus hervorholet, ihn anzulegen. Und du siehst die Schiffe es durchpflügen, und auf daß ihr suchet nach (den Gaben) seiner Huld, und daß ihr vielleicht dankbar seid.
Und in die Erde warf er die festgegründeten (Berge), daß sie nicht schwanke mit euch, und Flüsse und Pferde, zu eurer Leitung
Und Wegmarken; und durch die Sterne sind sie (auch) geleitet.
Und ist denn etwa der, welcher erschuf, gleich dem, der nicht erschuf? Bedenkt ihr denn nicht?
Und so ihr aufzählen wollet die Gnaden Allahs, ihr berechnet sie nicht. Siehe, Allah ist wahrlich verzeihend und barmherzig« (16,10–18).

Obgleich der Mensch Gottes gelungene Schöpfung ist und sein Treuhänder auf Erden, so weist allein schon die Tatsache seines Geschaffenseins auf seine Schwäche hin: »Der Mensch möge doch bedenken, aus was (für einem Stoff) er erschaffen ist!« (86,4). Er ist von Natur schwach, unbeständig, unzuverlässig, kleinmütig, ungeduldig, unwissend. Er tendiert zur Ungerechtigkeit und zeigt wenig Interesse, den Glauben anzunehmen. »Die Seele verlangt gebieterisch nach dem Bösen!« (12,53). Trotz aller ihm erwiesenen Wohltaten ist der Mensch undankbar. Er wird daher immer wieder ermahnt, daß der Nießbrauch auf dieser Welt winzig ist (4,79) und daß er die Wohltaten Gottes als sterbliches Wesen in dieser Zeit nicht unbegrenzt und uneingeschränkt genießen kann: »Aus Erde haben wir euch erschaffen und zu ihr lassen wir euch zurückkehren...« (20,57). Oder: »Sahen sie nicht, wie Gott die Schöpfung hervorbringt und alsdann sie wieder zurückkehren läßt?« (29,18). Um seinen Schöpfungsauftrag gottgemäß auszuführen, soll der Muslim ethisch handeln und nicht gegen Gottes Gebote verstoßen. »Und betrügt nicht die Leute um ihr Gut und tut nicht übel auf der Erde durch Verderbenstiften« (26,183). Obwohl mit »Verderbenstiften auf Erden« im Koran meist Vergehen gegen Gott oder die Mitmenschen gemeint sind, so impliziert dieser Gedanke auch die Beschädigung und Zerstörung der Um- und Mitwelt. In Sure 23,17 heißt es: »Und wahrlich, wir erschufen über euch sieben Himmel und nicht sind wir achtlos der Schöpfung.« Der Mensch wird eindringlich vor Überheblichkeit gewarnt: »Schreite nicht auf der Erde stolz einher; siehe, du kannst die Erde nicht spalten noch die Berge an Höhe erreichen« (17,39).

Oder: »Wahrlich, die Schöpfung der Himmel und der Erde ist größer als die Schöpfung der Menschen, jedoch wissen es die meisten nicht« (40,59).

Ein zentrales Thema des Korans, das zugleich eine ökologische Dimension hat, ist die Verheißung des Paradiesgartens für die Gottesfürchtigen.

»Das Bild des Paradieses, das den Gottesfürchtigen verheißen ward: In ihm sind Bäche von Wasser, das nicht verdirbt, und Bäche von Milch, deren Geschmack sich nicht ändert, und Bäche von Wein, köstlich den Trinkenden.

Und Bäche von geklärtem Honig; und sie haben in ihnen allerlei Früchte und Verzeihung von ihrem Herrn...« (47,16f.).[16] Für Willibald Gebel, der den Islam einseitig als »Wüsten- und Steppenreligion« versteht, prägen die Umwelteinflüsse insbesondere die eschatologischen Vorstellungen von Himmel und Hölle. Denn »der Himmel spendet dem Gläubigen alles, was er in seiner armen Heimat entbehren muß, und wonach sich sein Herz so glühend sehnt. Er lebt in seiner Vorstellung als die schattenspendende Oase mit ewig frischem Wasser und Milch, die nie verdirbt, und Früchten aller Art... Den Gottlosen aber wird die Hölle angedroht.

Auch für sie leiht die Wüste die Farben. Alle ihre Schrecken, feurige Winde, stinkendes ungenießbares Wasser, furchtbare Durstqualen liefern die Grundzüge für das schaurige Bild der Hölle, das die orientalische Phantasie so lebendig geschaffen hat«.[17] Wenngleich Umwelteinflüsse auf die Vorstellungen Muhammads nicht von der Hand zu weisen sein dürften, so läßt Gebels Sicht doch die Tatsache völlig außer acht, daß der Islam keine Religion der Wüste, sondern eine ausgesprochene Stadtreligion ist. Muhammad war kein einsamer Rufer aus der Wüste, sondern Einwohner der Oasenstadt Mekka. Ferner handelt es sich bei den Koranvorstellungen über die letzten Dinge, wie ein islamischer Theologe unserer Tage ausführt, um »bildliche Begriffe zum besseren Verständnis eines Zustandes, der jenseits unseres irdischen Denkvermögens liegt.«[18] Schließlich ist darauf hinzuweisen, daß das Ziel islamischer Jenseitsvorstellungen kein himmlisches Schlaraffenland ist, sondern in verbesserten und vergeistigten menschlichen Beziehungen sowie schließlich in der Gottesschau besteht: »Wenn diejenigen in das Paradies eingetreten sind, die es verdient haben, wird Gott sie fragen: Bedürfet ihr noch irgendetwas, was Ich euch geben könnte? Alle werden sich wundern und keinen Wunsch wissen. Also wird Gott Seinen Schleier lüften, und nichts von dem, was sie empfangen haben, wird ihnen teurer sein als der *Anblick* und die Betrachtung ihres Herrn.«[19]

Das Bild des Gartens kommt noch in weiteren Zusammenhängen vor, insbesondere in gleichnishafter Rede. In Sure 2,266 ff. wird beschrieben, daß diejenigen Menschen, die von ihrem Vermögen nur spenden, um von anderen gesehen zu werden, einem Felsen mit darüber befindlichem Erdreich ähneln, das Gott durch einen Platzregen unbebaubar werden läßt, während der Garten der frommen und uneigennützigen Spender unabhängig von den Gegebenheiten des Wetters nur durch die Güte Gottes zweifache Frucht hervorbringt. Im Gleichnis von den beiden Weingärtnern (18,31 ff.) geht der

eine Garten des wohlhabenden Mannes trotz Fruchtbarkeit und menschlicher Mühen zugrunde, weil sein Besitzer nicht die Einheit und Einzigkeit Gottes anerkennt, sondern seinen Besitz »vergötzt«.
Aus diesen Koranversen sollte nicht der falsche Schluß gezogen werden, daß menschliches Bebauen und Kultivieren angesichts göttlicher Willkür sinnlos seien, wie es die abendländische Kritik mit dem Fatalismusvorwurf oft unterstellt hat. Gemeint ist vielmehr, daß undankbare Menschen, welche die Wohltaten ihres Schöpfers leugnen und sich nicht als gute Muslime erweisen, zur Rechenschaft gezogen werden: »Und das gute Land bringt seine Pflanzen hervor mit der Erlaubnis seines Herrn, und das schlechte bringt nur wenig hervor. Also machen wir unsere Zeichen den Dankbaren klar.« Sich als guter Muslim zu erweisen, bedeutet nach der Ansicht der meisten Muslime jedoch auch aktiven wirtschaftlichen Einsatz. Wenn es in der islamischen Geschichte zu wirtschaftlicher Lethargie gekommen ist, so sind dafür eine Reihe verschiedener Faktoren verantwortlich, wenngleich falsch verstandenes Gottvertrauen auch eine Rolle gespielt haben mag.[20] Für die Landwirtschaft sieht Ulrich Planck Willkür bei den Grundherren, Felddiebstähle und Viehraub in der Vergangenheit als Hauptgründe dafür, daß der Landwirt häufig nicht motiviert war, seinen Wohlstand sichtbar zu mehren, nachhaltig zu wirtschaften sowie Tiere und Sachwerte zu pflegen.[21]

3. Die Umweltthematik in Korankommentaren

Die klassischen Koranexegeten interpretieren manche Verse, die heute von einigen Muslimen unter ökologischer Perspektive betrachtet werden, in einem anderen Sinn. Bei den Versen, die den Menschen als »Stellvertreter Gottes« (Ḫalīfa) auf Erden beschreiben (z. B. 2,28 ff.) wird im allgemeinen nicht vom verantwortlichen Umgang des Menschen mit der Schöpfung gesprochen. Die Kommentarverfasser diskutieren vielmehr häufig die Bedingungen für das Kalifenamt oder das des Imams, die sich durch diese Verse legitimieren.[22] Ist mit Ḫalīfa Adam gemeint, der erste Mensch einschließlich seiner Nachkommen, so gehen die Exegeten gewöhnlich der Frage nach, inwieweit der Mensch im Vergleich zu den Djinnen (Geister), die vorher die Erde bevölkerten, eine »andere Schöpfung« darstellt. Es wird auf den Einwand der Engel eingegangen und festgestellt, daß Gott es am besten weiß, wenn er auf der Erde Menschen einsetzt, die zumindest teilweise Unrecht begehen und Blut vergießen.[23] Das Verb »Unrecht begehen« (afsada) wird in den Kommentaren im allgemeinen nicht näher interpretiert. Aus anderen Zusammenhängen kann man jedoch entnehmen, daß hauptsächlich an das Unrecht gegenüber Gott und den Mitmenschen gedacht ist, nicht aber gegenüber der Umwelt. Ökologisch relevanter ist der Kommentar zu Sure 7,54: »Richtet kein Unheil auf Erden an, nachdem sie in Ordnung gebracht wurde.« Neben anderen Übeltaten wie Širk (Polytheismus), Blutvergießen und Raub werden ausdrücklich das Verschmutzen von Wasser sowie das Abholzen von Frucht tragenden Bäumen genannt. Es wird sogar eingeräumt, daß der Prophet Muhammad selber im Kampf gegen die Mekkaner einmal Dattelpalmen abholzte und Wasser verunreinigte. Daher wird dieses Verbot auf Bäume und Wasser von Muslimen eingegrenzt, nicht aber auf die Umwelt der Polytheisten bezogen. Der sich auf den Vorfall beziehende Koranvers (59,5) räumt allerdings ein, daß dies nur mit Erlaubnis Gottes geschehen durfte, um die Frevler zu bestrafen.[24] Dieser Hinweis zeigt, daß es sich bei dem umweltschädigenden Verhalten prinzipiell um ein schweres Vergehen handelt.

Ein verändertes Bild bieten heutige Korankommentare. Vor allem die Ḫalīfaidee erhält hier neue Dimensionen. Der an der Universität Edinburgh lehrende Gelehrte John Black

(Professor of Natural Ressources) bezog 1970 bei seiner Herausarbeitung des »concept of stewardship«, d.h. des göttlichen Auftrags an den Menschen, die Erde zu bebauen und zu bewahren, neben Judentum und Christentum unter Bezug auf die wegweisenden religionstheologischen Arbeiten Kenneth Craggs erstaunlicherweise den Islam ein.[25]

In dem Ḫalīfagedanken sind trotz großer Gemeinsamkeiten auch einige Unterschiede zum jüdischen und christlichen Schöpfungsauftrag enthalten. Der Mensch besitzt zwar nach biblischer und koranischer Vorstellung die Herrschaft über die Erde sowie Gewalt über Tiere, Luft und Wasser. Im Unterschied zur Genesiserzählung, in der Gott dem Menschen die Vollmacht der Namensbenennung verleiht (Gen 2,19), teilt Gott nach koranischer Auffassung seine Macht nicht mit dem Menschen, sondern Gott selbst lehrt Adam alle Namen (Sure 2,29). Der Mensch darf trotz der Verfügungsgewalt, die er über die Erde besitzt, niemals vergessen, daß diese zeitlich begrenzt ist und er sich ständig Gott gegenüber verantworten muß. »This is the charter of man's responsible dignity, his call to mastery linked with the acknowledgement of accountability. All things are under man, and he is under God.«[26]

Der Ḫalīfagedanke enthält nach Cragg nicht nur den Aspekt des Verfügungsrechts, sondern vor allem auch den der Dankbarkeit, welche der Mensch seinem Schöpfer zeigen soll. Das Vernachlässigen der göttlichen »Zeichen« ist das Gegenteil von Dankbarkeit und daher Kufr/Unglaube bzw. aktives Vernachlässigen der göttlichen Gebote. Dies kann auch den falschen Umgang mit der Umwelt implizieren. Denn wenn der Mensch die Erde – anthropozentrisch – nur als Gegenstand seiner Ausbeutung betrachtet, übersieht er die Zeichen Gottes und verstößt gegen das Gebot der Dankbarkeit.

Unter umweltethischer Perspektive wird in heutigen Korankommentaren auch Sure 99,1–8 betrachtet und entsprechend ausgelegt:

»Wenn die Erde erbebt in ihrem *Beben*,
Und die Erde herausgibt ihre Lasten,
Und der Mensch spricht: ›Was fehlt ihr?‹
An jenem Tage wird sie ihre Geschichten erzählen,
Weil dein Herr sie inspiriert.
An jenem Tage werden die Menschen in Haufen hervorkommen, um ihre Werke zu schauen;
Und wer auch nur Gutes im Gewicht eines Stäubchens getan, wird es sehen.
Und wer Böses im Gewicht eines Stäubchens getan, wird es sehen.«

Die klassischen Koranexegeten interpretieren die Taten des Menschen im Sinne von Vergehen gegenüber Gott oder den Mitmenschen.[27] Kenneth Cragg deutet den Text dagegen auch im Sinne einer fehlenden oder vorhandenen Umweltverantwortung. Die Menschheit sei im Laufe der Zeit unverantwortlich und ausbeuterisch mit der ihr anvertrauten Erde umgegangen, habe ihre Schönheit zerstört und ihre Schätze ausgeplündert. Wenn die Erde nun, wie es im Koran heißt, ihre Lasten herausgibt, so sind dies nicht nur wie nach Auffassung der klassischen islamischen Koranexegeten die Toten und deren Vergehen gegenüber Gott und anderen Muslimen, sondern auch die Taten dieser Verstorbenen gegenüber der Erde. Denn alle Menschen waren zu ihren Lebzeiten Opfer bzw. Mitschuldige der Ausbeutung und Zerstörung der Natur. Das Jüngste Gericht wird als ein Ereignis gesehen, das die Erde physisch von ihren Toten befreit und an dem auch moralisch über die vergangenen Taten gerichtet wird.[28] Der in der Bundesrepublik Deutschland lebende Mystiker Hussein Abdul Fattah (Murschid, d.h. geistlicher Führer, des ehemaligen Sufi-Zentrums Haus Schnede in der Nordheide) beschreibt die Erde als verletzbares reagierendes Wesen, das trotz jahrhundertelanger Geduld eines Tages Rechenschaft fordern werde.[29]

Der deutsche Muslim Ahmad von Denffer vertritt in seiner kleinen Schrift »Koran und Umwelt«[30] die Ansicht, daß manche Umweltprobleme von heute im Koran bereits vorausgesagt seien. Während er Sure 30,40 (»Erschienen ist Verderben zu Land und zu Meer für das, was der Menschen Hände wirkten, auf daß es sie schmecken ließe einen Teil von ihrem Tun«) ganz allgemein aus ökologischer Perspektive betrachtet, interpretiert er Sure 44,9 als eine direkte Ankündigung des Smogs: »Drum nimm in acht den Tag, wenn der Himmel in deutlichem Rauch aufgeht, der die Menschen verhüllt, das ist eine schmerzliche Strafe.« Den sauren Regen sieht er in 56,67 ff. prophezeit: »Und betrachtet ihr das Wasser, das ihr trinkt? Habt ihr es aus den Wolken herabgesandt oder wir? Wenn wir es wollten, wir machten es bitter.« Schließlich sieht er in 23,18 eine Erwähnung des Grundwassers und die gleichzeitige Ermahnung an den Menschen, dieses zu schützen, damit er es nicht verliert. »Und wir senden Wasser vom Himmel herab nach Gebühr und geben ihm Wohnung in der Erde, und siehe, wir haben Macht, es wieder fortzunehmen.«

4. Die Einstellung des Islam zu Tieren

Der Koran erwähnt eine Vielzahl von Tieren in unterschiedlichen Zusammenhängen und mit unterschiedlicher Wertschätzung. Einerseits steht der Mensch in der Schöpfungsordnung eindeutig über dem Tier; schon deshalb, weil er im Gegensatz zum »ungläubigen Vieh« Verstand besitzt und daher zum Glauben und Unglauben fähig ist (5,1; 8,22; 8,57). Anderseits wird aber auch eine prinzipielle Gleichheit zwischen menschlicher Schöpfung und Tierwelt angedeutet, z. B. in Sure 6,38: »Kein Getier gibt's auf der Erde und keinen Vogel, der mit seinen Schwingen fliegt, die nicht wären Völker gleich euch.« In einem heutigen Korankommentar interpretiert man diesen Vers als Aufforderung, die Tierwelt auch als Gottes Schöpfung zu achten und Gott seine Ergebenheit dadurch zu beweisen, daß man seine Gebote hält und seine Geschöpfe liebt.[31] Im Koran wird oft Gottes Fürsorge gegenüber Mensch und Tier hervorgehoben: »Und wieviele Tiere gibt's, die nicht ihre Versorgung tragen! Gott versorgt sie und euch, und er ist der Hörende und Wissende« (29,60). Oder: »Kein Kriechtier auf Erden gibt's, dessen Versorgung nicht ihm obläge, und er kennt seine Stätte und seinen Ruheplatz« (11,8; vgl. auch 11,59). Die Einstellung des Islam zum Tier ist wesentlich durch die Frage bestimmt, zu welchem Zweck Gott die Tiere erschuf. In Sure 16,5ff.51 heißt es, daß Gott die Tiere aus zwei Gründen erschaffen habe: zum Nutzen des Menschen und zur Verherrlichung Gottes.[32] Die Tiere stehen wie die übrigen Werke der Schöpfung in der menschlichen Verfügungsgewalt, wobei im Koran der Aspekt der Nutznießung stärker im Vordergrund steht als die Verpflichtung des Menschen zu ihrer Pflege und ihrem Schutz. »Und die Tiere, er erschuf sie für euch; sie liefern euch warme Kleidung und bringen euch Nutzen; und ihr eßt von ihnen. Und eine Zierde sind sie euch, wenn ihr sie abends eintreibt und morgens austreibt. Und sie tragen eure Lasten zu Ländern, die ihr nicht hättet erreichen können ohne Mühsal der Seelen. Siehe, euer Herr ist wahrlich gütig und barmherzig. Und er erschuf die Pferde und die Kamele und die Esel, auf daß ihr auf ihnen reitet und zum Schmuck. Und erschuf, was ihr nicht kennt« (16,5–8). Bei den Kamelen wird zwischen Last- und Schlachttieren unterschieden (6,143).

Der Islam untersagt den Genuß von Blut und Schweinefleisch sowie den Verzehr von nicht rituell geschlachtetem Fleisch (5,4; 7,29; 7,156; 16,115f.). Der frühe Islam kennt bereits einen gewissen Tierschutz. Für das Verletzen von Kamelen wird in Sure 26,156 Strafe angedroht. In Sure 81,4, die eschatologische Visionen enthält, gilt das Vernachlässigen von schwangeren Kamelstuten als Inbegriff alles Negativen. In 4,118 werden irregeleitete Menschen erwähnt, die sich den Satan zum Beschützer nehmen, ihren Tieren die Ohren abschneiden und die Schöpfung Gottes verändern. Als erlaubt gelten nur das Versehen mit Brandzeichen außer am Kopf sowie das Kastrieren unter bestimmten Umständen. Sure 17,39 tadelt die Überheblichkeit des Menschen, und ein Kommentar versteht hierunter auch das sinnlose Jagen und Quälen von Tieren.[33] In einem Kommentar zu Sure 4,118 heißt es, daß zum eigenmächtigen »Verändern der Schöpfung« durch den Menschen auch das Verletzen von Tieren zählt.[34] Wenn es um die Versorgung der Tiere geht (11,8 und 11,59), so betont man die Fürsorge Gottes und weniger die Verpflichtung des Menschen; es sei denn, daß es sich bei den Tieren um Nutz- und Weidetiere (z.B. das Kamel) handelt. Obgleich Hunde im Islam eher Verachtung genießen, gibt es eine dem Propheten Muhammad zugeschriebene Überlieferung, welche die Fürsorge gegenüber diesen Tieren zum Thema hat:

»Allahs Gesandter hat gesagt: »Ein Mann ging seines Weges, und der Durst überkam ihn. Er kam zu einem Brunnen, stieg hinab und trank. Dann kam er wieder heraus und traf einen Hund, der lechzte und vor Durst Erde fraß. Der Mann sagte zu sich selbst: »Dieser Hund leidet an Durst, gerade wie ich daran gelitten habe.« Dann stieg er erneut in den Brunnen, füllte seinen Lederstrumpf mit Wasser, stieg heraus und hielt ihn dabei mit den Zähnen und tränkte den Hund. Allah dankte ihm dafür und vergab ihm seine Missetaten.« Die Leute sagten: »Allahs Gesandter, wird uns auch für das Glück, das wir Tieren tun, ein Lohn zuteil?« Er antwortete: »Ja, es gibt einen Lohn für jede gute Tat an einem jeden Lebewesen.« (Buchari)[35]

Kamele und Pferde haben seit jeher im Islam eine Sonderstellung eingenommen. Vor allem das Kamel stellte in der Wüste ein unentbehrliches Transportmittel dar und war ein wichtiger Lebensgefährte für die Beduinen. Nach E. Heller gebührt dem Kamel aus mancherlei Gründen besondere Beachtung und Wertschätzung. In der Hirtenkultur der Beduinen, die aus der engen Schicksalsgemeinschaft von Mensch und Tier hervorging, wurde die Wüste erst durch das Kamel für den Menschen bewohnbar.

»Kamelmilch war die Hauptnahrung der Beduinen. Das Kamelhaar ersetzte die Wolle. Der Kamelmist diente als Energie- und Wärmespender in kalten Wüstennächten und am Lagerfeuer. Die Haut wurde zu Schöpfgeräten und anderen Gebrauchsgegenständen des täglichen Lebens verarbeitet. Durch Schnelligkeit und Ausdauer, Genügsamkeit und Geduld war das Kamel als Reit- und Lasttier gleichermaßen geeignet. Der lange Hals des Kamels dient als eine Art Balancierstange beim Aufstehen mit großer Last. Auf diese Weise kann ein Kamel Lasten bis zu 300 Kilo tragen. Ein Elefant könnte sich bei gleicher Belastung nicht mehr erheben. Füße und Gelenke des Kamels sind durch eine dicke Hornschicht sozusagen ›isoliert‹ gegen die Hitze des Wüstensands. Der Höcker dient als Fettspeicher, von dem die Tiere lange Zeit zehren können, wenn keine Weideplätze in der Nähe sind. Kamele können bis zu 120 Liter Wasser saufen. Die Flüssigkeit kann bis zu vier Wochen gespeichert werden, da ein Kamel nur ein Drittel des Wassers verliert, das andere Säugetier – besonders bei großer Hitze – abgeben. Im übrigen fängt ein Kamel erst bei Temperaturen über 40 Grad zu schwitzen an. Seine Körpertemperatur paßt sich der Außentemperatur an, dadurch ist es gegen Hitze und Kälte gleichermaßen unempfindlich. In trockenen Zeiten begnügt es sich mit dürren Halmen, Gräsern und Blättern. Nur wenn die Temperaturen über 50 Grad steigen, muß es jeden vierten, fünften Tag getränkt werden.«[36]

Aus dem wiegenden Gang der Tiere entwickelte sich das klassische Versmaß der arabischen Literatur. 160 verschiedene Namen kennt die arabische Sprache für das Kamel, das nicht nur Reichtum und Besitz symbolisierte, sondern auch die Existenzgrundlage der Großfamilie, Richtschnur der sozialen Ordnung, Strafmaß für viele Vergehen und Maßeinheit der Hochzeitsgabe darstellte. Obgleich das Kamel in der Landwirtschaft und Armee jahrhundertelang unentbehrlich war, wurde seine Bedeutung in den letzten vierzig Jahren durch die Ölförderung und deren Folgen, Landflucht sowie durch die damit einhergehende Verstädterung weitgehend zurückgedrängt. Manche Kritiker betrachten diesen Bruch mit der Natur zugleich als Absage an die eigene Vergangenheit und Identität.[37] Um so interessanter ist die Tatsache, daß man sich in Kenia aus Gründen des Umweltschutzes wieder auf das Kamel besonnen hat. Für die zunehmende Verwüstung und Versteppung machen Umweltexperten neben Klimaveränderung und Übervölkerung auch das Überweiden der wenigen Grasflächen durch Rinder verantwortlich. Durch eine Vergrößerung des Kamelbestandes soll die Verwüstung aufgehalten werden. Das Kamel ist das umweltfreundlichere Tier: es frißt trockene Büsche und Äste von Bäumen, während Rinder allein vom Gras am Boden leben. Mit seinen gepolsterten huflosen Füßen zertrampelt das Kamel auch viel weniger die kostbare Vegetationsdecke. Schließlich sind Kamele bessere Futterverwerter und liefern auch bei heißem Klima mehr Milch als Kühe.[38]

Umfassendere Überlegungen zum Tierschutz sind im heutigen Islam selten anzutreffen. Aus einer Defensivhaltung heraus wird jedoch oft argumentiert, daß das (wie von den Juden praktizierte) Schächten im Gegensatz zu der bei uns vorherrschenden Meinung keine Tierquälerei darstelle. Die »Erste internationale Konferenz für islamische Medizin«, die 1981 in Kuwait stattfand, sprach sich entschieden gegen grausame Tierversuche aus.[39] Das »Religionsbuch für moslemische Kinder«, das vom Islamischen Zentrum Hamburg (schiitisch) herausgegeben wurde, enthält trotz seines geringen Umfangs von 50 Seiten einen Abschnitt über Tierschutz sowie einen weiteren Absatz über die Liebe zu Tieren. Der renommierte österreichische Muslim Dr. Smail Balić geht in seiner Schrift »Ruf vom Minarett« auch auf den Tierschutz ein und schreibt: »Die Solidarität mit Mensch und Tier und die unablässige Bereitschaft, sich für die Erhaltung des von Gott bestimmten Gleichgewichtes in der Natur einzusetzen, sind zwei hervorstechende Merkmale des islamischen Menschen. Das Mitfühlen ist ein unersetzbarer Wert des religiös erfüllten Lebens«.[40]

5. Neue umweltethische Konzeptionen des Islam

Der durch zahlreiche englischsprachige Publikationen international bekannte iranische Gelehrte Seyyed Hossein Nasr, welcher dem theosophisch-mystischen Islam nahesteht, beschäftigte sich ziemlich früh mit den Ursachen der Umweltkrise. Die erste Auflage seiner Schrift »Man and Nature« erschien bereits 1968, also noch einige Jahre vor dem Bericht des »Club of Rome«: »Die Grenzen des Wachstums« (1972). Nasrs These geht aus dem Untertitel seines Werkes hervor: Die Umweltkrise sei »The Spiritual Crisis of Modern Man«, dem eine wirkliche Kosmologie fehlt und der nicht mehr um die letzte Einheit alles Seins weiß. Die Lösung der Krise liege in einer »re-discovery of the traditional cosmologies of the Oriental traditions«.
Der Islam geht bei seiner Naturbetrachtung vom Prinzip der Einheit aus. Er bietet ein ganzheitliches, umfassendes Erklärungsprinzip für alle Lebensbereiche, so daß selbst Naturbetrachtung und Naturgesetze keinen vom geistlichen getrennten profanen Bereich einnehmen. Naturgesetze werden sogar als Gewohnheiten Allahs interpretiert.
Die enge Verbindung zwischen Mensch und Natur liegt im Koran begründet, der das Wort Gottes darstellt. Er ist nicht

nur Quelle der Offenbarung für die Menschen, sondern schließt auch den Kosmos und die Natur mit ein. In diesem Zusammenhang unterscheidet Nasr den »niedergeschriebenen Koran« und den »Koran der Schöpfung«, der die Idee oder den Archetyp aller Dinge enthält. Er führt aus, daß die Urbedeutung von »Koranvers« Wunder, Zeichen und Ereignis ist, das sich sowohl in der Natur als auch im Innern des Menschen abspielt. Die genaue Kenntnis der Natur hängt damit von dem Wissen und der Interpretation der inneren Bedeutung des Korantextes ab.

Durch seine Weigerung, Mensch und Natur zu trennen, hat sich der Islam eine integrale Sicht des Universums bewahrt. Auch im Kosmos und in der natürlichen Ordnung sieht er den Strom göttlichen Segens. Für den Muslim ist die Natur somit nicht profan, sondern er sieht in ihr den Spiegel für eine höhere göttliche Realität. Das Ziel der menschlichen Existenz ist es, alle Dinge völlig zu begreifen, um ein vollkommener Mensch zu werden. Der Sinn der Schöpfung liegt für Gott darin, sich selbst auch in der Natur durch sein perfektestes Werk, den Menschen, erkennen zu lassen. Der Mensch hat eine eigentümliche Stellung in der Welt; denn er ist gleichzeitig Herr und Wächter der Natur. Er herrscht über sie, aber ihm steht diese Macht nur zu, weil er Treuhänder Gottes und Ausführer seines Willens ist. Der Mensch darf bei seiner Herrschaft nie den göttlichen Bezug der Natur vergessen; denn er gehört als Bindeglied zwischen Gott und Natur beiden Bereichen an.

»Man is given the right to dominate over nature only by virtue of his theomorphic make-up, not as a rebel against heaven«.[41]

Weil der Mensch die Natur als Teil von sich selbst und als Gottes Schöpfung betrachtet, dringt er zu ihrem inneren Wesen vor und erforscht sie, um so sein eigenes Ich besser zu verstehen. Aus diesem Grund kann nach islamischer Ansicht nur ein Mensch, der eine bloß oberflächliche Vorstellung des

Seins und der eigenen Existenz hat, die mit ihm verwandte Natur ausbeuten.

Für den pakistanischen Geographen Iqtidar H. Zaidi, der seine umweltethischen Überlegungen erstmals auf der »First Islamic Geographical Conference« in Riyadh/Saudi Arabien (Januar 1979) vortrug, sind unsere Umweltprobleme in erster Linie Auswirkungen einer moralischen Krise, da der Mensch aus Gier, Unwissenheit und Verschwendungssucht danach strebt, die natürlichen Ressourcen maximal auszuschöpfen, ohne die Folgen zu bedenken. Wie andere zeitgenössische Muslim-Intellektuelle sieht er den Menschen als Herrn und Nutznießer der Natur, betont aber auch dessen Verantwortlichkeit vor Gott. Nach Zaidis Ansicht bietet der Islam den geeigneten ethischen Rahmen für die Bewältigung von Umweltproblemen, weil er das menschliche Streben nach materiellem Wohlstand nicht egoistischen Einzel- oder Gruppeninteressen unterordnet, sondern den Menschen an die religiösen Prinzipien des Korans bindet.[42] Der Mensch muß sich bei seinem Umgang mit der Umwelt in den Grenzen der islamischen Vorschriften bewegen, um nicht Gottes Zorn auf sich zu lenken. Obgleich der Mensch Ḫalīfa Gottes ist, gehört die Erde mit ihrem Innern und ihrer Atmosphäre letztlich Gott. »Wir haben euch zu Nachfolgern auf Erden gemacht, damit wir sehen, wie ihr handelt« (10,15). Oder: »Gottes ist, was in den Himmeln und auf Erden und ob ihr zeugt, was in euren Herzen ist oder es verheimlicht, so wird euch Gott dafür zur Rechenschaft ziehen« (2,284).

Der Mensch soll dem Vorbild des Propheten nacheifern und sich gegenüber der Umwelt durch Taqwa (Frömmigkeit), Wissen und Gerechtigkeit auszeichnen.[43] Zaidis Umweltbegriff ist weit gefaßt und schließt auch den sozialen Bereich mit ein. Nach Gottes weisem Ratschluß ist alles auf der Erde »well measured in accordance with the respective needs of time, space, and individuals«. Als Beleg hierfür zitiert der pakistanische Gelehrte folgende Koranverse: »Und die Erde, wir dehnten sie und setzten auf sie festgegründete Berge und ließen allerlei Dinge *in ausgewogenem Maß* auf ihr wachsen. Nahrungsmittel schufen wir auf ihr für euch und die, deren Versorger ihr nicht sein könnt« (15,19f.). Oder: »Und den Himmel, er hat ihn erhöht und die *Waage* aufgestellt, auf daß ihr *in der Waage euch nicht vergeht*. Und wägt in Gerechtigkeit und vermindert nicht das Gewicht. Und die Erde, er hat sie hingestellt für seine Geschöpfe« (55,6–9).

Der Mensch soll dieses Gleichgewicht, das Zaidi aus ökologischer Perspektive interpretiert, nicht durch seine Ausbeutermoral zerstören.

Der schon erwähnte Mystiker Hussein Abdul Fattah stellt ebenfalls den Gedanken der Einheit und Verbundenheit alles Seins in den Mittelpunkt. Nur die Anerkennung dieser Einheit könne die Menschheit vor Ausrottung und Zerstörung bewahren. Die Erde wird als kränkbares, verletzliches und handelndes Wesen beschrieben, als »reaktives Geschöpf«, das dem Menschen zwar ausgeliefert ist und sich nicht sofort wehrt, aber irgendwann seine Rechnung präsentiert. Der Verfasser zitiert in diesem Zusammenhang den Begründer der malikitischen Rechtsschule Mālik ibn Anas (st. 795):

»Jeden Tag ruft die Erde zehn Worte hinaus: ›O Sohn Adams! Du gehst auf meinem Rücken, doch dein Ende wird in meinem Innern sein. Du bist ungehorsam auf meinem Rücken, doch deine Bestrafung wird dir in meinem Innern zuteil. Du lachst auf meinem Rücken, doch in meinem Innern wirst Du weinen. Du ißt Verbotenes auf meinem Rükken, doch in meinem Inneren werden die Würmer dich fressen. Du sammelst auf meinem Rücken Verbotenes an, doch wirst du dich in meinem Inneren selbst auflösen. Du prahlst auf meinem Rücken und wirst doch demütig sein in meinem Inneren. Du gehst umher voller Glück auf meinem Rücken und wirst doch in Kummer fallen in meinem Inneren. Auf meinem Rücken wandelst Du im Licht und wirst dereinst doch in Dunkelheit sitzen in meinem Inneren. Du wandelst

in Gemeinschaft mit anderen auf meinem Rücken. Und wirst doch alleine in meinem Inneren sitzen.«[44]
Der Mensch wurde aus Wasser und Erde geschaffen; er ist als ein Teil von ihr geformte, wesengewordene Erde, die göttliche Eigenschaften in sich trägt. »Die Schöpfungspotenzen in sich tragende Erde. Lebendige Erde. Aktive Erde. Erde, in welcher ihr eigener, immanenter Schöpfer wiedererweckt worden ist, lebendig geworden ist. Göttliche Erde. Erde, die Gott geworden ist.« Doch zur Erde kehrt der Mensch dereinst zurück. Von Ewigkeit zu Ewigkeit zu leben, bedeutet für den Menschen von Erde zu Erde geworden zu sein. Der Zustand der Erde ist das Spiegelbild der eigenen inneren Natur. Die Erde ist nur ein begrenzter Teil einer grenzenlosen und zeitlosen göttlichen Welt. Da sie als erschaffenes Produkt relativ ist, widerspricht es nach Abdul Fattah dem Islam, die Erde als Selbstheit und Absolutheit zu schätzen. Der Mensch soll die Natur nicht verabsolutieren oder romantisch verklären. Der wahre Muslim verehrt und schützt, wenn er die Wirklichkeit der Dinge sucht, nicht die erschaffene Schönheit der Erde als relative Natur, sondern Gott als den Absoluten.[45]

6. Fazit

Da der Mensch ungeachtet seiner Verfügungsgewalt über die Umwelt letztlich auf seinen Schöpfer als den Ursprung aller Dinge verwiesen wird, kann man die islamische Umweltethik trotz anthropozentrischer Teilaspekte insgesamt als theozentrisch bezeichnen. Ein islamisch motivierter Umweltschutz bewahrt die Erde nicht um ihrer selbst willen, sondern aus Achtung vor Gottes Geboten. Mensch und Erde bilden als Geschöpfe Gottes eine Einheit und sind Gott unterstellt, auch wenn der Mensch einen Nießbrauch auf Zeit (Sure 2,34) über die ihm anvertraute Schöpfung besitzt.

3.2 Texte

1. Die Umwelt als Spiegel Gottes

Viele der führenden theologischen Richtungen haben sich mit dem Menschen und der Geschichte beschäftigt. Sie haben sich dabei auf die Frage der Erlösung des Menschen als ein isoliertes Individuum konzentriert, anstatt auch auf die Erlösung aller Dinge einzugehen. Die Theologie P. Tillichs ist auf das Problem dessen, was einen unbedingt angeht, fixiert mit der Tiefe des Seins, das den heiligen und profanen Bereich umfaßt und sich eher an die existentielle Rolle des Menschen in der Geschichte und seine Stellung als isoliertes Wesen vor Gott wendet als an einen Teil der Schöpfung innerhalb des Kosmos selbst, der als Hierophanie betrachtet wird. K. Barth und E. Brunner, die eine eiserne Wand um die Welt der Natur errichteten, haben sich von dieser Frage sogar noch mehr entfernt. Sie glauben, daß die Natur den Menschen nichts über Gott lehren kann und daß sie daher weder von theologischem noch von geistlichem Interesse sei. Was Entmythologisierer wie R. Bultmann betrifft, so vernachlässigen sie die geistliche Bedeutung der Natur und beschränken sie auf einen bedeutungslosen, künstlichen Hintergrund für das Leben des modernen Menschen, anstatt zu der inneren Bedeutung des Mythos als Symbol einer transzendenten Wirklichkeit vorzudringen, welche die Beziehung zwischen Mensch und Gott in der Geschichte, aber auch im Kosmos betrifft...
Im Christentum muß die lange Tradition der geistlichen Naturbetrachtung zusammen mit den zugrunde liegenden metaphysischen Lehren wiederbelebt werden, wenn die Begegnung von Mensch und Natur nicht in einer absoluten Katastrophe enden soll. Theologen und Philosophen sind dafür größtenteils verantwortlich oder haben zumindest in den letzten Jahrhunderten dazu beigetragen, die Natur profan zu machen... In der gegenwärtigen Situation ist jedoch die menschliche Existenz in der Welt, ganz zu schweigen von der schließlichen Erlösung des Menschen, eine ungewisse Angelegenheit geworden. Aufgrund dieser gefühlslosen Gleichgültigkeit gegenüber den Rechten der Natur und anderer Lebewesen ist es höchste Zeit für diejenigen, die sich über die Lage des Menschen wirklich Gedanken machen, sich der langen Tradition des Naturstudiums im Christentum zuzuwenden und die metaphysischen Lehren des Christentums mit der Hilfe der orientalischen Metaphysik wieder einzuführen. Nur die Wiederbelebung einer geistlichen Naturkon-

zeption, die auf intellektuellen und metaphysischen Prinzipien basiert, kann die von den Anwendungsgebieten der modernen Wissenschaft hervorgerufene Verheerung neutralisieren und diese Wissenschaft selbst in eine universalere Perspektive eingliedern.[46]

2. Umweltverantwortliches Handeln aus islamischer Perspektive

Die ökologische Krise, mit der viele entwickelte und weniger entwickelte Nationen konfrontiert sind, ist in Wirklichkeit eine moralische Krise. Ihr kann wirkungsvoll entgegengetreten werden durch eine islamische Ethik, die sowohl Entscheidungen als auch Handlungen einschließt. Anders als das materialistische Entwicklungsverständnis betrachtet die islamische Weltsicht den Menschen aufgrund seines theomorphen Wesens ökologisch als Beherrscher der Umwelt, doch gleichzeitig als Instrument des göttlichen Willens, dem alles gehört. Die Freiheit des Menschen, sich Ressourcen anzueignen und den Weltraum zu beherrschen, ist an Gerechtigkeit, *Taqwa* und Wissen gebunden, welche theoretisches und praktisches Wissen einschließen. Wenn er diese Prinzipien nicht beachtet, ist er letztlich der Leidtragende.
Der Mensch wird von Gott ständig daran erinnert, daß diese Welt nur ein vorübergehender Aufenthaltsort ist und daß er hier auf Erden so wirken muß, daß er in der nächsten Welt, seinem ständigen Aufenthaltsort, belohnt wird. Der Kalif eines islamischen Staates ist verpflichtet, die Handlungen des Menschen gegenüber seiner Umwelt zu kontrollieren. Er hat das Recht, Gesetze zu erlassen und diejenigen zu bestrafen, deren Handlungen ein blindes Bestreben, möglichst optimalen Nutzen aus der Umwelt zu ziehen und ein Nichtbeachten ihrer üblen Folgen für die Qualität der Umwelt zeigen. Diese Menschen mißachten den ethischen Geist, der ihrem Recht, die Natur auszubeuten und aus ihren natürlichen Ressourcen Nutzen zu ziehen, übergeordnet ist. Das offizielle Vorgehen in einem islamischen Staat muß einer göttlichen Führung unterstellt werden, einer Führungsform, die unter den gegenwärtigen Bedingungen von einem religiösen Gelehrten oder einem Rat solcher Gelehrter, die sich durch Taqwa auszeichnen, ausgeübt wird; denn Taqwa und Wissen garantieren Gerechtigkeit.

Die Ausführungen dieses Vortrages können für die Umwelt des Islam von Nutzen sein, wo Regierungen alle möglichen Arten von Entwicklungsprogrammen entwickeln. Diese Programme müssen so durchgeführt werden, daß die Umwelt der betroffenen Region eher bereichert als verletzt wird. Gläubige Muslime müssen im Einklang mit den hier dargelegten Prinzipien vorgehen und die Vorstellung von maximaler Nutznießung ohne Rücksicht auf die Aufrechterhaltung der Umwelt fallenlassen. Ziel sollte sein, die Ressourcen optimal auszubeuten, die Veränderung und Abwandlung der Umwelt muß jedoch im Einklang mit islamischen Prinzipien erfolgen.[47]

3. Die Erde als Gottesgeschöpf

Die Seele des Menschen besitzt in ihrer Tiefe eine religiöse, d.h. bindende Natur. Sie ›bindet‹ die relative, äußere, an die absolute, oder innere und göttliche Natur. Im Sinne Burckhardts, eines mystisch orientierten Islam-Gelehrten, ›bindet‹ sie, als ein mikrokosmisches Sein, Gott und die Welt. Die letztere als das makroskosmische Sein.

D.h., sie selbst ist das Gott und die Welt verbindende ›Glied‹. So stark wie die Seele ist die göttliche Bindung der Welt. So stark die Seele, so stark die ›Vergöttlichung‹ der Welt.

Woraus folgt, daß eine Profanisierung und Säkularisierung der Güter der Erde, was z.B. bedeutet, die Nahrung nicht mehr als einen göttlichen Segen zu erachten, aus einer Schwächung der menschlichen Seele herrührt. Die Seele vermag die Güter der Erde nicht länger an ihren eigenen göttlichen Zustand zu binden. Die Bindekraft, das heißt die *Liebe*, fehlt. Die Liebe zu dem, was ›durchscheint, in dem, was *er*scheint‹.

Das ›kurze und lange Gedächtnis der Erde‹

»... Er weiß, was auf der Erde geschieht, und im Meer, und kein Blatt fällt herab, ohne das Er es nicht weiß. Und kein Korn ist im Dunkel der Erde (begraben), und nichts Feuchtes und nichts Trokkenes, das nicht verzeichnet ist ein einem deutlichen Buch« (Koran: 6, 59), heißt es im Heiligen Koran.

»... und stiftet kein Unheil auf (Eurer) Erde, nachdem die Ordnung (dorten) bestens ist...« (7, 56)

Auf zweierlei verweist uns auf diese zugleich barmherzige wie auch ermahnende Weise der Heilige Koran. Daß einerseits alles auf Erden, das sommerliche Weizenfeld, der rotblühende Mohn, wie gleichermaßen das Abfallen der Blätter im Herbst, einer natürlichen und göttlichen *Ordnung* entspricht. Und: daß *allein* der Mensch potentiell und aktiv einer solchen, gewollten Ordnung – durch Raubbau an der Natur, wie Eigenmächtigkeiten – widerspricht.
Allein der Mensch versucht, an der, den Dingen der Natur immanenten Schöpferkraft und d. h., an der Macht ihres ewigen Schöpfers zu rühren. Die Versuchung dabei ist die, daß er, der Mensch, in seinem selbstmächtigen und eingebildet-überheblichen Bild-von-sich-selbst, den Schöpfer der natürlichen Dinge und d. h., den Schöpfer der immer wieder auferstehenden Erde, verdrängt. Er selbst, der ›aus Schwäche Geborene‹, wie der Mensch koranisch genannt wird, hat sein Selbst-erschaffen-Sein vergessen, und ist selbst zum ›allmächtigen Schöpfer‹ der Güter der Erde geworden. Er ist, zumindest als kurzfristige Zeiterscheinung und Tendenz, der geworden, der »alles kann«. Das überkommene Gleichgewicht seiner Behandlung der Natur, das sich im günstigen Falle zwischen einer passiven und geduldigen Wartestellung und Hinneigung zu den natürlichen Prozessen der Natur und einer aktiven und entsprechenden Unterstützung dieser Prozesse durch Mittel der Kultur und Intelligenz bewegt, ist zur alleinigen Aktivierungs-Pflicht und Willkür und Eigenmacht des menschlichen Willens geworden. Aus dem Vorgang eines parallelen, helfenden ›Eingriffes‹ des Menschen in die Natur ist eine chemisch-biologische Zwangsgestaltung der Natur durch den Menschen geworden, der die Natur aus ihrer göttlichen Ordnung heraus mit ständig deutlicheren Zeichen (und Katastrophen) widerstrebt. Und letztendlich wird die Natur, und nicht der Mensch, in einem solchen antipolaren ›Wettschöpfen‹ siegen. Und sei es ›nur‹ durch Aufgabe und Tod.
Aus diesem Grunde wird zu Recht von einem ›kurzen‹ und einem ›langen Gedächtnis‹ der Erde gesprochen. Einem ›kurzen‹ insofern, als die urbare Erde kurzfristig – nämlich generationsmäßig und gestaltungsmäßig – dem Menschen gehört. Einem ›langen Gedächtnis‹ insofern, als sie letztendlich ihrem Schöpfer gehört. Und nur im Einklang mit Seinen Gesetzen auf Dauer besteht.[48]

4 Buddhismus

HEYO E. HAMER / RAINER NEU

4.0 Überblick

Umweltprobleme gibt es nicht nur in den westlichen Industriestaaten, sondern auch in den asiatischen Ländern, in denen der Buddhismus eine besondere Rolle spielt (1). Die Frage ist, ob dieser im Kampf gegen die fortschreitende Zerstörung der Umwelt als der natürlichen Lebensgrundlage des Menschen (2) einen theoretischen und praktischen Beitrag leisten kann.
Alle buddhistischen Traditionen gehen zurück auf die Erfahrung der Erleuchtung des historischen Buddha Gautama (3). Diese bildet den Ausgangspunkt für die Entwicklung der beiden verschiedenen ›Fahrzeuge‹ (yāna) zum Heil, dem Hīnayāna (Kleines Fahrzeug) und Mahāyāna (Großes Fahrzeug). Aufgrund einer kurzen Daseinsanalyse der Hīnayāna-Tradition (4) und der Mahāyāna-Tradition (5) wird verständlich, warum es im Buddhismus keine einheitliche Auffassung von der Umwelt gibt und die Umwelt eigentlich kein Thema des Buddhismus darstellt. Auf dem Hintergrund dieser Analyse werden einige Konsequenzen für das praktische Verhalten moderner Buddhisten gegenüber der Umwelt dargelegt und der ethische Begründungszusammenhang aufgezeigt (6).

4.1 Umwelt im Buddhismus

1. Umweltprobleme in Asien

Asiatische Länder sorgen seit Jahren für Schlagzeilen über Umweltkatastrophen. Waren es in den 70er Jahren Quecksilber- und Kadmiumvergiftungen, Sauerstoffmangel und Yokkaichi-Asthma in Japan, zog in den 80er Jahren das Giftgasunglück von Bhopal die Aufmerksamkeit der Weltöffentlichkeit auf eine ungezügelte industrielle Entwicklung in Indien, der morgen ökologische Schreckensmeldungen aus Korea, Taiwan oder den Philippinen folgen könnten. Hinter solchen aktuellen Gefahren scheinen chronische Probleme wie regelmäßige Überschwemmungen in China, Bangladesh, Pakistan oder Indien oder die Überbevölkerung Hongkongs und Indonesiens an Bedeutung zu verlieren. Während Japan in den 70er Jahren begann, seine Umweltprobleme durch zum Teil drastische Gesetze zu bekämpfen, scheint in den asiatischen »Schwellenländern« der Höhepunkt der ökologischen Krise erst noch bevorzustehen. Viele dieser Probleme sind gar nicht selbstverschuldet, sondern infolge der Produktionsverlagerungen umweltgefährdender Industrien durch die Industrienationen »importiert«.

2. Definition »Umwelt«

Unter *Umwelt* werden hier die *natürlichen Lebensgrundlagen* des Menschen verstanden. Dazu zählen alle jene Komponenten der Außenwelt, die direkt oder indirekt auf die menschlichen Lebensbedingungen einwirken und die gemeinsam ein Biotop bilden. Unter Biotop ist eine bestimmte Kombination von Umweltfaktoren zu verstehen, die sich wechselseitig beeinflussen. Dazu gehören alle Faktoren der *unbelebten* wie der *belebten* Umwelt. Bei den belebten, biotopischen Faktoren ist in unserem Fall deutlich zwischen den Individuen der verschiedenen Gattungen, also zwischen Menschen, Tieren und Pflanzen zu unterscheiden, da deren »Erlösungsfähigkeit« im Buddhismus sehr unterschiedlich bewertet wird. Von besonderem Interesse für unser Thema ist der heute von Ökologen hervorgehobene Sachverhalt, daß sich die Umweltfaktoren wechselseitig beeinflussen und damit die Kausalabläufe in der Umwelt in hohem Maße bestimmen.

3. Buddhismus und Umwelt

Ein einheitliches Verständnis und Verhalten zur Umwelt gibt es im Buddhismus nicht, da die buddhistischen Schulen keine gemeinsame Auffassung von der Wirklichkeit haben. Wir kommen deshalb nicht umhin, zumindest die beiden großen Richtungen des Buddhismus gesondert zu betrachten.

Nach dem Tode seines Stifters Buddha Gautama (560–480 v. Chr.) entwickelte sich der Buddhismus in verschiedenen Religionsformen weiter, die als »Fahrzeuge« (*yāna*) zum Heil gelten. Da Buddha Gautamas Einsichten nicht theoretischer, sondern existentieller Art waren, lassen sich auch in den älteren Traditionen des »Kleinen Fahrzeuges« (*Hīnayāna*) nur ansatzweise philosophische ode metaphysische Reflexionen zur Wirklichkeit finden. In den Überlieferungen des Pāli-Kanon, der Schriftensammlung des Hīnayāna, sind vornehmlich Aussagen zum Heilsweg der Gläubigen enthalten, kaum jedoch Überlegungen zu deren Verhältnis zur Umwelt.

In der bedeutendsten Entwicklungsform späterer Zeit, dem »Großen Fahrzeug« (Mahāyāna), werden die Überlieferungen des Hīnayāna ebenfalls anerkannt, jedoch um Sutren erheblichen Umfanges ergänzt, die sich u. a. ausführlich mit der Natur der Wirklichkeit und dem Verhältnis des Menschen zu seiner Umwelt beschäftigen.

Mit dem Umweltverständnis des »Diamantfahrzeuges« (*Vajrayāna*), einer bedeutenden Sonderform des Mahāyāna, das mitunter als »magischer Buddhismus« bezeichnet wird, können wir uns hier nicht beschäftigen.

Alle buddhistischen Schulen gehen in ihren Grundaussagen zurück auf die Erleuchtungserfahrung des Buddha Gautama. Buddha (d.h. »der Erleuchtete«) erkannte durch seine Erleuchtung, daß alles Leid der Menschen durch die Verquickung ihrer scheinbaren Persönlichkeit mit der Umwelt verursacht wird: »Da sah er die Wesen in mancherlei Gluten brennen und in mancherlei Qualen schmachten, die aus Begierde, Haß und Verblendung entstanden sind. Und er sprach feierlich diesen Spruch: Diese qualerfüllte, ganz in Berührungen aufgehende Welt nennt das, was der Krankheit ausgesetzt ist, das Ich. Wo immer sie meint, es gebe etwas Bleibendes, da gibt es nur Veränderung. Die Welt, die sich stets verändern muß, die am Dasein hängt, im Dasein ganz aufgeht, findet sogar Gefallen am Dasein. Woran man aber Gefallen findet, das bringt Furcht, und wovor man sich fürchtet, das ist Leiden« (Udana III 10,; zit.n. Mensching S. 8f.).

4. Umwelt im Hīnayāna

Das »Gesetz vom Entstehen in Abhängigkeit«

Buddha erkannte in seinem Erleuchtungserlebnis die Welt als das sich stets Verändernde, dem keine eigentliche Bedeutung zukommt, das jedoch die Ursache allen Leidens ist. Deshalb verkündete Buddha als erste »heilige Wahrheit«: »Die fünf Gruppen von Daseinsfaktoren sind leidvoll«, d.h., *alles* ist leidvoll.

Diese Aussage hat zur buddhistischen Lehre geführt, daß sich die Entstehung der Wirklichkeit auf fünf Gruppen von Daseinsfaktoren (*dharma*) gründet (körperliche Formen,

Empfindungen, Wahrnehmungen, Gemütsregungen und Bewußtsein), die durch ihr Zusammenwirken die belebte wie die unbelebte Welt bilden. Dieser Satz ist in Kürze der Inhalt des buddhistischen »Gesetzes vom Entstehen in Abhängigkeit«.

Da diese Sicht der Welt gleich zu Beginn des Pāli-Kanons entfaltet wird, fällt ihr nach Inhalt, Stellung und Bedeutung eine der christlichen Schöpfungslehre vergleichbares Gewicht zu. Der Grundgedanke dieser »buddhistischen Kausalitätstheorie« ist, »daß nichts aus sich selbst (durch Entfaltung) oder durch ein anderes Selbst (Einwirken eines überweltlichen Gottes) oder durch einen bloßen Zufall entstehen kann. Alle vergänglichen Daseinsfaktoren (dharma) entstehen vielmehr, nachdem sie vorher nicht da waren, in funktioneller Abhängigkeit von anderen« (Glasenapp 78).

Alles, was existiert, ist also durch anderes bedingt und verändert sich laufend. »Es gibt kein Sein, sondern nur Werden. Alle Materie ist Energie, alle Substanz ist Bewegung« (Nakamura 1970,16). In dieser Einsicht fühlen sich die Buddhisten durch die modernen Erkenntnisse der Ökologie von der wechselseitigen Beeinflussung aller Umweltfaktoren und der damit verbundenen Prägung der Kausalabläufe in der Umwelt bestätigt.

Im Buddhismus ist dieser Gedanke der Verwobenheit besonders unter dem Aspekt der Entwicklung interessant. Daß etwas bedingt ist, bedeutet, daß es der Entstehung, der Veränderung und dem Vergehen ausgesetzt ist. Alles fließt, befindet sich in ständigem Übergang. Nichts Bedingtes erreicht jemals den Zustand der Ruhe. »Der Zustand eines jeden Individuums ist unbeständig, zeitbedingt, sicherem Vergehen unterworfen. Sogar Form und materielle Eigenschaften der Dinge sind unbeständig. Es gibt keine beständig dauernde Substanz« (Nakamura 1970,16).

Am Ende steht immer wieder das Vergehen, der Zerfall, das Sterben. Diesem Gesetz ist alles unterworfen: Schweres und

Lustvolles, Leidhaftes und Erfreuliches. Zwar bestreitet der Buddhist nicht, daß es schöne, lustvolle und erfreuliche Erfahrungen gibt, aber gerade an ihnen wird die Vergänglichkeit alles scheinbar Wirklichen nur allzu deutlich. Deshalb heißt es: »Alle Gruppen von Daseinsfaktoren sind leidvoll«. Auf dieser Stufe der Reflexion erinnert die Lehre von der gegenseitigen Verwobenheit daran, sich nicht zu sehr in das Geschehen seiner Umwelt verstricken zu lassen.

Die Gier

Als Ursache alles vergänglichen Seins gilt die Gier, die die innere Loslösung des Individuums von der scheinhaften Welt verhindert und es somit zu immer neuen Wiedergeburten führt. Gier »ist jedes ›Hinzugezogenwerden‹ zu einem Objekte vom leisesten Hauche eigensüchtiger Wünsche bis zum krassesten Egoismus« (Nyanatiloka 130).

Sie wird geweckt durch die Sinnenlust, die der Mensch empfindet, wenn »infolge einer Berührung mit etwas, das als angenehm empfindbar ist, eine angenehme Empfindung hervorgebracht« wird (Samyuttā-Nikāya 12,62,12; zit. n. Glasenapp 79). Die Umwelt weckt also von sich aus Empfindungen und Bedürfnisse im Menschen, zu deren Befriedigung er sich begierig in den Kreislauf von Werden und Vergehen verstrickt. Dieses Begehren »ist die Hauptwurzel des Leidens und des sich immer wieder fortsetzenden Kreislaufes der Wiedergeburten« (Nyanatiloka 217).

Auch hierin zeigt sich das »Gesetz vom Entstehen in Abhängigkeit«, das vom Begehren zur Leidenserfahrung führt: »Durch die Gier entsteht das Aufsuchen, durch das Aufsuchen das Erlangen, durch das Erlangen die Entscheidung (darüber, was man mit dem Erlangten machen will), durch den Willen das Sich-daran-Klammern, durch das Sich-daran-Klammern das Ganz-in-Besitz-Nehmen, durch das In-Besitz-Nehmen das Niemand-anderem-Gönnen, durch das

Mißgönnen das Bewahrenwollen. Durch das Bewahrenwollen aber entstehen viele böse, unheilvolle Dharmas: Schläge, Wunden, Streit, Zwietracht, Hader, Zank, Verleumdung und Lüge« (Dīgha-Nikāya 15,9; zit. n. Glasenapp 85).
Die Bedeutung der Gier im Buddhismus ist vergleichbar mit der Bedeutung der Sünde im Christentum, von der Zwietracht und Vergänglichkeit der Menschen ausgehen (vgl. Dumoulin 35). Bedeutsam ist allerdings, daß für den Buddhisten das seinen eigentlichen Sinn verfehlende Leben nicht in einem falschen Gottesverhältnis, sondern in einem falschen Umgang mit der Wirklichkeit begründet liegt.
Die Verstrickung in Werden und Vergehen seiner Umwelt zwingt den Menschen zur Wiedergeburt (samsāra), die entsprechend seinen Taten (*karma*) auf einer niederen oder höheren Stufe der Existenz erfolgt. »Was einer tut, dadurch wird er wiedergeboren, und wenn er wiedergeboren ist, dann berühren ihn die entsprechenden Berührungen« (Anguttara-Nikāya 10,205,6; Glasenapp 60). Das Rad der Wiedergeburt führt dazu, daß der einzelne immer wieder neu dem Leben und damit dem Leiden ausgesetzt wird, indem die Umwelt mit ihren Reizen stets von neuem seine Sinneslüste weckt und ihn damit in seinen Leiden(schaften) gefangen hält. Die Umwelt mit ihren Reizen und die Empfänglichkeit der menschlichen Sinne sind damit die Verursacher allen Leidens. Dem Leiden entfliehen kann der Mensch nur durch Abkehr von allen Sinnesreizen, so heißt deshalb die Konsequenz buddhistischer Daseinsanalyse.

Die Abwendung von der Welt

Das »Gesetz vom Entstehen in Abhängigkeit«, das Werden und Vergehen und das daraus resultierende Leiden können nur durch die Selbstentäußerung von allem Begehren durchbrochen werden. Die Selbstbefreiung von der Begierde ist die Verwirklichung der Freiheit, das Erreichen des Nirvāna.

Das Ziel buddhistischen Heilsstrebens ist es deshalb, dem Leiden durch Leidenschaftslosigkeit zu entgehen. Zwar kann die rein sinnliche Aufnahme äußerer Reize nicht vermieden werden, da unsere Sinnesorgane auch unbewußt arbeiten. Wir können jedoch unsere willensmäßige Reaktion auf diese Reize kontrollieren. Angestrebt wird die Befreiung von allen Umwelteinflüssen: »Die schönen Dinge in der Welt bleiben bestehen, die Weisen wenden ihren Willen von ihnen ab« (Anguttara-Nikāya 6,63,3; zit. n. Glasenapp 85).
Die Mönche werden deshalb angewiesen, die Tätigkeit ihrer Sinnesorgane einzuschränken: »Laß das Auge nicht wandern wie der Affe oder das zitternde Reh im Walde oder das ängstliche Kind. Die Augen seien abwärts gerichtet, sie sollen vor dir her wandern, nicht weiter als ein Joch, man soll die Gedanken nicht Herrscher werden lassen über sich wie ein rastloser Affe« (zit. n. Conze 93).
Dieser Zustand eingeschränkter Sinnestätigkeit wird als »Weder-Wahrnehmung-Noch-Nichtwahrnehmung« bezeichnet. Ihm kann als weitere Stufe »die zeitweilige völlige Ausschaltung und Aufhebung aller Bewußtseins- und Geistestätigkeit« folgen, auf der »die körperlichen, sprachlichen und geistigen Funktionen erloschen und gestillt« sind (Nyanatiloka 138–140).
Die Umwelt wird hier als Quelle ständiger Ablenkung verstanden. Alle Umwelteinflüsse drohen, uns von uns selbst zu entfremden. Unsere Gedanken und Gefühle sollen sich jedoch nicht von Empfindungen in Beschlag nehmen lassen, mit denen die äußere Wirklichkeit unsere Sinnesorgane anregt. Das Ziel willentlicher Konzentration ist die Loslösung und Befreiung von allen Sinnesreizen, die stets von neuem die Gier in uns wecken. Wer diese Befreiung erreicht, überwindet mit der Gier und seiner Verstrickung ins Dasein auch Wiedergeburt, Alter und Tod, also das Leiden.
Gemäß dieser buddhistischen Daseinsanalyse muß der einzelne Distanz zu seiner Umwelt bewahren. Die Umwelt ist

für seinen Heilsweg ohne Belang, ja tendenziell gefährdet sie ihn. Zwar ist sie an sich nicht böse, und ihre schönen und angenehmen Seiten werden nicht bestritten, doch muß der Mensch diese unter bewußter Kontrolle halten, um ihnen nicht zu verfallen. Unter diesem Blickwinkel ist nicht zu erwarten, daß der Umwelt im Buddhismus eine besondere Aufmerksamkeit geschenkt wird oder ihr gar eine Teilhabe am Heil zugeschrieben werden kann. Tatsächlich ist für den Hīnayāna-Buddhismus im *Nirvāna*, dem Erlösungszustand jenseits aller Vergänglichkeit, kein Raum für die Natur (vgl. Schmidthausen 103). Ins Nirvāna gehen nur Einzelwesen ein, die zuvor eine menschliche Natur hatten und nun einer Umwelt offenbar nicht mehr bedürfen. Deshalb ist aus den Steingärten zenbuddhistischer Klöster jeder blühende oder welkende Pflanzenwuchs verbannt, um den meditierenden Geist freizuhalten von den Symbolen der Vergänglichkeit.

Das Mit-Leiden

Aus dem »Gesetz vom Entstehen in Abhängigkeit« folgt jedoch nicht nur diese eher negativ gestimmte Daseinsanalyse, die zur Abkehr von der Welt führt. Bedenkt man nämlich die praktischen Konsequenzen der universellen Bedeutung dieses »Gesetzes«, ergibt sich daraus eine durchaus weltzugewandte Ethik der Verantwortung: »Die ganze Welt und alle Einzelwesen sind ⟨so⟩ eng und unlösbar miteinander verbunden . . ., daß Wachsen und Werden jedes einzelnen Wesens von allen anderen abhängt« (Nakamura 1982,100). Daraus wird das grundlegende Prinzip buddhistischer Ethik abgeleitet: Mit-Leiden und Güte. Denn: »Wie kann ich einem anderen etwas zufügen, was mir nicht lieb ist?« (Samyutta-Nikāya 55,7; zit. n. Glasenapp 91).

In dieser Haltung des Mit-Leidens und der Güte geht der Buddhist über die Bemühung um das eigene Heil hinaus und wendet sich sorgend seiner Umgebung zu. Während aus der

Forderung, die Sinnesorgane zu kontrollieren, eine Abwendung von der Welt erfolgt, hält die buddhistische Ethik zur aktiven Weltgestaltung an, die als verdienstvolles Werk gilt: »Tag und Nacht wächst der Schatz guter Taten (*karma*) bei denen, welche Gärten und Haine anlegen, Brücken errichten, Brunnen und Wasserleitungen bauen und Heimstätten bereiten« (Samyutta-Nikāya 1,47; zit. n. Glasenapp 92).
Aus dem Gebot des Mit-Leidens ergibt sich das Verbot des Tötens, das die Forderung nach vegetarischer Ernährung einschließt, um auch den Tieren kein Leid anzutun. Mit-Leiden und Güte schließen die Fürsorge um tierisches Leben ausdrücklich ein: »Selbst wenn einer die Überreste seines Speisenapfes in einen schmutzigen Pfuhl am Eingang des Dorfes tut, damit die darin lebenden Wesen sich ernähren, so bringt dies eine Mehrung des guten Karma, um wieviel mehr ist dies der Fall, wenn man Menschen Gutes tut!« (Anguttara-Nikāya 3,57,1; zit. n. Glasenapp 94).
In dieser Haltung des Wohlwollens übt sich der buddhistische Meditant, wie es im Sutrentext als Meditationsanweisung heißt: »Überall mit allem sich verbunden fühlend durchstrahlt er die ganze Welt mit einem von Allgüte erfüllten Geiste« (zit. n. Nyanatiloka 53). Mit-leiden und Güte wollen den Menschen nicht nur den Weg zur Erlösung (zum *Nirvāna)* weisen, sondern ihnen auch hier und jetzt helfen. Zwar kann an der Tatsache, daß das Dasein leidvoll ist, als solcher nichts geändert werden. Der Buddhist wird sich jedoch dafür einsetzen, daß das vorhandene Leid gemindert und ein Höchstmaß an Glück erreichbar wird. Je mehr Menschen sich an der buddhistischen Ethik des Mit-Leidens und der Güte orientieren, desto besser werden die allgemeinen Existenzbedingungen für Mensch und Natur sein, desto versöhnter das Verhältnis der Menschen zu ihrer Umwelt. Güte und Mit-Leid dienen dem Wohl aller Wesen:
»Mögen alle Wesen wohl und glücklich sein.
Mögen sie heiter sein und in Sicherheit leben…

Möge ein jeder unbegrenzten, guten Willens sein
gegenüber der ganzen Welt,
ohne Beschränkung und frei von bösem Willen oder
Feindschaft«
(aus dem Mettā-Sutra; zit. n. Conze 96).

Für das Hīnayāna, die älteste Tradition des Buddhismus, kann somit zusammenfassend festgehalten werden:
Während die Daseinsanalyse des Hīnayāna keinen Grund benennt, sich um die Umwelt zu kümmern, diese vielmehr als Gefährdung für das Heil des einzelnen betrachtet und deshalb die Distanz zur Umwelt lehrt, weist die Ethik des Mit-Leidens und der Güte zur Sorge um die Umwelt an.

5. Umwelt im Mahāyāna

Wie alle großen buddhistischen Schulen hat auch das Mahāyāna seinen Ursprung in Indien und ist tief im indischen Denken verwurzelt. Bei seiner missionarischen Ausbreitung in den Osten wurde das Mahāyāna jedoch stark vom chinesischen Geist weiterentwickelt und beinhaltet so Einstellungen, die im Hīnayāna unbekannt sind.
Das Verständnis der Lehren des Mahāyāna setzt die Kenntnis der Grundüberzeugungen des Hīnayāna voraus. Während der ursprüngliche Buddhismus jedoch wenig Interesse für Philosophie und Metaphysik zeigt, hat das Mahāyāna die buddhistischen Ideen zu einem großen Lehrgebäude ausgebildet. So entwickelte sich eine eigene Buddhologie, die den Buddha zum absoluten Sein erhebt und ihn mit dem Weltall und dem Selbst gleichsetzt, wodurch sich die buddhistischen Lehren ins Kosmische wenden.
Aus dieser Perspektive ist im Mahāyāna eine stärkere Einbeziehung der Umwelt als im Hīnayāna zu erwarten. Während im Hīnayāna der Gläubige bemüht ist, das Ideal der Erleuch-

tung durch eigene Vervollkommnung zu erlangen und so durch sich selbst ins Nirvāna einzugehen, richten sich im Mahāyāna aufgrund der kosmischen Natur des Buddha die Heilsbemühungen auf die Befreiung aller Wesen. Sinnbild dieser Haltung ist z. B. die bekannte Gestalt des weiblichen *Bodhisattva Kannon*, die die Tugenden der Weisheit und des Erbarmens verkörpert und als Erlösungswesen allen Lebewesen auf dem Weg zum Heil behilflich ist.

Das Wirklichkeitsverständnis im Mahayāna

Es wäre allerdings verfehlt, wenn man glaubte, aus diesen Grundgedanken umstandslos eine mahayanistische Umwelt-Lehre ableiten zu können. Das Problem besteht nämlich darin, daß die ältere buddhistische Daseinsanalyse im Mahāyāna noch verschärft wird. Während die Wirklichkeit im Hīnayāna als vergänglich und leidvoll geschildert wird, gilt sie im Mahāyāna als illusorisch und nichtig, als Traum oder Spiegelung. Den Daseinsfaktoren (dharma) wird kein wirkliches Sein zugestanden: sie bedingen sich gegenseitig und bestehen deshalb nur in Abhängigkeit voneinander. Sie entstehen durch eine Reihe von Ursachen und existieren nur für einen Augenblick, um unmittelbar darauf ihre Existenz zu verändern. Deshalb besitzen die Daseinsfaktoren keine selbständige Wirklichkeit. Sie sind abhängige Teilchen im Rad des samsāra, die auf Erlöschen warten.

So wird verständlich, daß diese Wirklichkeit des Scheins nicht ins Nirvāna oder ins Buddhaland *Sukhāvatī* (ins Paradies des mythischen, idealen Buddhas Amitābha) eingehen kann: »Die Welt Sukhāvatī des Buddha Amitābha ist reich und blühend. Es gibt dort viele Götter und Menschen, aber keine unwillkommenen Daseinsformen. Sukhāvatī ist von mancherlei Wohlgerüchen erfüllt, geschmückt mit schönen Blumen und Bäumen, über welche schön singende, von Tathāgata magisch geschaffene Vögel fliegen. Die Lotosblu-

men dort sind aus Edelsteinen.... Die Wesen genießen keine stofflichen Speisen...« (Zit. n. Glasenapp, S. 147f.).
Obwohl sich der Verfasser dieser Verse zur Ausmalung des Buddhaparadieses ästhetischer Elemente der Natur bedient, versucht er doch klarzustellen, daß es sich hierbei nicht um substanzhafte Formen handelt. Die Vögel sind »magisch geschaffen«: Da eine Wiedergeburt als Tier den Eingang ins Nirvāna ausschließt, haben Tiere auch im Buddhaparadies Sukhāvatī keinen Platz. Die Lotosblumen sind »aus Edelsteinen«: Da Pflanzen keine Lebewesen sind und somit überhaupt nicht am Prozeß des samsāra beteiligt sein können, kommt ihnen keine andere Existenz als die des scheinhaften »Entstehens in Abhängigkeit« zu, die im ›Glücklichen Land‹ wie im Nirvāna erloschen ist.
Auch für das Mahāyāna sind demnach Tiere und Pflanzen und die unbelebte Natur nicht heilsfähig.

Leere

Die Idee des »Entstehens in Abhängigkeit«, die den Umweltfaktoren keine reale Existenz zugesteht, hat zur Konsequenz, daß das Wesen der Umwelt als *Leere (shūnyatā)* verstanden wird. Während dieser Begriff im Pali-Kanon des Hīnayāna nur vereinzelt vorkommt, ist er im Mahāyāna von zentraler philosophischer Bedeutung, nachdem ihn der bekannte buddhistische Philosoph Nāgārjuna (ca. 200 v. Chr.) seinem Denksystem zugrundegelegt hat. In dieser Theorie wird der Wirklichkeit deshalb kein Zugang zum Buddhaparadies oder Nirvāna zugestanden, weil die Kausalität des Entstehens dort entfällt und somit das wahre Wesen aller Dinge, die Leere, offenkundig wird. Das Nirvāna kann in dieser Hinsicht selbst als Leere oder Nicht-Sein beschrieben werden, da die »fünf Gruppen von Daseinsfaktoren« hier gegenstandslos geworden sind. Diese Bestimmung des Nirvāna oder des Buddhaparadieses wird daraus abgeleitet, daß kein Element

»Eigen-Natur« oder unabhängige Wirklichkeit besitzt, sondern nur in Beziehung zu anderen Dingen und niemals durch sich selbst bestehen kann. E. Conze macht deshalb darauf aufmerksam, daß »das Wort leer ein Synonym für Nicht-Selbst werden konnte« (Conze, 123). Die Nicht-Selbst- bzw. Nicht-Ich-Lehre (an-ātman-Lehre), die im Hīnayāna begründet und im Mahāyāna weiterentwickelt worden ist, hält die Vorstellung eines Ich für Illusion und für die Ursache des Leidens. Für die Lehre der sich bedingenden Daseinsfaktoren ist ein unveränderliches individuelles Ich eine Unmöglichkeit, da gemäß der Dharma-Theorie das Ich ebenso wie seine Umwelt nur von Augenblick zu Augenblick als ein Spiel der Daseinsfaktoren existiert, die substanzlos und ohne Dauer sind.

So betrachtet bedeutet Leere nicht das reine Nichts, vielmehr verweist der Begriff auf das Nichtvorhandensein eines Selbst. Nur in einer Welt des Scheins, die »Ich« und »Selbst« als Realitäten auffaßt, können die Elemente der Welt als real existierend begriffen werden. Ist die Welt des Scheins erst durchschaut und durch Distanzierung überwunden, entfaltet sich jenseits substanzhafter Vorstellungen von »Ich« und »Welt« die Wahrheit der uneingeschränkten Leere.

Der Kern der shūnyatā-Lehre besteht also darin, die Lehren vom »Entstehen in Abhängigkeit« und vom »Nicht-Ich« erkenntnistheoretisch zu untermauern und darauf hinzuweisen, daß in Wirklichkeit *alle* Umweltfaktoren an derselben undifferenzierten Leere Anteil haben und jedwede Vorstellung einer Identität illusorisch ist. Das Wesen aller belebten und unbelebten Umweltfaktoren ist dieselbe Leere, und kein Element der Wirklichkeit kann für sich eine besondere Substanz in Anspruch nehmen.

Die Negation aller Substanz führt im Mahāyāna zur Idee einer universalen Wesensgemeinschaft als einer Teilhabe an der Leere, die unter philosophischen Gesichtspunkten die ontologische Gemeinschaft aller Umweltfaktoren bedeutet.

So-heit

Die Wesensgemeinschaft aller Umweltfaktoren läßt sich unter einem anderen Gesichtspunkt auch als *tathata / So-heit / Das-heit* bezeichnen. Dieser Begriff will die Wirklichkeit in ihrer unmittelbaren Erscheinungsform bezeichnen als die wirkliche und tatsächliche Welt im Unterschied zur abstrakten und begrifflichen. »Das Sanskrit-Wort *tat* (unser ›das‹) rührt wahrscheinlich von den ersten Sprechversuchen eines Kindes her, wenn es auf etwas zeigt und ›ta‹ oder ›da‹ sagt.... Sagen wir lediglich ›das‹ oder ›dies‹, so deuten wir auf den Bereich der wortlosen Erfahrung hin, auf die Wirklichkeit, wie wir sie direkt aufnehmen... Ein Buddha ist deshalb ein *Tathagata*, ein ›Auf-diese-Weise-Gehender‹, weil er zu dieser ursprünglichen, nichtbegrifflichen Welt erwacht ist, die sich der Mitteilung durch Worte entzieht« (Watts 1981, S. 92f.). Tathata bezeichnet also den tatsächlichen Zustand aller Lebewesen, d. h. deren ursprüngliche Natur. Diese kann, da der Buddha im Mahāyāna zum absoluten Sein ernannt worden ist, auch als *Buddha-Natur* verstanden werden. Gemäß dieser Überzeugung sind alle Wesen mit der Buddha-Natur ausgestattet und können zu Buddha werden. Durch die Gleichsetzung von tathata und Buddha-Natur kann der Begriff »Buddha« auch auf Erscheinungen der Umwelt angewendet werden. Die Antwort auf die Frage »Was ist Buddha?« kann deshalb lauten: »Eichbaum im Garten« (Bien-lu). Da unter diesem Aspekt ein Buddha als eine Personifikation eines Elementes der Umwelt gelten kann, konnten sich in volkstümlichen Kulten götterähnliche Buddha-Verehrungen entwikkeln.

Wenn Leere / So-heit / Buddha-Natur die tatsächliche Natur aller belebten und sogar unbelebten Umweltfaktoren bezeichnen, so ergibt sich für den Buddhisten, daß ihm seine Umwelt ebenso nahesteht wie die eigene Person. Es entfällt der Unterschied zwischen einem Ich und einem anderen. Wer

die Lehre von shūnyata und tathata erkannt hat, kann sich zu seiner Umwelt nicht anders verhalten als zu sich selbst. Daraus ergibt sich eine Haltung des Wohlwollens und des Mitleids, die alle Lebewesen, ja die ganze Natur umfaßt.
Verbinde ich diese Lehre vom Wesen der Natur mit dem Gesetz der »Entstehung in Abhängigkeit«, dann gelange ich zu der Einsicht, daß durch dieselbe Natur und die Verwobenheit aller Daseinsfaktoren miteinander mein Wohlergehen durch mein Verhalten der Umwelt gegenüber mitbedingt wird. Deshalb schreibt der amerikanische Zen-Buddhist Alan W. Watts: »Aber zivilisierte menschliche Wesen sind beängstigend blind der Tatsache gegenüber, daß sie in *Wechselbeziehung* zu ihrer natürlichen Umwelt stehen. Luft, Wasser, Pflanzen, Insekten, Vögel, Fische und Säugetiere sind ebenso lebenswichtig für uns wie Gehirn, Herz, Lunge und Magen. Die erstgenannten sind unsere äußeren Organe im selben Sinne wie letztere unsere inneren Organe sind. Da wir ebensowenig ohne die außerhalb befindlichen Dinge leben können wie ohne die inwendigen, kommen wir unweigerlich zu dem Schluß, daß sich die Worte ›ich‹ und ›selbst‹ auf *beide* Seiten beziehen. Sonne, Erde und Wälder sind ebensolche Wesensbestandteile deines Körpers wie dein Gehirn. Erosion ist ebensolches Leiden wie Lepra, und das wuchernde Wachstum vieler Städte und Gemeinden ist ebenso katastrophal wie Krebs« (Watts 1983, S. 45 f.).
Aus der Idee der Wesensgemeinschaft alles Wirklichen und der Lehre von der Ursachenverknüpfung in gegenseitiger Abhängigkeit ergibt sich die Überzeugung von einer personalen, ökologischen und universalen Verantwortung: »Wenn ich mein Organismus bin, bin ich auch meine Umwelt. Nach den Erkenntnissen der Ökologie und der Biophysik setzt jeder Organismus eine entsprechende Umgebung voraus und umgekehrt. Eins bedingt das andere .... Das ›Selbst‹ ist folglich im Grunde nicht der einzelne Körper, sondern das ganze Energiesystem, das sich in allen Menschen darstellt. Das ab-

strakte Ego hat auf dieses System ebensowenig Einfluß wie auf das Herz, und während du als Ego nur deine Vorstellung von dir selbst bist, bist du in Wirklichkeit das gesamte Energiesystem des Universums. Wer das einsieht, dem könnte man die Herrschaft über die Technik anvertrauen, denn er würde die Außenwelt in ihrem ökologischen Gleichgewicht genauso achten wie seinen eigenen Körper. Er würde *mit* ihr arbeiten, statt gegen sie, wie ein Seemann mit dem Wind segelt, auch wenn er auf entgegengesetzem Kurs ist« (Watts 1983, S. 80f.).

Bodhisattva

Ein Wesen, das die Erkenntnis der Natur alles Wirklichen mit der Haltung der Güte und des Mit-Leidens auf ideale Weise verkörpert, ist der *Bodhisattva* (»Erleuchtungswesen« bzw. ein »auf Erleuchtung hin gerichtetes Wesen«). Obwohl ein Bodhisattva die Stufe der Wiederverkörperungen erreicht hat, die ihn befähigt, ins Nirvāna einzutreten, entsagt er aus Liebe und Wohlwollen zu allen Lebewesen der Buddhaschaft, um ihnen bis zu ihrer Erlösung aus dem leidvollen Kreislauf der Wiedergeburten Hilfe zu leisten.
Während für das Hīnayāna nur wenige Wesen ins Nirvāna eingehen, können für das Mahāyāna viele, wenn nicht alle Wesen zur Erleuchtung kommen – dank dem Wirken der Bodhisattvas. Der *Arhat* des Hīnayāna, der weltentsagende Heilige, bereitet sich selbst auf die Erlangung der Buddhaschaft vor. Der Bodhisattva des Mahāyāna ist durch die Erkenntnis der Natur allen Seins in Güte und Mit-Leid seiner Umwelt zugewandt. So lautet das erste Versprechen der Bodhisattva-Gelübde: »Der Lebewesen sind zahllose. Ich gelobe, sie alle zu retten«.
Im Prajñaparamita wird der Entschluß der Bodhisattvas mit den Worten wiedergegeben: »Wir wollen ein Hafen für die Welt werden, eine Zuflucht für die Welt, ... der Weg der Welt

zur Erlösung.« Durch seine Erkenntnis der Leere und Soheit und des »Entstehens in Abhängigkeit« unterscheidet der Buddhismus nicht zwischen dem eigenen Heil und dem Heil der Welt:
»Ein Weiser von großer Einsicht denkt zugleich an das eigene Heil, an das Heil des andern, an das beiderseitige Heil und an das Heil der ganzen Welt« (Glasenapp S. 95).
Aus dieser Grundhaltung der selbstlosen Hilfe, die im Mahāyāna auch als »Bodhisattva-Ethik« bezeichnet wird, und aus der Einsicht in die Natur aller Wirklichkeit konnte sich somit der Gedanke entwickeln, daß auch die außermenschliche Natur für das Wohl und Heil des Menschen zumindest nicht bedeutungslos ist. Trotz aller Distanz zur Verstrickung in die »fünf Gruppen von Daseinsfaktoren« bildete sich die Überzeugung heraus, »daß wir die ganze Schöpfung mit uns in die Erleuchtung mitnehmen müssen, daß wir sie nicht einfach ihrem Schicksal überlassen können« (Conze S. 120). Es besteht die Hoffnung, daß die in ihr angelegte »Buddha-Natur« doch noch zur Entfaltung kommt: »Gras, Bäume, Erdboden – alles wird Buddha« (Zit. nach Gundert S. 64).

6. Neuere buddhistische Zugänge zur Umweltproblematik

Für den Buddhismus der Neuzeit gilt ebenfalls, daß in ihm kein einheitliches Verständnis und Verhalten bezüglich der Umwelt zu erkennen ist. Es gibt heute im Buddhismus sowohl weltfremdes Asketenleben, pessimistische Weltverneinung und wissenschaftsfeindliche Ablehnung der Technik wie auch das Diesseits bejahendes soziales Engagement, zukunftsorientiertes Planen und Handeln und Überlegungen zu einem vernünftigen Umgang mit der Technik. Wir beschränken uns hier auf einige positive Ansätze zur Umweltproblematik und möchten sie exemplarisch zur Sprache bringen, um das bisherige Bild vom traditionellen Buddhismus zu ergänzen.

Naturwissenschaft und Buddhismus

Wie bereits angedeutet wurde, kennt die buddhistische Tradition die Unterscheidung von einer Welt des »Nichts« oder der »Leere« und einer Scheinwelt der Begriffe und Vorstellungen, die wir gemeinhin als »Realität« bezeichnen. Derjenigen Wissenschaft, die sich nicht dem »Wesen« dieser »Realität«, sondern ihren Phänomenen zuwendet, wird in der neu-buddhistischen Literatur große Aufmerksamkeit geschenkt. Zum einen wird im modernen Buddhismus apologetisch hervorgehoben, daß es zwischen den Fundamentallehren Buddhas und den Erkenntnissen der modernen Naturwissenschaft keinen Widerspruch gebe. Benz (174/175) verweist auf mehrere führende neu-buddhistische Gelehrte (U Chan Htoon, Dr. Suriyabongs, Yong Honntrakul, P. Ranasinghe, K. Nomoto), die jeweils in ihren Ländern darauf hingewiesen haben, wie der buddhistische Weg des Denkens immer mit einer Analyse der Wirklichkeit beginnt und in der Naturwissenschaft eine »Helferin der Erkenntnis« erblickt (vgl. Text IV).
In unserem Zusammenhang ist auf folgende Züge im buddhistischen Denken besonders hinzuweisen, die H. von Glasenapp unter anderen herausgearbeitet hat (Benz 177): »Der positivistische Grundzug, der durch die Leugnung des Daseins an ewigen Substanzen der buddhistischen Lehre anhaftet, der Gedanke, daß Materie und Seele künstliche Abstraktionen sind und daß es in Wahrheit in gesetzmäßigem Zusammenhang stehende Faktoren gibt, die in funktioneller Abhängigkeit voneinander stehen, weiter die Anerkennung einer Pluralität von Welten und Weltsystemen, eine Lehre, die als natürliche Konsequenz aus der Lehre von der Vergel-

tungskausalität der Taten entsteht: Die Zahl der Taten, die ihren Lohn oder ihre Strafe finden müssen, ist so unendlich groß, daß sie nicht in einer Welt mit ihrem gesetzmäßigen Turnus von auf- und absteigenden Kulturperioden die ihnen gemäße Vergeltung erhalten können; weiter der Gedanke, daß es keinen essentiellen, sondern nur gradweisen Unterschied zwischen Mensch und Tier gibt...«

Modernes naturwissenschaftliches Denken und buddhistisches Denken beschreiben heute beide die gegenseitige Abhängigkeit und Wechselbeziehung aller Dinge. Nur wendet sich dabei der Buddhismus den Ursachen der Phänomene, ihres Entstehens und Vergehens zu. Die Naturwissenschaft dagegen beschäftigt sich mit den verschiedenen Kausalbeziehungen innerhalb der Phänomene und untersucht nicht »die Ursache der Phänomene«, sondern »die Ursache in den Phänomenen« (D. Ueda: Zen and Science. Tokyo 1963, zit. nach Frischkorn 24). Hier wird deutlich, daß der Buddhismus trotz gewisser Übereinstimmungen mit dem naturwissenschaftlichen Denken und trotz der Pflege naturwissenschaftlicher Fächer auf buddhistischen Schulen und Hochschulen einen eigenen Denkansatz hat, der zu der Feststellung von Mahinda Palihawadana, Professor für Sanskrit der Universität von Sri Lanka, führt:

»Buddhisten gebrauchen die Technologie eben auf ihre eigene Weise. Des Buddha eindeutiger Rat verbot keineswegs Komfort in vernünftigen Grenzen. Die einzige Bedingung: Er darf den ›dhamma way of living‹, die verbindlichen Lebensprinzipien, nicht verlassen. Wie aber die rechte Mitte finden? Die Frage heißt, wie können wir die Basis der technischen Produktion und den damit verbundenen Wertgewinn trennen von den Strukturen, die von ihr ausgehen und in automatischer Steigerung mehr und mehr beunruhigen?« (zit. nach Geprägs 26).

Gemeint sind hier die Strukturen von Materialismus und »Konsumerismus«, unter denen heute die Entwicklungslän-

der besonders zu leiden haben. Beunruhigend sind ferner die Nachrichten vom Untergang natürlicher Lebensräume und vom Aussterben ganzer Tier- und Pflanzenarten, obwohl diese wie jene eigentlich nur die Einsicht des Buddha Gautama in die universale Vergänglichkeit und seine Diagnose bestätigen, daß die Wurzeln der Umweltprobleme des Menschen Verlangen und Gier sind. Der Beitrag buddhistischer Wissenschaftler zur Bewältigung dieser Probleme liegt angesichts dieser Diagnose in einer Verbindung der religiösen Einsicht mit der wissenschaftlichen Einsicht zu einer verantwortlichen Lebenspraxis. So meint denn auch Prof. Palihawadana:
»Wir brauchen eine Neuorientierung, ein ›rationales Wünschen‹, das sich selbst leitet und steuert, zum Beispiel dazu, daß wir beim Gebrauch der Ressourcen dieser Erde Rücksicht nehmen auf kommende Generationen. Solche Geisteshaltung impliziert innere Disziplin und Bezähmung unserer Gier. So hat es Buddha gelehrt, und es ist eine harte Lehre« (zit. n. Geprägs 27).

Die Untrennbarkeit von Lebenseinheit und Umwelt (Esho-Funi)

In einer englisch-sprachigen Veröffentlichung »Vorschlag zum Umweltschutz« vom 1. Dezember 1978 weist die zu den modernen Religionen Japans gehörende neu-buddhistische Soka Gakkai (Studiengesellschaft zur Schaffung von Werten) auf ihren Gründer, den Primarschullehrer. Makiguchi (1871–1944) und dessen Buch: »Die Geographie des Lebens« (Jinsei Chirigaku) hin. In diesem Buch habe der begabte Pädagoge u. a. dargelegt, wie ein Mensch im Umgang mit seiner Umwelt sich selbst erziehen und z. B. einen Sinn für Mut und Schönheit entwickeln kann. Später hat Makiguchi durch seine Bekehrung zum Nichiren-Buddhismus seine pädagogische Beziehungslehre religiös fundiert. Vom Lotus-

Sutra her, das die gegenseitige Beziehung aller Menschen und Dinge betont, hat er die Harmonie mit dem Unendlichen gepredigt, die sich in einer lebendigen wechselseitigen Beziehung zwischen Mensch und Umwelt verwirklicht. Die von ihm 1937 gegründete »Gesellschaft zur Erziehung und Schaffung von Werten« ist die Vorläuferin der heute ca. 8 Mill. zählenden neu-buddhistischen Bewegung Soka-Gakkai, deren Präsident seit 1960 D. Ikeda (geb. 1928) ist. Dieser erklärt die für seine Bewegung maßgebende Theorie des Einsseins von Mensch und Natur mit Hilfe des Begriffs Esho-Funi (Untrennbarkeit von Lebenseinheit und Umwelt) auf folgende Weise:

»Nur wenn der Mensch in Harmonie mit der natürlichen Umwelt in einem Verhältnis von Geben und Nehmen lebt, kann er sein eigenes Leben schöpferisch entwickeln. Aufgrund dieser Anschauung lehrt der Buddhismus, daß die Beziehung zwischen Mensch und Natur nicht auf Gegensätzlichkeit beruht, sondern auf wechselseitiger Abhängigkeit. Diese Beziehung wird mit dem Ausdruck Esho-Funi bezeichnet.

Shō steht für shōhō, die unabhängige Lebenseinheit; e steht für ehō, die Umwelt, die jenes Leben stützt. Da das menschliche Leben seine Umwelt beeinflußt und zugleich von ihr abhängig ist, sind die beiden – Eshō – untrennbar – Funi. Würde man den Menschen und seine Umwelt als zwei getrennte und einander entgegengesetzte Wesenheiten ansehen, könnte man keine in der richtigen Perspektive erfassen. Die Umwelt bleibt nicht starr und unwandelbar, sondern verändert sich nach der Art des Lebens, das sie trägt. Es unterscheidet sich nicht nur die Umwelt, die der Mensch benötigt, von der z. B., welche die Vögel brauchen, sondern auch die Umwelten der einzelnen Menschen sind verschieden nach den besonderen Eigenschaften des einzelnen. In diesem Sinne bilden der subjektive Leib und die Umwelt eine unteilbare Wesenheit. Das buddhistische Denken führt diese Vorstellung noch weiter und findet die endgültige Einheit von Subjekt und Umwelt in der kosmischen Lebenskraft« (Ikeda 1982, 45).

Als Buddhist kritisiert Ikeda das Bemühen, einen Gegensatz zwischen Mensch und Umwelt zu konstruieren und mit Hilfe der Wissenschaft die Natur zu unterwerfen. Er sieht darin ein verhängnisvolles Übertreten von Esho-Funi und warnt eindringlich vor einer gedanken- und gefühllosen Vernichtung der natürlichen Umwelt (S. 46). »Jedwede Störung des empfindlichen Gleichgewichts zwischen Flora und Fauna wirkt wie ein Dominostein, der alle anderen zu Fall bringt, und ist insofern ein Schritt zur Zerstörung des gesamten biologischen Systems« (Peccei 69).

Um aus diesem Dilemma herauszukommen, schlägt Präsident Ikeda zwei Wege vor. Der erste ist der einer menschlichen Revolution, die zwei Momente umfaßt: »Das erste beinhaltet die Anwendung der religiösen Lehren (in meinem Falle des Buddhismus), um die innersten Bereiche des Bewußtseins und des menschlichen Lebens zu entwickeln und zu bessern. Das zweite Moment bezieht sich auf Kontakte und Handlungen, die die Praxis der Religion und die Erziehung in der gegenwärtigen Gesellschaft betreffen. Wenn die menschliche Revolution im inneren und äußeren Dasein von immer mehr Leuten stattgefunden hat, dann werden sich die zwischenmenschlichen Beziehungen sowie die des Menschen zur Natur harmonischer entwickeln. Dadurch entsteht eine verläßliche Grundlage für die Lösung der schwerwiegenden Probleme unserer Zeit wie Umweltverschmutzung, drohende Kriegsgefahr, Raubbau an den natürlichen Ressourcen u. a. m.« (Peccei 140).

Im Sinne dieser menschlichen Revolution (vgl. Text II) wird in den Jugendgruppen der Soka Gakkai gezielte »Aufklärungsarbeit« geleistet. Es werden von den Jugendgruppen »nature conservation programs« (Soka Gakkai 8) durchgeführt, zu denen z. B. das gemeinsame Aufhängen von Vogelnestern gehört.

Der andere Weg ist der einer politischen Aktion. 1964 ist aus der Soka Gakkai eine neue politische Partei hervorgegangen, die Komeito (Partei der Sauberkeit) genannt wurde. Im Rahmen dieser Partei kann sich jedes Soka Gakkai-Mitglied aktiv für eine saubere Umwelt einsetzen. Denn Ziel dieser Partei ist es, die Politik in Japan auf das Fundament des buddhistischen Erbarmens zu stellen. Präsident Ikeda erklärt dies mit dem Begriff Obutsu Myogo: »Den Geist des Erbarmens auf die politische Ebene zu übertragen, ist das Prinzip des Obutsu Myogo. Das ›O‹, mit dem das Wort beginnt, bedeutet Politik, ›butsu‹ Buddhismus und ›myogo‹ die Verbreitung des barmherzigen Geistes des Buddhismus in der Politik« (Ikeda) 1973, 236).
Für die Komeito wird damit die Umweltfrage zu einer wichtigen politischen Aufgabe. Ohne sich in dieser Frage innen- wie außenpolitisch aktiv zu engagieren, kann sie das Esho-Funi-Beziehungsnetz nicht absichern und den Bürgern kein Wohlergehen zusichern.

Buddhistische Umwelt-Ethik

Das praktische Verhalten des Buddhisten seiner Umwelt gegenüber wird weithin bestimmt durch eine ethische Haltung des Mitgefühls mit allen Lebewesen. Dies kommt zum Beispiel in den Äußerungen des Leiters der Buddhistischen Gemeinde am Niederrhein, W. Müller, zum Ausdruck (Müller 6), der viele Jahre hindurch Vorsitzender des Tierschutzvereins an seinem Wohnort gewesen ist. Diese Haltung des Mitgefühls mag an der bereits im Hīnayāna beobachteten Ethik des Mitleidens und der Güte zur Sorge um die Umwelt orientiert sein. Sie kann ebenso in der Bodhisattva-Ethik begründet liegen oder an der für den Mahāyāna-Buddhismus typischen Erkenntnis ausgerichtet sein, daß die Buddha-Natur zum Wesen aller Lebewesen gehört und, wie Y. Sakamoto meint (vgl. Schmithausen 133), sogar »die Annahme der

Buddhaschaft durch Bäume und Pflanzen« mit einschließt. Wie dies schließlich zu einem ästhetischen Gefühl der Naturverbundenheit und einem besonderen Gespür für die Umwelt führen kann, zeigt Text I.

Wird die Buddha-Natur in allen Lebewesen als schon immer verborgen vorhanden geglaubt, so wird man allen Lebewesen gegenüber Respekt und Wohlwollen zeigen, ohne dabei den gewaltigen Unterschied zwischen Mensch und Tier zu verwischen (vgl. Text III). Dieser Respekt gilt jedoch stets konkret einem Einzelwesen, nicht aber abstrakt einem Lebewesen als Vertreter einer bestimmten Art oder Gattung; geht es doch um den Respekt, welcher der in dem Einzelwesen verborgenen Buddhaschaft entgegengebracht wird.

Die buddhistische Umwelt-Ethik wird über die buddhistische Daseinsanalyse hinaus durch zwei ethische Prinzipien entscheidend bestimmt:

- die bereits erwähnte Karma-Lehre von den guten und schlechten Werken sowie
- die Ahimsa-Lehre, welche das Nichtverletzen gebietet und zugleich ein Töten und Schädigen von Lebewesen in jeglicher Form apodiktisch verbietet (Schmithausen 115).

In unserem Zusammenhang gewinnt vor allem die Ahimsa-Lehre unter dem Aspekt eine besondere Bedeutung, daß sie jegliche Beschädigung oder gar Zerstörung der Natur als Lebensraum der Tiere verbietet. Es gibt im Buddhismus sogar die Auffassung, daß damit der biotopische Zusammenhang gemeint sei, so daß die Pflanzen nicht ausgeschlossen werden dürfen. Denn ein Beschädigen der Pflanzen bedeutet, daß Wohn- und Lebensraum von Tieren (vor allem Insekten) zerstört wird.

So wird man nicht zuletzt von der Ahimsa-Lehre her bei einem Buddhisten ein besonderes Gespür für das ökologische Gleichgewicht in der Natur erwarten dürfen. Das besagt jedoch nichts darüber, ob von einem Buddhisten generell erwartet werden darf, daß er Aktionen der Naturschützer besonders unterstützt. Da die Umwelt des Menschen keinen Wert an sich besitzt, wird ihn sowohl die Ausbeutung der Natur wie ihre Rettung letztlich gleichgültig lassen. Denn eine Besserung der allgemeinen Lebensbedingungen kann für ihn – wie das Beispiel der Soka Gakkai gezeigt hat – nur auf dem Wege höherer Sittlichkeit als Folge einer inneren Revolution und nicht als Folge äußeren Fortschritts erreicht werden (vgl. Text II.)

Der Vegetarismus

Obwohl der historische Buddha nicht festgelegt hat, daß man kein Fleisch essen darf, trifft man viele Buddhisten, die vegetarisch leben. Diese können den Außenstehenden zu dem Mißverständnis führen, daß der Vegetarismus wegen des Tötungsverbotes von Tieren für Buddhisten unbedingt verbindlich sei. Dies ist jedoch so nicht der Fall. Wo in allen Lebewesen die verborgene Buddhaschaft geglaubt wird, kann nur ein konsequenter Vegetarismus die Folge sein. Wo dies jedoch nicht der Fall ist, geht es zunächst darum, daß ein Buddhist die Vorschrift befolgt, daß er nicht töten darf und kein Lebewesen für ihn eigens getötet werden soll. Dieser Lehre entspricht bis heute die Praxis des Almosen-Ganges (Hecker 220) der Mönche im Hīnayāna-Buddhismus, die sich von Speiseresten ernähren. Sie werden von ihnen vor allem in Ceylon und Südostasien erbettelt. Bei diesen Speiseresten ist es gleichgültig, ob es sich um ein Fisch-, Fleisch- oder Pflanzengericht handelt. Es geht hier um die Befolgung der beiden erwähnten ethischen Prinzipien der Karma-Lehre und der Ahimsa-Lehre, nicht aber um ein vegetarisches Leben eines einzelnen, der sich um seine Gesundheit und größere Leistungsfähigkeit bemüht. Denn für den Vegetarismus gilt wie auch sonst: in der Umwelt-Ethik des Buddhismus steht das Wohlergehen aller Lebewesen im Vordergrund und nicht nur das der Menschen oder eines einzelnen.

4.2 Texte

1. Über Zen-Buddhismus
Von Daisetz Teitaro Suzuki

Aus: Zen-Buddhismus und Psychoanalyse. Hg. v. E. Fromm, D.T. Suzuki und R. de Martino. © Suhrkamp Verlag, Frankfurt 1972 (Suhrkamp TB 37)

Ost und West

Viele Denker des Westens haben, jeder von seinem besonderen Gesichtspunkt aus, das abgenutzte Thema »Ost und West« behandelt, aber soviel ich weiß, gab es nur verhältnismäßig wenige Schriftsteller des Fernen Ostens, die als Vertreter ihre Ansichten zum Ausdruck gebracht haben. Deshalb habe ich dieses Thema als eine Art Einleitung zu dem Folgenden gewählt.
Basho (1644–1694), ein großer japanischer Dichter des siebzehnten Jahrhunderts, schuf einst ein Gedicht aus siebzehn Silben, wie es als »Haiku« oder »Hokku« bekannt ist.

»Yoku mireba	»Wenn ich aufmerksam schaue,
Nazuna hana saku	Seh ich die Nazuna
Kakine kana.«	An der Hecke blühen!«

Wahrscheinlich ging Basho eine Landstraße entlang, als er etwas bemerkte, das unscheinbar an der Hecke stand. Er näherte sich, sah genau hin und fand, daß es nichts als eine wilde Pflanze war, die recht unbedeutend ist und für gewöhnlich von Vorübergehenden nicht beachtet wird. Es ist eine einfache Tatsache, die in dem Gedicht beschrieben wird, ohne daß dabei ein besonders poetisches Gefühl zum Ausdruck kommt, außer vielleicht in den beiden letzten Silben, die auf japanisch »kana« lauten. Dieser Partikel, der häufig an ein Hauptwort, ein Adjektiv oder ein Adverb angehängt wird, drückt ein gewisses Gefühl der Bewunderung, des Lobes, des Leidens oder der Freude aus und kann manchmal in der Übersetzung ziemlich treffend durch ein Ausrufungszeichen wiedergegeben werden. Im vorliegenden Haiku endet der ganze Vers mit einem solchen Ausrufungszeichen.
Es ist nicht leicht, dem, der mit der japanischen Sprache nicht vertraut ist, das Gefühl zu vermitteln, das die siebzehn oder vielmehr fünfzehn Silben mit einem Ausrufungszeichen durchdringt. Ich will

versuchen, so gut ich kann, es zu erklären. Der Dichter selbst wäre vielleicht mit meiner Interpretation nicht einverstanden; aber das macht nicht viel aus, wenn wir nur wissen, daß es überhaupt jemand gibt, der es so versteht wie ich.

Zunächst war Basho, wie die meisten Dichter des Ostens, ein Naturdichter. Sie lieben die Natur so sehr, daß sie sich mit ihr eins fühlen, daß sie jeden Pulsschlag in den Adern der Natur spüren. Die meisten Menschen des Westens neigen dazu, sich der Natur zu entfremden. Sie glauben, der Mensch und die Natur hätten außer in einigen wünschenswerten Punkten nichts gemeinsam, und die Natur sei nur dazu da, um vom Menschen ausgenützt zu werden. Den Menschen des Ostens jedoch ist die Natur sehr nahe. Dieses Gefühl für die Natur wurde angesprochen, als Basho eine unauffällige und fast unbedeutende Pflanze entdeckte, die an der alten, schäbigen Hecke entlang der abgelegenen Landstraße so unschuldig und anspruchslos blühte und keineswegs begehrte, von jemandem bemerkt zu werden. Und doch, wenn man sie betrachtet, wie zart ist sie, wie voll göttlicher Pracht und Herrlichkeit, die die Salomos weit übertrifft! Ihre Demut, ihre schlichte Schönheit erwecken Bewunderung. Der Dichter kann aus jedem Blütenblatt das Geheimnis des Lebens oder Seins lesen. Vielleicht war sich Basho selbst dessen gar nicht bewußt, aber ich bin sicher, daß sich damals in seinem Herzen ein Gefühl regte, in etwa mit dem verwandt, das die Christen göttliche Liebe nennen und das bis in die Tiefen des kosmischen Lebens reicht.

Die Gebirgszüge des Himalaya erregen in uns vielleicht das Gefühl von Ehrfurcht gegen ihre Erhabenheit; die Wogen des Stillen Ozeans lassen uns an die Unendlichkeit denken. Aber wenn der Geist eines Menschen poetisch, mystisch oder religiös aufgeschlossen ist, fühlt er wie Basho, daß selbst in jedem Grashalm etwas liegt, das über alle gemeinen, niedrigen menschlichen Gefühle hinausreicht und in einen Bereich erhebt, der an Glanz dem Land der Reinheit gleichkommt. Größe hat in solchen Fällen nichts zu bedeuten. In dieser Hinsicht hat der japanische Dichter eine besondere Begabung, in kleinen Dingen etwas zu entdecken, das alle quantitativen Ausmaße übertrifft.

Das ist der Osten. Sehen wir nun, was uns der Westen in einer ähnlichen Situation zu bieten hat. Ich wähle Tennyson, der zwar vielleicht kein so typischer Dichter des Westens ist, um ihn zum Vergleich mit dem Dichter des Fernen Ostens heranzuziehen. Aber sein kurzes Gedicht, das ich hier zitiere, ist dem Bashos nahe verwandt. Es lautet:

»Blume in der geborstenen Mauer,
Ich pflücke dich aus den Mauerritzen,
Mitsamt den Wurzeln halte ich dich in der Hand,
Kleine Blume – doch wenn ich verstehen könnte,
Was du mitsamt den Wurzeln und alles in allem bist,
Wüßte ich, was Gott und Mensch ist.«

In diesen Zeilen ist zweierlei bemerkenswert:
1. Tennyson pflückt die Blume, hält sie »mitsamt den Wurzeln« in der Hand und betrachtet sie wohl mit Aufmerksamkeit. Höchstwahrscheinlich hatte er ein ähnliches Gefühl wie Basho, als er die Nazuna-Blume an der Hecke am Wegrand entdeckte. Aber der Unterschied zwischen den beiden Dichtern besteht darin: Basho pflückt die Blume nicht, er betrachtet sie nur. Er ist in Gedanken versunken. Er fühlt etwas in seinem Innern, aber er spricht es nicht aus. Er läßt ein Ausrufungszeichen alles sagen, was er sagen will; denn er hat keine Worte; sein Gefühl ist zu voll, zu tief, und er hat nicht den Wunsch, es in Begriffe zu fassen.
Tennyson hingegen ist aktiv und analytisch. Als erstes pflückt er die Blume von der Stelle, wo sie wächst. Er reißt sie aus ihrem Nährboden. Ganz anders als der östliche Dichter läßt er die Blume nicht in Frieden. Er muß sie »mitsamt den Wurzeln« aus der geborstenen Mauer reißen, was bedeutet, daß die Pflanze sterben muß. Offenbar ist ihm ihr Schicksal gleichgültig; seine Neugier muß befriedigt werden. Wie gewisse Mediziner viviseziert er die Blume. Basho berührt die Nazuna nicht einmal, er betrachtet sie nur, er schaut sie »aufmerksam« an, weiter nichts. Er ist vollkommen passiv, ein guter Kontrast zu Tennysons Aktivismus.
Ich möchte diesen Punkt besonders betonen und komme später nochmals darauf zurück. Der Osten schweigt, der Westen ist beredt. Aber das Schweigen des Ostens bedeutet nicht, einfach stumm zu sein und wortlos oder sprachlos zu bleiben. Oft ist das Schweigen ebenso beredt wie ein Wortschwall. Der Westen liebt es, alles in Worte zu fassen. Und nicht nur das, er verwandelt das Wort in Materie und läßt diese Materialität manchmal überdeutlich oder vielmehr allzu grob und sinnlich in seiner Kunst und Religion zum Ausdruck kommen.
2. Was tut Tennyson als nächstes? Er betrachtet die gepflückte Blume, die aller Wahrscheinlichkeit nach zu welken beginnt, und fragt sich: »Verstehe ich dich?« Basho fragt überhaupt nicht. Er fühlt das ganze Geheimnis, das seine bescheidene Nazuna offenbart – das Geheimnis, das bis zum Ursprung aller Existenz reicht. Er ist von

diesem Gefühl berauscht und äußert sich in einem unaussprechbaren, unhörbaren Schrei.

Im Gegensatz dazu fährt Tennyson mit seiner Gedankenarbeit fort: »Wenn ich dich verstehen könnte« (ich betone das Wenn), »wüßte ich, was Gott und Mensch ist«. Sein Appell an das Verstehen ist typisch für den Westen. Basho nimmt hin, Tennyson widersteht. Tennysons Individualität distanziert ihn von der Blume, von »Gott und Mensch«. Er identifiziert sich weder mit Gott noch mit der Natur. Er ist stets von ihnen abgesondert.

Sein Verstehen ist »wissenschaftlich objektiv«, wie es heutzutage genannt wird. Basho ist durch und durch »subjektiv«. (Das ist kein gutes Wort; denn das Subjekt wird immer einem Objekt gegenübergestellt. Mein »Subjekt« ist etwas, was ich »absolute Subjektivität« nennen möchte.) Basho beharrt auf dieser »absoluten Subjektivität«, mit der er die Nazuna und die Nazuna ihn sieht. Hier gibt es weder Einhüllung noch Mitgefühl und auch keine Identifizierung. Basho sagt: »Wenn ich aufmerksam schaue«. Das Wort »aufmerksam« deutet an, daß Basho hier nicht mehr Zuschauer ist, sondern daß sich die Blume ihrer selbst bewußt wurde und sich schweigend, beredt ausdrückt. Und diese schweigende Beredsamkeit, dieses beredte Schweigen der Blume wird in menschlicher Ausdrucksweise durch Bashos siebzehn Silben wiedergegeben. Welche Gefühlstiefe, welches Geheimnis des Ausdrucks, ja sogar welche Philosophie der »absoluten Subjektivität« darin liegt, ist nur denen verständlich, die das alles selbst schon erlebt haben.

Bei Tennyson gibt es, soviel ich sehen kann, zunächst keine Gefühlstiefe; typisch für die westliche Mentalität ist er ganz Intellekt. Er ist ein Verfechter des Logos. Er muß etwas sagen, er muß sein konkretes Erlebnis abstrahieren oder gedanklich verarbeiten. Er muß aus dem Bereich des Gefühls in das des Intellekts treten und das Leben und das Gefühl einer Reihe von Analysen unterwerfen, um die Neugier des westlichen Menschen zu befriedigen.

Ich habe diese zwei Dichter, Basho und Tennyson, gewählt, weil sie zwei charakteristische Arten zeigen, die Wirklichkeit zu betrachten. Basho kommt aus dem Osten und Tennyson aus dem Westen. Wenn wir sie vergleichen, sehen wir, daß jeder die Tradition seiner Umwelt offenbart. Demnach ist der westliche Geist analytisch, unterscheidend, differenzierend, induktiv, individualistisch, intellektuell, objektiv, wissenschaftlich, verallgemeinernd, begrifflich, schematisch, unpersönlich, am Recht hängend, organisierend, Macht ausübend, selbstbewußt, geneigt, anderen seinen Willen aufzuzwingen usw.

Die Wesenszüge des Ostens können dagegen folgendermaßen charakterisiert werden: Synthetisch, zusammenfassend, integrierend, nicht unterscheidend, deduktiv, unsystematisch, dogmatisch, intuitiv (bzw. affektiv), nicht diskursiv, subjektiv, geistig individualistisch und sozial kollektivistisch usw.

2. Die menschliche Revolution als Weg zur Lösung der Umweltprobleme Von D. Ikeda

Aus: A Peccai/D. Ikeda, Noch ist es nicht zu spät. © by Nymphenburger Verlagshandlung, München ^{2}1985, 134ff.

Übel wie die Umweltverschmutzung und der Raubbau an den natürlichen Ressourcen sind untrennbar mit dem Streben nach Wohlstand verbunden. Die Menschheit kann diese Schwierigkeiten durch den Einsatz von Wissenschaft und Technologie überwinden; so kann sie sich zum Beispiel der Sonnenenergie bedienen und Rohstoffe womöglich sogar endlos durch Recycling zurückgewinnen. Doch muß der Mensch auf seine unverantwortlich optimistischen Zukunftsprognosen verzichten, die er bislang allein auf die Entwicklung von Wissenschaft und Technologie gestützt hat.
Kurzum, die Lösungen liegen nicht jenseits des Menschen in den technischen und materiellen Revolutionen, sondern einzig darin, daß sich der Mensch von innen heraus reformiert. Er muß sich dabei an den Grundsätzen von Weisheit und Moral orientieren. Zunächst sollten wir unseren Gebrauch technischer Hilfsmittel einmal einschränken, und wenn wir uns ihrer bedienen, dann müssen wir uns darüber im klaren sein, daß sie unserer Kontrolle unterliegen und daß Segen oder Fluch der Technik davon abhängen, was wir damit anstellen. Das neueste Automodell mit hoher Motorleistung kann nicht ordentlich funktionieren, wenn der Fahrer nicht damit fahren kann (Stichwort: Weisheit). Und dasselbe schöne Auto kann zum Sarg auf Rädern werden, wenn der Fahrer nicht den siebten Sinn (Stichwort: Moral) besitzt, also vorsichtig und nicht zu schnell fährt.
In der Neuzeit hat sich der Mensch von dem Glauben anstecken lassen, der Schlüssel zum Glück liege in der Veränderung der äußeren Welt. Er hat allzuviel Wert gelegt auf das Äußere und dabei sein

Innenleben – bestimmte psychische Prozesse müssen unterdrückt und andere befördert werden – entweder vernachlässigt oder ganz vergessen. Daher lautet die dringlichste Aufgabe für den Menschen von heute: er muß sein Seelenleben reformieren und seine innere Haltung auf ein höheres Niveau heben. Das nenne ich die menschliche Revolution.

Man muß sich dieser Aufgabe bewußt sein, aber genügt das, um diese Revolution zu vollbringen? Zwar ist ein solches Bewußtsein schon besser, als wenn man sich dieser Aufgabe nicht einmal bewußt wäre. Doch schaffen äußere Zwänge und innere Impulse Bedingungen, die sich der Kontrolle durch das Bewußtsein und den Willen entziehen. Die Tiefenpsychologie hat herausgefunden, daß sich auf den tieferen Ebenen unseres Geistes eine weite Welt des Unbewußten befindet, aus der gelegentlich mächtige Impulse aufsteigen, die sich der Kontrolle durch das rationale Denken entziehen. Die menschliche Revolution kann nur dann erfolgreich sein, wenn sie diese Welt des Unbewußten verändert. Die Religion ist der wichtigste Einzelfaktor bei der Umwälzung des menschlichen Lebens...

Ich bin der Überzeugung, daß man die Lehren des Buddhismus praktizieren muß, um unser Unbewußtes umzuwälzen, denn diese Lehren sind durchdrungen von der Macht des universellen Lebens, das hinter allen individuellen Daseinsweisen des Lebens steckt. Die Lehren des Buddhismus können das Schicksal des Menschen verändern.

3. Buddhistische Gedanken zum Tierschutz
Von G. Auster

In: YĀNA 38/1985, Heft 1, S. 28f.

Im Vergleich zu den anderen Weltreligionen spielt die Einstellung zum Tier im Buddhismus eine besondere Rolle. Das Tier ist nach buddhistischer Lehre nicht für den Menschen geschaffen, sondern ist eine selbständige, gleichberechtigte Lebensform. In der Reihe der Wiedergeburten, die der Buddhismus für alle Lebewesen lehrt, gibt es auch eine Verbindung Mensch – Tier, Tier – Mensch, obwohl der Aufstieg aus der Lebensform der Tiere in die der Menschen als ungeheuer schwer und selten angesehen wird. Die Lebensstufe des

Tiers ist tiefer; das bedeutet aber nicht, daß das Tier kein legitimes Lebensrecht hätte. Daher lehrt der Buddhismus als erstes ethisches Gebot das Bemühen, sich des Tötens von Lebewesen zu enthalten. Es wird überliefert, daß der Buddha selbst in früheren, weit zurückliegenden Existenzen auch als Tier, z. B. als Gazelle, Hase und Löwe gelebt habe. Hierdurch ist gefühlsmäßig eine besondere Einstellung zum Tier gegeben, bei der die krasse Schranke Mensch – Tier fehlt.

Wie der Mensch und die Götter und alle anderen Lebensformen, wandert auch das Tier vom Nichtwissen zum Wissen, zur Erlösung, wenn es diese auch nicht in seiner tierischen Form erreichen kann. Es sind die Tiere also Weggenossen von uns.

Keineswegs wird aber der gewaltige Unterschied zwischen Mensch und Tier verwischt, das Tier wird, abgesehen von Legenden, nicht vermenschlicht. Wenn auch dem Tier keine ethischen Prinzipien zugeschrieben werden, so doch die Fähigkeit der Tugend, d. h. der Dankbarkeit, der Zuneigung, der Aufopferung.

Blutige Tieropfer wurden in allen buddhistischen Ländern abgeschafft, vegetarische Nahrung der Fleischnahrung vorgezogen, wie es auch heute die Buddhisten in Süd- und Ostasien weitgehend tun. Der Buddhist bemüht sich, die Dinge so zu sehen, wie sie sind, d. h. er hält nicht viel von Utopien. Wenn wir also auch kein Paradies auf Erden einrichten können, in dem niemand getötet und niemand verletzt wird, so können wir doch viel dafür tun, daß die Hölle auf Erden gemildert wird für Mensch und Tier. Das heißt, daß die Grausamkeiten eingeschränkt werden, daß das Töten und Experimentieren reduziert wird.

Im praktischen Leben wäre als Mindestforderung folgendes zu beachten: Man schränke das Töten von Tieren auf das Mindestmaß ein. Man vermeide die Jagd, halte Haustiere nur, wenn sie angemessen untergebracht sind, d. h. zum Beispiel keine großen Hunde in kleinen Stadtwohnungen. Man boykottiere Eier aus den grausamen Legebatterien und scheue nicht den Mehrpreis für solche aus der Bodenhaltung. Man boykottiere Kalbfleisch aus den engen Boxen. Man dränge auf die Abschaffung unnötiger Tierversuche. Es ist mir nicht möglich zu beurteilen, inwieweit bereits heute total auf Tierversuche bei lebensnotwendigen Medikamenten verzichtet werden kann. Unbedingt verboten werden sollten aber Tierversuche für die Kosmetik und Allerweltsmedikamente; von beiden gibt es bereits übergenug.

Bemühen wir uns in der Einstellung zu Tier und Mensch um die Gedanken, die sich aus einem buddhistischen Lehrtext ergeben:

Den Wesen allen soll man Frieden wünschen,
Glück für ihr Herz, Glück für ihr ganzes Leben.
Wie immer die Gestalt der Wesen ist:
Ob klein, ob groß, ob lang, ob kurz,
Ob stark, ob schwach, ob grob oder ob zart,
Ob sie uns sichtbar sind, ob unsichtbar,
Ob fern sie weilen oder nah uns sind,
Ob sie entstanden sind, ob sie ins Dasein streben,
Sie alle mögen glücklich sein!
Wie eine Mutter während ihres ganzen Daseins
Ihr einzig Kind beschützt mit ihrem Leben,
So möge man jedwedem Wesen gegenüber
Den Geist mit grenzenloser Güte füllen!

4. Die Bedeutung des Buddhismus in der modernen Welt aus der Sicht eines deutschen Buddhisten. Von H. Hecker

Aus: Erich Boyens, Glauben alle an denselben Gott? Kreuz-Verlag, Stuttgart 1969, S. 53, in: Fassnacht, 1976, 87/88

Die Frage, ob durch die moderne Entwicklung in Technik und Naturwissenschaft die Religion im allgemeinen und der Buddhismus im besonderen überholt sei, läßt sich dahin beantworten, daß es in allen Religionen zwei verschiedene Dinge gibt: erstens Angaben über das Sein des Menschen (Theorie) und zweitens Angaben darüber, wie der Mensch sich entwickeln solle (Praxis). Die buddhistische Theorie nun, das Welt- und Menschenbild des Buddhismus, ist eine genaue Schilderung der Gegebenheiten, die das Phänomen Mensch biologisch, seelisch, geistig ausmachen. Dieses Menschenbild ist niemals zu zerstören, weil es exakt von der Existenz abgelesen ist und nur die in der Wirklichkeit vorhandenen Dinge aufzeigt. Das buddhistische Menschenbild erhebt somit den Anspruch, wissenschaftlich zu sein, und zwar noch weit über den engen Bereich der Naturwissenschaft hinaus. Daher findet der Buddhist in der modernen Entwicklung der Psychologie und Parapsychologie, in den modernen Lehren von der Entwicklung des Kosmos und der elektromagnetischen Steuerung der Zellen nur Bestätigung der vom Buddha aufgezeigten Gesetze von der Bedingtheit aller Phänomene. Der Buddhist hat von der Wissenschaft nichts zu befürchten, er kann ihr vielmehr sogar Hinweise geben, daß sie ihre allzu vordergründige Forschung auch mehr auf die seelischen Phänomene erweitert. Wegen dieses seines Wirklichkeitsgehaltes ist der Buddhismus in seinem Wesen unzerstörbar; es können seine Wahrheiten nur zeitweise etwas in den Hintergrund treten oder nicht mehr in ihrer ganzen Tiefe verstanden werden. Dabei zwingt aber die Herausforderung durch die moderne Wissenschaft den Buddhisten, sich gerade wieder mehr auf seine Grundlagen zu besinnen.

Zitierte Literatur

(nach Alphabet der Verfasser)

Auster, Guido: Buddhistische Gedanken zum Tierschutz, YĀNA 38/1985/Heft 1, S. 28 u. 29

Benz, Ernst: Buddhas Wiederkehr und die Zukunft Asiens. München 1963

Conze, Edward: Der Buddhismus. Wesen und Entwicklung, Stuttgart [6]1977

Dumoulin, Heinrich: Begegnung mit dem Buddhismus. Eine Einführung, Freiburg 1978

Fassnacht, Dieter: Buddhismus. In: Weltreligionen, Geschichte – Quellen – Materialien. Frankfurt / Berlin / München 1976

Frischkorn, Th.: Elemente traditioneller Zen-Praxis und ihre westliche Rezeption zwischen dem Utilitarismus und Eskapismus. Berliner Beiträge zur sozial- und wirtschaftswissenschaftlichen Japan-Forschung, Nr. 52, Berlin [2]1985

Geprägs, Adolf: Die Weltreligionen und die ökologische Krise – Alternativen zum westlichen Denken. Arbeitstexte der EZW Nr. 20, XI 179

Glasenapp, Helmut von (Hrsg): Pfad zur Erleuchtung. Das Kleine, das Große und das Diamant-Fahrzeug, Köln 1985

Grimm, Georg: Die Lehre des Buddha. Wiesbaden o. J.

Gundert, Wilhelm: Japanische Religionsgeschichte. Stuttgart 1943

Hecker, Hellmuth: Die Ethik des Buddha. Hamburg [2]1976

Ikeda Daisaku: Das Ziel der Komeito. In: *Italiaander*, Rolf: Soka-gakkai, Japans neue Buddhisten. Erlangen 1973, S. 233–246

Ders.: Life. Tokyo / New York / San Francisco 1982

Kohler, Werner: Die Lotus-Lehre und die modernen Religionen in Japan. Zürich 1962

Mensching, Gustav: Der Buddhismus – eine geschichtslose Religion. Der Heilsweg einer mystischen Religion als Erlösung von der Geschichte, Bibel und Kirche 27 / 1972/73, S. 8–12

Müller, Wilhelm: Schützt die Schwachen und Wehrlosen. In: Der Pfad. Blätter für buddhistisches Leben und Denken. Hg. v. der Buddhistischen Gemeinde am Niederrhein, Doppelheft Winter/Frühjahr 1978/79, S. 5–7

Nakamura Hajime: Die Grundlehren des Buddhismus, in: H. *Dumoulin* (Hrsg.), Buddhismus der Gegenwart, Freiburg u. a. 1970, S. 9–34

Ders.: Der Erlösungsprozeß im Buddhismus, in: A. *Bsteh* (Hrsg.), Erlösung in Christentum und Buddhismus, Beiträge zur Religionstheologie, Bd. 3, Mödling 1982, S. 88–111

Notz, Klaus-Josef: Der Buddhismus in Deutschland in seinen Selbstdarstellungen. Europäische Hochschulschriften, Reihe XXII, Bd. 223, Frankfurt / Bern / New York 1984

Nyanatiloka: Buddhistisches Wörterbuch. Konstanz 1952.

Peccei, Aurelio / *Ikeda* Daisaku: Noch ist es nicht zu spät. München ²1985

Schmithausen, Lambert: Buddhismus und Natur, in: Die Verantwortung des Menschen für eine bewohnbare Welt im Christentum, Hinduismus und Buddhismus, hg. v. R. *Panikkar* und W. *Strolz*, Freiburg u. a. 1985, S. 100–133

Suzuki Daisetz Teitaro: Über Zen-Buddhismus. In: Zen-Buddhismus und Psychoanalyse, hg. v. E. *Fromm* D. T. *Suzuki* u. R. de *Martino*. Suhrkamp TB 37, Frankfurt ¹⁰1981

Soka Gakkai, International Bureau (Ed.): Proposal on Environmental Protection. The Soka Gakkai News, Nr. 83 v. 1. Dec. 1978, 11 S.

Toynbee, Arnold / *Ikeda* Daisaku: Wähle das Leben. Ein Dialog, Düsseldorf 1982

Ueda Shizuteru: Sein – Nichts – Weltverantwortung im Zen-Buddhismus. In: Die Verantwortung des Menschen für eine bewohnbare Welt im Christentum, Hinduismus und Buddhismus, hrsg. v. R. Panikkar u. W. Strolz, Freiburg u. a. 1985, S. 37–58.

Watts, Alan, W.: Zen. Tradition und lebendiger Weg, Rheinberg 1981

Ders.: Was hält das Zeug. Beziehungen zwischen Mensch und Materie, Rheinberg 1983

5 Hinduismus

ALPHONS VAN DIJK

5.0 Überblick

Für den Hinduismus ist der Mensch in die Gesamtheit der Saṃsāra-Welt aufgenommen. Alle Aspekte dieser Welt hängen zusammen; Leben und Denken des Inders sind wohl als inklusivisch zu beschreiben. Alles im Universum hat einen Mehrwert, der über die ›sachliche‹ Funktion hinausgeht. Das Geflecht des Sichtbaren und Unsichtbaren wird vom Menschen durch dharma-gemäßes Verhalten unterstützt oder durch nachteiliges Verhalten verletzt. Besonders die Sphäre des Lebens fragt um Schonung.
Der heruntergekommene, rigide gewordene Hinduismus der letzten Jahrhunderte hat vieles von diesen Idealen und dieser Grundhaltung verloren. Besonders die Kolonialzeit und das Eindringen eines fremden Wirtschaftssystems haben die traditionellen Dorfstrukturen und die Sozialisation angetastet, wodurch der indische Kommunalismus verhängnisvoll ausgeartet ist.
Zum Thema Umwelt bietet der Neuhinduismus zwar Grundansätze, es fehlen aber genügend konkrete Perspektiven. Randgruppen der von den verheerenden Umweltschäden betroffenen Landbevölkerung knüpfen neuerdings bewußt an die alte Grundhaltung an.

5.1 Umwelt im Hinduismus

1. Grundlegende Vorbemerkungen

a) Vor mehr als einem Jahrzehnt ist bereits bemerkt worden, daß die großen Religionen in ihrer momentanen konkreten Lage keine Antworten auf die ökologische Frage unserer Zeit haben. Wohl aber besäßen sie wichtige Voraussetzungen und Grundhaltungen, um zur Beantwortung beizutragen.[1] Beide Sätze treffen auf den Hinduismus zu. Ausgearbeitete Aussagen zum Thema Umwelt fehlen; eine wichtige Grundhaltung, die zum Aufbau eines expliziten Umweltbewußtseins führen könnte, ist dennoch da. Dabei ist jedoch noch nicht genügend klar, inwieweit sie durch den Modernisierungsprozeß hindurchgerettet wird oder sich durch einen starren Konservatismus gar selber schadet. Nur im letzten Jahrzehnt kommen – und dann noch eher am Rande des Hinduismus – einige bewußte Umweltbewegungen auf, die auf die traditionelle Grundhaltung aufbauen.
b) Der Hinduismus ist in seiner ganzen Breite vorwiegend eine Verhaltensreligion, eine Lebensweise. Somit ist der Ort für die Frage nach Hinduismus und Umwelt nicht nur in der Schrifttradition, sondern auch und sogar an erster Stelle in der Lebensart und im Verhalten zu finden.
c) Der Hinduismus spricht nicht von Mensch *und* Umwelt, sondern von der Welt oder dem Universum, worin der Mensch als ein Teil lebt. Die Hindu-Kosmologie kennt auch nicht den dominium-terrae-Gedanken der jüdisch-christlichen Tradition. Der Mensch ist nicht höchstes Wesen im Bereich des Geschaffenen; das sind eher die Götter(devas), die, obwohl grundsätzlich vergänglich wie alles Geschaffene oder Entstandene (der Saṃsāra Unterworfene), dennoch unvergleichbar glücklicher und mächtiger sind als die Menschen. Der Mensch ist eher ein Wesen, das gerade wegen der ihm inhärenten Ambivalenz von Glück und Leid besser als

die Götter imstande ist, sich auf die Erlösung, auf das absolute Heil jenseits alles Geschaffenen zu besinnen.
d) Die hinduistische Lebens- und Denkart macht keinen prinzipiellen Unterschied zwischen dem Menschen und den anderen Lebewesen[2] und ebensowenig zwischen sog. toter und lebendiger Natur. In allen Erscheinungen dieses Universums waltet das Eine Göttliche, auch wenn es seine wunderbare Schöpfungsmacht (māyā) darin oft eher verbirgt als zeigt und so den oberflächlichen Betrachter irreführt.
e) Anders als im neuerwachten Umweltbewußtsein in der säkularisierten industriellen Welt, das trotz eines neuen und erweiterten Blickfeldes im großen und ganzen immer noch in der Kategorie des Profanen denkt, ist für den einfachen Hindu (besonders auf dem Lande, wo etwa 75% der Inder leben) nicht nur das Leben heilig, sondern jedes Lebewesen. Jede Handlung hat eine magische, wenigstens eine sakramentale Wirkung, nichts ist auf ›Sachlichkeit‹ reduziert.[3] Die ganze Welt hat eine religiöse Dimension.
f) Für eine solche Geisteshaltung kann Umwelt nie auf materielle Umwelt beschränkt werden, z. B. als Voraussetzung für biochemisch gesunde Lebensbedingungen des Menschen. Sie bedeutet immer das ganze Umfeld von geistigen, fein- und grobmateriellen Beziehungen eines Menschen.[4]
g) Für unser Thema wichtig ist die traditionell hinduistische Überzeugung, daß die Geisteshaltung eines Menschen auf seine (materielle) Umgebung ausstrahlt und daß ebenso rituelle und materielle Reinheit auf die Geisteshaltung einwirken.

2. Die hinduistische Tradition

Wenn wir davon ausgehen, daß in der industrialisierten Welt das ökologische Problem darin besteht, daß einerseits dem Kreislauf der Natur einseitig und in großem Ausmaß Material entzogen wird, ohne Restitution und ohne der Natur Möglichkeit zur Regeneration zu geben, und daß andererseits dieselbe Natur durch Schadstoffe extrem belastet wird, so betrifft das eine Geisteshaltung, die dem alten und klassischen Hinduismus fremd ist. Dort steht das Opfer (als *Aus*-Gabe oder Sich-Verausgeben, im Gegensatz zu *Ein*-nahme) als Ritus und später im Moralpsychologischen als Tugend im Zentrum. Das Opfer bildet die Grundlage der Schöpfung, es dient zur Regeneration, zur Wiederherstellung einer verlorengegangenen Einheit.[5] Der Mensch hat sich an die von ihm unabhängig bestehende Ordnung (ṛta, vgl. Ritus) zu halten. Diese Ordnung wird im klassischen Hinduismus mit dem Begriff Dharma ausgedrückt. Dharma bedeutet die universelle Stabilität, die instand haltende Macht, das harmoniebildende Gleichgewicht und die Norm, die in Kosmos, Natur, Gesellschaft und individueller Existenz waltet. Dharma bildet die Grundlage für das Verhalten des Individuums und stützt ebenso die Gemeinschaftsordnung; er bestimmt die Kontinuität in allen Erscheinungsformen der Wirklichkeit. Alles in der Natur und der Sphäre des Menschen muß dem allgemeinen und zugleich auch ihrem jeweils partikularen Dharma gemäß stattfinden.[6]

»Dharma bedeutet den Fortschritt aller Geschöpfe;
Darum ist Dharma alles, was Fortschritt und Wachstum bringt.
Dharma bedeutet, daß die Geschöpfe davor bewahrt werden,
einander Schaden zuzufügen;
Dharma ist darum alles, was die Geschöpfe vor Schaden bewahrt. Dharma wird so genannt, weil es alle Geschöpfe erhält;
Darum ist Dharma das, was alle Geschöpfe erhalten kann.«[7]

Wodurch aber ist Dharma als Verhalten, der Dharma-im-Vollzug, gekennzeichnet? Durch Mäßigung und Selbsteinschränkung. Das beispielhafte Dharma-Verhalten ist abzulesen am Verhalten von »wohlgesitteten, betagten, sich selbst in Zucht haltenden, von Besitzgier und Verstellung freier Ārya«.[8] Es ist dies seit der spätvedischen Zeit ein wichtiges Leitbild im Hinduismus. Nun geht im Hindu-Denken das Opfer, sei es als rituelle Tat (Karma-mārga), oder als innere physisch-psychische Prozedur, d.h. als die selbstauferlegte Entsagung des Asketen, immer einher mit dem Erlangen von Macht; eine Macht, die auf die gesamte Umgebung einwirkt.[9] Heilige, Weise und Asketen sind in der indischen Gesellschaft seit jeher also wichtige Leitfiguren. Dennoch bleibt ein realistischer Grundzug anwesend; nicht jeder sollte danach streben, ein (anerkannter) Asket zu werden, sondern er soll sich an seine gesellschaftliche Stellung halten und dort in Selbstentsagung seine Aufgaben erfüllen (Karmayoga).[10] Jeder muß also seinen Anteil an der universellen Gesetzmäßigkeit verwirklichen und damit die Harmonie in Natur und Gesellschaft stützen. Das führte im alten Hinduismus zu der Lehre der vier Stände und Lebensstadien. Umgekehrt stört jedes Dharma-verletzende Verhalten die kosmische wie die gesellschaftliche Harmonie und stiftet Unordnung. So wurde es für möglich gehalten, daß ein rituelles Vergehen meteorologische Folgen oder gar Mißernten mit sich bringen konnte, oder umgekehrt, daß Mißernten ein Hinweis darauf sein konnten, daß der König, der als Mittler für das Wohl seines Landes verantwortlich gehalten wurde, seine Pflicht vernachläßigt hatte.[11]

Das führt zu der für unser Thema exemplarischen Auffassung des Königtums im Hinduismus. Das gerechte Königtum, Wohlstand und eine wohlgesonnene Natur gehörten zusammen.[12] Nach Manu (7,3) ist die Schirmherrschaft über die ganze Schöpfung die Aufgabe des Königs. Dharma des Königs war es, als irdischer Garant der kosmischen Ordnung auf das materielle wie das geistige Wohl des Volkes zu achten. Man war überzeugt, daß die kosmische Ordnung mit der

moralischen verbunden war und ins Wanken geriet, wenn letztere nicht ausreichend eingehalten wurde. So sollte, mindestens der Idealvorstellung nach, der Ehrgeiz eines Königs durch seine Fürsorgepflicht übertroffen werden.
Die ideale Herrschaft des dharmagemäßen Herrschers ist vielen Hindus versinnbildlicht im Rāmarājya, im Reich des mythischen Königs Rāma,[13] wo der Dharma von allen vollkommen gelebt wird. Es ist der ideale Hindu-Staat, das Paradies auf Erden, ein Traum, der bis heute Personen und Gruppen antreibt.[14] Auch dieses Reich ist z. B. dadurch gekennzeichnet, daß nicht nur eine hohe Moralität und Wohlstand herrschen, sondern auch Krankheiten und Schlangen fehlen; die Bäume würden blühen und trügen immer Früchte, und es gäbe ein gemäßigtes, fruchtbares Klima.[15]
Die inklusivische Denkart, die der Verbindung des Königs als Symbolgestalt der staatlichen Einheit mit dem Wohlergehen des Landes spricht, findet sich auch in der Beziehung des Einzelmenschen zu seiner Umgebung – man denke an das oben zum Heiligen/Asketen Gesagte – und sogar in der Geisteshaltung des Individuums und ihrer Beziehung zum körperlichen Wohlsein. Der Hinduismus glaubt seit jeher, daß der Yogin, der seine Körperprozesse, seine Triebe und psychischen Regungen unterjocht und zur Einheit bringt, durch seine Askese unweigerlich auf seine gesamte Umgebung einwirkt, inklusive Tiere und Pflanzen. Er verfügt über eine von seinen Anhängern besonders gesuchte Ausstrahlung (darshan) oder auch über eine gefürchtete Macht. Die indische Philosophie denkt sich gewöhnlich auch das Moralische in verfeinerten substantialistischen Kategorien. Geistige und äußere, materielle Reinheit hängen eng zusammen. Und wie Selbsterkenntnis als geistige Verfassung auf die Umgebung ausstrahlt, so wirkt umgekehrt auch das sorgfältige Gestalten der äußeren Lebenswelt eines Menschen auf seine geistige Verfassung.
Dieselbe inklusivische Denkart findet man im Umgang mit

der Natur, wo der Übergang von der ›rein sachlichen‹ zu der erweiterten symbolischen Bedeutung fließend verläuft. Alles besitzt einen Mehrwert. So ist ein Fluß in Indien nie nur eine nützliche Anhäufung von Wasser, z. B. für Irrigationszwekke geeignet, sondern immer auch etwas Heiliges. Ein Fluß verbreitet den himmlischen Segen über das Land.[16] Besonders der Ganges, der in Indien nicht umsonst Mata Gangā (Mutter Ganges) heißt, bringt als Mehrwert himmlische Reinheit auf die Erde, wäscht die Sünden der Menschen und macht sie würdig, in das ewige Reich einzugehen. Der Ganges ist »der Fluß des Seins«, in ihm (und von ihm abgeleitet in allen anderen indischen Flüssen) verleiblicht sich der erdgebundene Aspekt des Hindu-Bauernlebens, seine gläubige Verbindung mit den göttlichen Kräften, die den Lebensorganismus alles Seienden durchdringen, und seine Anerkennung des freundlichen Spiels der Gottheit in den einfachen Wundern der umgebenden Welt.[17]

Vergleichbares zeigt sich auch in der im völkischen Hinduismus noch immer lebendigen Baumverehrung. Seit vorarischer Zeit sind Bäume in Indien Repräsentanten der Vegetationsmacht, in ihnen zeigt sich das überall in der Welt anwesende Leben auf besondere Weise (z. B. Banyan- und Pīpalbaum); sie sind wie die Tiere mit Geist und Sinnesorganen begabt.[18] Viele Heiligenlegenden erwähnen das Erreichen der entscheidenden Erleuchtung durch den betreffenden Heiligen, sitzend unter einem herausragenden Baum, Symbol der Verbindung von Himmel, Welt und Unterwelt, Symbol des Universums (besonders im Falle des Ashvattha-Baumes).

Die Überzeugung, daß der Mensch nicht so sehr Herrscher als eher Mitgeschöpf in der ihn umgebenden Welt ist, zeigt sich besonders in Ahiṃsā, in der Haltung der Schonung allen Lebens, die sich im Laufe der Entwicklung des Hinduismus zu einem freundlichen Mitgefühl allen Lebewesen gegenüber gestaltet hat. Es betrifft eine Haupttugend des Hinduismus, darauf gerichtet, den Menschen in Frieden und Harmonie mit seinen Mitgeschöpfen leben zu lassen.[19] Tiere wie Menschen (und die Götter) gehören zu der Sphäre von Saṃsāra und Karma. Der traditionelle Hinduismus meint, daß auch die Tiere ihren artgemäßen Dharma zu erfüllen haben, was wiederum den Menschen als höheres Wesen zu größerer Selbstbeherrschung verpflichtet, um die Dharma-Chancen anderer Lebewesen nicht zu beeinträchtigen, ja im Gegenteil: mit Wohlwollen zu begleiten. Dies beruht auf der Erkenntnis der Einheit des Ātman in allen Wesen und auf dem Bewußtsein, mit anderen Geschöpfen wesentlich identisch und verbunden zu sein. Daher spielt Ahiṃsā gerade im Yoga eine große Rolle.[20]

Zum Bild einer solchen Verbundenheit mit dem ganzen Universum – wie sehr die phänomenale Welt auch als ein täuschungsreiches Spiel Gottes betrachtet wird – paßt es auch, wenn im traditionellen Indien die Handwerker gelegentlich ihre Arbeitsgegenstände verehren; sind es doch gerade diese Aspekte des Universums, die ihnen den Lebensunterhalt und damit die Erfüllung ihres Dharmas ermöglichen.[21]

3. Neuhinduismus

Auch im Neuhinduismus ist die Orientierung auf eine lebensfähige Umwelt noch kein gesondertes Thema, und wiederum gehören die Komplexität des Menschen und seiner Lebenswelt zusammen. Wohl aber ist die Orientierung auf den Menschen stärker, besonders bei Tagore, Aurobindo und Radhakrishnan, die alle vor der gefährlichen Einseitigkeit des materialistisch-technologischen ›Westens‹ warnen und denen eine Synthese von meditativer Weisheit und analytischem Wissen vorschwebt, in der der Mensch in einer neuen Gestalt verantwortlicher Integrationspunkt eines gottdurchtränkten Universums ist.[22]

Durch die Herausforderung des kolonialistischen Europa und des missionierenden Christentums entwickelte sich um die Wende zum 20. Jahrhundert ein wachsendes Bewußtsein dafür, daß Indien in den letzten Jahrhunderten seinen Dharma vernachlässigt habe, daß die Mutter (Indien) sich von ihren unbotmäßigen Kindern zurückgezogen habe, so daß Land und Volk unrein geworden seien, beherrscht durch Mlecchas (= unreine, kastenlose Barbaren). Aus europäischer Sicht droht hier sicherlich eine faschistoide Tendenz, die sich im Laufe der Unabhängigkeitsbewegung z. B. in der wachsenden Intoleranz zwischen Hindus und Muslimen zeigte, und in der Shuddhi-Bewegung, die alles Un-indische wieder reinigen wollte.[23]
Der Neuhinduismus baute weiter auf die traditionelle Dharma-Lehre, nach der Religion, Kultur, Gesellschaftliches und Politik nicht zu trennen sind. Auf einem der Höhepunkte der Unabhängigkeitsbewegung (die Agitation gegen die Teilung Bengalens um 1905) führte das zu Streitliedern, die bis heute als Nationalhymnen lebendig geblieben sind und die Einheit von Land und Menschen ausdrücken. Aufgrund ihrer historischen Ausgangslage ist es verständlich, wenn solche Lieder diese Einheit und den damit verbundenen spirituellen Mehrwert des Landes auf eine uns romantisch anmutende Weise betonen. Der junge Aurobindo schreibt 1905: »Während andere unser Land als ein lebloses Objekt betrachten, um es nur als die Ebenen, Felder, Wälder, Berge und Flüsse zu kennen, sehe ich mein Land als ›die Mutter‹ an. Als die Mutter... verehre ich es. Was würde ein Sohn wohl tun, wenn ein Dämon auf der Brust seiner Mutter säße und ihr Blut tränke? Würde er nicht laufen, seine Mutter zu befreien?«[24] In seiner englischen Fassung des von Bankim Chandra Chatterji stammenden Hymnus Bande Mātaram (»der Mutter, Heil«) identifiziert Aurobindo die Mutter als die schöpfungsenergische Gestalt Gottes (Shakti) einerseits mit dem fruchtbaren Land Bengalen, andererseits aber auch mit dem bengali-

schen Volk, mit den Menschen, die sich erheben, um ihr Land zu befreien. Diese englische Fassung ist zu einem Nationalhymnus geworden:

»I bow to thee, Mother, richly-watered, richly-fruited,
cool with the wind of the south, dark with the crop of the harvests. The Mother!
Her nights rejoicing in the glory of the moonlight,
her lands clothed beautifully with her trees in flowering bloom,
sweet of laughter, sweet of speech, the Mother, giver of boons, giver of bliss!«[25]

Die reelle Beziehung von Land und Menschen zum Göttlichen, allerdings viel universeller gefaßt als bei Bankim/Aurobindo, findet man im indischen Nationalhymnus, gedichtet von Tagore; Land und Menschen verkünden gemeinsam das Lob Gottes:

»Thou art the ruler of the minds of all people,
Dispencer of India's destiny.
Thyname rouses in the hearts of Punjab, Sind, Gujarat and Maratha,
Or Dravida and Orissa and Bengal.
It echoes in the hills of Vindhyas and Himalayas,
mingles in the music of Jamuna and Ganges
and is chanted by the waves of the Indian Sea.
They pray for thy blessings and sing thy praise.
The saving of all people waits in thy hand, Thou dispencer of India's destiny. Victory, victory, victory to thee.«[26]

Das Land, die Menschen und das Göttliche sind in diesem Hymnus verbunden, wobei das letztere teilweise als übergeordnete Lenkungsinstanz, teilweise als überhöhtes Identifikationssymbol aufgefaßt wird. Diese Verbindung ist eindeutig eine moderne, durch den europäischen Nationalismus-Gedanken mitgeprägte Fortführung der traditionellen

Dharma-Idee. Auch die Ahiṃsā-Inspiration lebt im Neuhinduismus weiter: »Vereinigung der Seelen mit der Natur, in der Harmonie des Menschen mit allem außerhalb seiner selbst...«, darin liege die wahre Kultur.[27] Dennoch bleibt auch im Neuhinduismus die Betonung des Landes im Sinne des *naturwissenschaftlichen* Umweltdenkens nur implizit, immer aufgenommen in einer umfassenden Gesamtschau. Der Neuhinduismus hat den Dharma-Gedanken sehr wohl im sozialen Sinne weiterinterpretiert (Harischadra von Benares, Vivekananda, Gandhi). Aber um auch die Umweltproblematik explizit zu fassen – eine Aufgabe, die historisch betrachtet noch kaum im Blickfeld der neuhinduistischen Denker liegen konnte – müßte der Dharma-Gedanken noch genauer ›materialisiert‹ und zugleich differenziert werden, damit dem säkularen Staat Indien mit seiner mehrheitlich hinduistischen Bevölkerung nicht auf dem Umweg eines integralistischen Denkens die Gleichsetzung von ›hinduistisch‹ mit ›indisch‹ droht. Das war in der traditionellen Dharma-Lehre der Fall (wenn auch die Religionsgrenzen sehr fließend waren), kann aber in einem modernen plurireligiösen Staat nie mehr in dieser Enge nachvollzogen werden. Ein neubelebter Hinduismus muß Identifikationsmöglichkeiten schaffen, die dem Mehrwert aller Aspekte von Welt und Mensch gerecht werden, ohne sie verbindlich vorzuschreiben.[28]

4. Die Situation heute

Durch das Kastensystem ist die indische Gesellschaft in unzählige Einzelgruppen zersplittert (Kommunalismus), die nach innen jeweils eine starke Solidarität und Verantwortung kennen, nach außen hin aber eher ihre Macht und Rechte betonen als ihre ihnen nach der traditionellen Varṇa-

Theorie zugedachten Pflichten; eine Kommunalisierung schlimmsten Ausmaßes! Und wo früher in den Dörfern ein gewisses Gleichgewicht zwischen den einzelnen Dorfkasten funktionierte, wurde dies durch die auf steuerlichen und ökonomischen Gewinn bedachten britischen Kolonialherren erheblich aus dem Lot gebracht. Dies führte zu der Kommerzialisierung großer Landwirtschafts- und Waldgebiete. Durch Änderung der Besitzverhältnisse nach europäischem Muster entstand eine einheimische Schicht von Großgrundbesitzern und Kolonialbeamten einerseits[29] und eine rasche Zunahme der verelendeten Stadtbevölkerung (Landflucht ausgebeuteter Pächter) andererseits. Damit fing eine stetige Vernichtung z. B. der Wälder an, in denen vorher durch den gemeinsamen Gebrauch das ökologische Gleichgewicht weitgehend erhalten geblieben war. Die ›Kommunalismus-Krankheit‹ konnte diese Entwicklung nur unterstützen.

Nach der Unabhängigkeit Indiens wurde das Beispiel der Kolonialherren durch die unter ihrer Herrschaft hochgekommenen Gruppen weiter verfolgt, ja durch eine starke Betonung der Entwicklung der Schwerindustrie noch übertroffen. Die Konsequenz: ein rücksichtsloses Eingreifen in die Natur; der Bau einer beträchtlichen Zahl von Staudämmen; in verschiedenen Gebieten setzte ein übermäßiger Gebrauch von Grundwasser für die Landwirtschaft ein, um, begleitet vom Einsatz der Chemie, die Produktion einer kleinen Schicht privilegierter Großbauern zu maximieren. Die Abholzung der Wälder wurde verstärkt fortgesetzt, zum Wohl neuer Industrien und der sog. reichen ersten Welt (Edelholzarten). Dazu kommt eine erhebliche Bürokratisierung mit starker hierarchischer Gliederung, die jegliche Eigenverantwortung und Initiative der Beamten tötet. So diktiert die Wirtschaftselite in oft einträchtiger Zusammenarbeit mit dem schwerfälligen Beamtentum und mit Hilfe korrupter Mittel »eine Entwicklung, die in geplanter Form die Armut und Verelendung von Hunderten von Millionen in

Kauf nimmt«, eine Entwicklung, die »auch unweigerlich zerstörerische Eingriffe in die natürliche Umwelt, d.h. in den Lebens- und Überlebensraum von Millionen Armen und Ärmsten zuläßt oder verursacht«.[30]

Die enorme Arbeitslosigkeit in Indien fördert die Unterwürfigkeit des Beamtentums. Die dort bestehende Angst vor Verantwortung und Eigeninitiative ist aber sicherlich auch von der Sozialisationsstruktur in den indischen Großfamilien mitgeprägt. Die frühkindliche Phase des Gewährenlassens und der Autoritätsdruck, dem der Heranwachsende später ausgesetzt ist, führen nicht zu einem starken Individualbewußtsein und einer festen Leistungsmotivation, sondern eher zur Anpassung und Einordnung in das Bestehende.[31]

Wer aber über diese stark einengenden Bedingungen hinauswächst (z.B. wenn die Großfamilie sich unter wirtschaftlichem Zwang auflöst, was immer häufiger passiert), verfällt leicht einem individualistischen Durchsetzungswillen, der die bewußte Beziehung seiner Interessen zu einer Gesamtheit – für jedes ökologische Denken und Leben notwendig – verhindert und ihn seine (wirtschaftlichen) Ziele rücksichtslos verfolgen läßt.

Fazit: Umweltbewußtsein und umweltbewußtes Handeln fragen nach einer gewissen Askese oder Selbsteinschränkung im Sinne von Verzicht auf Sekundarvergnügen. Sie erfordern auch eine gewisse mystische Grundhaltung. Waren diese Vorstellungen im traditionell-hinduistischen Dharma-Ideal und in den Vorstellungen und der Lebensführung verschiedener neuhinduistischer Führer durchaus vertreten, so sind doch die Versuche dieser Führer, die Orientierung der Hindus auf ein gesamtindisches Gemeinwohl zu lenken, heute aus teilweise dem faktischen Hinduismus inhärenten Ursachen weitgehend gescheitert.

5. Die ökologische Bewegung in Indien

»Die Wälder des Himalaya bilden den wertvollsten Besitz Indiens... Die Abholzung und Unterentwicklung der Himalaya-Hänge führen zu starken und immer wiederkehrenden Überschwemmungen, zu einer nie ablassenden Erosion und zu der Ablagerung von grobem Schutt auf dem fruchtbaren Boden am Fuße der Berge. Dieser Prozeß bringt den nichtsahnenden Millionen von Menschen, die die Indus-Ganges-Ebene bevölkern, unermeßliche Verluste und unschätzbares Elend und verursacht eine fortschreitende und dauerhafte Abnahme der Fruchtbarkeit und eine Minderung des agrarischen Potentials des ganzen Landes.«[32] Angesichts dieser Lage drängt sich um so mehr auf, daß für die indische Landbevölkerung die Natur keine nur kulissenhafte *Um*welt (im Sinne von *Um*gebung von etwas, das sich in die Mitte stellt) ist und auch nie war, sondern lebensgestaltende und -bewahrende *Mit*welt. Die bisher bescheidene indische Umweltbewegung ist somit nicht so sehr eine Sache der großstädtischen Intelligenz oder Mittelschicht, aus der auch die meisten neuhinduistischen Denker kamen, sondern eher ein Anliegen von Teilen der unmittelbar betroffenen Landbevölkerung. Ein Beispiel ist die Chipko- (»umarmen«)Bewegung, im Himalaya-Bereich Anfang der 70er Jahre entstanden, als Dorfbewohner durch das Umarmen von Bäumen anfingen, diese vor den Fällkommandos eines großen indischen Sportwarenherstellers zu schützen.[33] Die Chipko-Bewegung kann nur im Rahmen einer Beziehung zwischen Mensch und Natur richtig gesehen werden: »Mach Frieden mit den Bergen und Flüssen, den Wäldern und Bäumen, den Vögeln und Tieren.«[34] Die Dorfbewohner werden sich in wachsendem Maß bewußt, daß ihr eigenes Schicksal mit dem der Bäume verknüpft ist. Im Ādivāsi-Land Chotanagpur,[35] wo man traditionell von den Produkten des Waldes lebte, hatte der Wald eine göttliche Bedeutung; der Baum wurde als Sinnbild für Alter und als Stätte Gottes ehrfurchtsvoll angebetet.[36] In der Kolonialzeit und ebenso nach der Unabhängigkeit wurden den Ādivāsis ihre Wälder genommen, der Zentralverwaltung unterstellt und an Außenstehende verpachtet. Die Wälder wurden für Infrastrukturmaßnahmen, Industrie-Aufbau und Abbau von Bodenschätzen rücksichtslos abgeholzt. Christliche Missionare nahmen den Ādivāsis wegen einer religionsgeschichtlich falsch verstandenen Interpretation von Animismus ihre Auffassung von der Göttlichkeit der Natur. Ihrer materiellen wie geistigen Grundlage beraubt, fiel ein Großteil der Ādivāsis der Verelendung anheim. Anfang der 80er Jahre gründeten einige von ihnen die Banawasi Swaraj Samiti (Vereinigung zur Selbstbestimmung der Waldbewohner), die die traditionellen, aber heruntergekommenen Dorf- und Waldräte wiederzubeleben versucht. Ein umfassendes soziales, wirtschaftliches und kulturelles Programm hat neben Genossenschaftsbildung auch zur Wiederaufforstung geführt.

Der Chipko- wie der Ādivāsi-Bewegung liegt eine Haltung zugrunde, die von zwei Aspekten gekennzeichnet ist: 1) Die betroffen machende Beeinträchtigung der unmittelbaren Lebensqualität (z. B. durch Verringerung der Agrarproduktion), zusammengefaßt in dem Satz: »Die Haut von Mutter Erde ist abgerissen«;[37] 2) die Praxis, zwischen mittelbar betroffenen Menschen und unmittelbar betroffenen Bäumen geweihte Fäden zu spannen als Symbol für die spirituelle Beziehung zwischen Mensch und Baum[38].

5.2 Texte

1. Die hinduistische Lebenshaltung beim einfachen Volk aus der Sicht eines dem Hinduismus sehr verständnisvoll gegenüberstehenden indischen Religionswissenschaftlers:

Aus: Raimundo Panikkar, Aspekte heutiger Hindu-Spirtualität, in: A. M. Heiler (Hrsg.), Inter Confessiones. Fr. Heiler zum Gedächtnis. Marburg 1972, S. 148.

»Man hat oft festgestellt, daß die Inder keine Beziehung zur Natur haben, kein Gefühl für die Schönheit der Botschaft der Natur. Hier haben wir die eigentliche Erklärung dafür. Der Inder hat keinen Sinn dafür, weil er die Notwendigkeit für ein solche Betrachtung gar nicht empfindet, da er ja selber Natur ist, ein Teil davon. Er besitzt nicht die nötige Distanz oder jenes erhebende Gefühl, um die Natur von außen her zu sehen, aus einer entfernten Persepktive. Er ist irgendein Teil unter vielen Dingen des Kosmos. Er ist nicht ein Fremder, ein Tourist, ein Besucher dieser Welt noch ist er Herr und Meister dieser Schöpfung. Er ist ein Teil von ihr, ein Glied im Kosmos. Er gehört zur Natur wie der Wald und die Tiere und die Flüsse.«

2. Ein moderner, gebildeter Hindu schreibt, ohne explizit an die ökologische Problematik zu denken:

Aus: K. L. Seshagiri Rao, Weltprobleme aus der Perspektive eines Hindu, in: H. Schultze / W. Trutwin (Hrsg.), Weltreligionen, Weltprobleme. Düsseldorf/Göttingen 1973, S. 80.

»Moderne führende Hindus haben sich auf gewisse bleibende Prinzipien ihres dharma konzentriert: die Einheit des Lebens, der Vorrang der Wahrheit, die Ehrerbietung vor dem Leben (ahimsā), der

Geist des Verzichts (tyāga) und der Wert sittlichen und geistlichen Strebens (yoga).... Die Betonung der Einheit des Lebens hat viele und tiefe Auswirkungen. Es bedeutet, daß alles im Universum an einem Leben teil hat und daß Isolierung unmöglich ist, weil wir alle miteinander in dem verstrickt sind, was die gemeinsame Grundlage aller Existenz ist. Alles im Universum besteht in gegenseitiger Abhängigkeit voneinander. Hinter allen äußeren Unterschieden liegt eine grundlegende Einheit.«

3. Der neuhinduistische Denker Radhakrishnan geht ein auf die Gefährdung des menschlichen Geistes durch die technische Zivilisation:

Aus: S. Radhakrishnan, Wissenschaft und Weisheit, München 1961, S. 151 ff.

»Die Bedeutung eines Individuums hängt nicht von seinen Besitztümern ab, sondern davon, wie es lebt. Indien hat die Werte der Genügsamkeit und Selbstdisziplin im Hinblick auf materielle Bedürfnisse und weltliche Ambitionen hochgehalten. Wer in dieser technologischen Zivilisation steht, sei es als Erzeuger oder als Verbraucher, ist entpersönlicht, seiner Wurzeln beraubt, aus seiner natürlichen Umgebung herausgerissen, sozusagen in den leeren Raum geworfen. In einem technischen Zeitalter ist es nicht leicht, die unendlichen Werte des Individuums, die Würde und die Rechte des Menschen, die Freiheit des Geistes zu bewahren. Dies ist nur durch die Erneuerung des Glaubens möglich, der die Erfüllung des Geistes in den Tiefen des Menschen ist, in denen der Mensch über sich selbst hinaus mit dem Ursprung des Seins verbunden ist... Wir müssen es lernen, von einer neuen Grundlage aus zu leben, wenn wir die Katastrophe vermeiden wollen, die uns bedroht. Wir müssen... einen neuen Menschentyp schaffen, der die Instrumente, die er erfunden hat, in dem Bewußtsein gebraucht, daß er größerer Dinge fähig ist, als die Natur zu meistern... Der Mensch muß zum Dienst am Menschen und dem ihm innewohnenden Geist zurückkehren...
Der Mensch ist nicht deshalb Herr des Universums, weil er das Atom spalten kann. Er kann das Atom spalten, weil er etwas in sich trägt, das dem Atom weit überlegen ist...«

6 Taoismus

ERNSTJOACHIM VIERHELLER

6.0 Statt eines Überblicks: Drei Beispiele

Drei Anekdoten mögen die Einstellung des Taoisten zur Natur umreißen. Zhuang-zi erzählt die Geschichte vom Herrscher der Mitte. Er hieß Chaos und bewirtete eines Tages den Herrscher des Südmeeres namens Vorschnell und den Herrscher des Nordmeeres mit Namen Unversehens. Zum Dank wollten sich die beiden Gäste revanchieren. Sie sagten sich, jeder Mensch hat sieben Öffnungen, um zu sehen, zu hören, zu atmen und zu essen. Chaos aber hat gar keine; wir wollen sie ihm bohren! Sie bohrten ihm jeden Tag eine Öffnung. Am siebten Tag war Chaos tot.
Lie-zi berichtet von einem Künstler aus dem Lande Song, der drei Jahre lang arbeitete, um für seinen Fürsten ein Maulbeerblatt zu schnitzen. Der Erfolg war so, daß man das geschnitzte Blatt in allen Einzelheiten nicht von einem echten Maulbeerblatt unterscheiden konnte. Lie-zi sagt dazu: Wenn die Natur beim Hervorbringen der Dinge drei Jahre für ein einziges Blatt benötigte, gäbe es wohl nicht sehr viele belaubte Bäume.
Zhuang-zi wiederum hatte, als er unter einem Baum eingeschlafen war, einen Traum: Er flog als Schmetterling von Blüte zu Blüte und empfand dabei alle Freuden des Schmetterlingsdaseins. Als er erwachte, fragte er sich verwundert: »Bin ich nun Zhuang-zi, der geträumt hat, er sei ein Schmetterling, oder ein Schmetterling, der träumt, er sei Zhuang-zi?

Immerhin ist da doch ein Unterschied!« Das nennt man wohl, schließt Zhuang-zi, die Wandlung der Dinge.
Wie vielschichtig auch die Deutungen sein mögen, denen sich diese Anekdoten öffnen, sie sagen etwas aus über das Verhältnis des Menschen zur Natur. Der Mensch kann das von Natur Gegebene nicht verbessern; ein zweckgerichteter Eingriff in die Natur scheitert und richtet Schaden an. Der Mensch kann es mit seinen Fähigkeiten der Natur noch nicht einmal gleichtun; selbst noch so große Perfektion bleibt im Vergleich zur lebenspendenden Unerschöpflichkeit der Natur steril und lächerlich. Der Mensch, schließlich, ist ein Teil der Natur wie jedes andere Ding und Wesen auch; was eben noch als Mensch gelten konnte, tritt im nächsten Augenblick als Schmetterling hervor in einem unendlichen Strom der Umgestaltung.

6.1 Umwelt im Taoismus

1. Der Taoismus

Der Zusammenhang, in dem diese Vorstellungen stehen, ist die Gedankenwelt des Taoismus, einer der großen Denkschulen des chinesischen Altertums. Verkörpert in den legendenumwobenen Gestalten des Lao-zi, Lie-zi, Zhuang-zi und Yang Zhu und überliefert in Werken, die diesen Personen zugeschrieben werden, tritt die Philosophie des Taoismus mit anderen Schulen hervor im Wettstreit um die geistige Bewältigung eines tiefgehenden gesellschaftlich-politischen Umbruchs, der China zwischen 600 und 200 v. Chr. erfaßte. Besonders die Anhänger der Lehre von Kong-zi (Konfuzius) waren die Kontrahenten der Taoisten in diesem Wettstreit.

Sie blieben historisch gesehen die Sieger: der Konfuzianismus wurde zur Staatsideologie des chinesischen Kaiserreiches und blieb es bis in unsere Zeit. Der Taoismus blieb einerseits als philosophische Weltsicht von Gelehrten durch die Jahrhunderte wirksam, lebte aber andererseits auch im Volk als eine magische, von vielen Göttern bevölkerte Religion bis heute fort.

Die Sprache des Taoismus ist von unserer modernen Sprache weit entfernt, man muß daher die benutzten Begriffe beider Sprachwelten zueinander in Beziehung setzen. Von der Natur im Sinne der natürlichen Umwelt des Menschen spricht der Taoist als »alle Dinge«; die Natur im umfassenderen Sinne des Kosmos heißt im Taoismus »Himmel und Erde«; in dem abstrakten Sinne als Inbegriff der Gesamtheit der Naturgesetze, in welchem wir Natur als Gegenstand der Naturwissenschaften verstehen, spricht der Taoist von »Himmel«. Diese Zuordnung gilt zwar nur grob, wie die genauere Darstellung zeigen wird. Doch solange es nur um die immanente, der Erfahrung und dem Verstand zugängliche Welt der Wirklichkeit geht, läßt sich eine Entsprechung der beiden Sprachwelten finden und ermöglicht das Verständnis. Überschreitet man diese Grenze auf der Suche nach der transzendenten Grundlage der Wirklichkeit, so hört diese Entsprechung auf: das Wort »Tao« (sprich: dau) hat kein Gegenstück in den abendländischen Sprachen – wie umgekehrt »Gott« auch nicht im Chinesischen.

2. Das Tao

Das Tao ist die Antwort, die sich nach Ansicht der Taoisten der Verstand des Menschen gibt, wenn er über die Grenzen des Erkennbaren hinausfragt: Was macht die Welt zu dem, was sie ist? »Was die Dinge zu Dingen macht, ist selbst kein

Ding. Von den Dingen ausgehend, findet man nicht, was ihnen zugrundeliegt. Man findet, indem man immer weiter zurückgeht, stets nur wieder und wieder ein Ding, ohne Ende« (Zhuang-zi 22). Die Folge ist: »In der Unendlichkeit umherschweifend dringt der Verstand immer weiter vor, ohne an ein Ende zu kommen. Was aber die Dinge zu Dingen macht, ist selber der Endlichkeit der Dinge nicht unterworfen« (Zhuang-zi 22). Doch wenngleich der Verstand nicht dorthin vordringen kann, muß hinter den Dingen etwas sein.

»Etwas ist gestaltlos vollendet und existiert vor Himmel und Erde. Geräuschlos und leer ruht es in sich und ändert sich nicht. Es regt sich überall und unablässig und ist die Mutter von Himmel und Erde. Ich kenne keinen Begriff, um es einzuordnen. Ich nenne es Tao« (Lao-zi 25). Diese Vorstellung führt den Menschen über die Grenzen seines Verstandes hinaus. »Das Tao, das man ein Tao nennen kann, ist nicht das eigentliche Tao. Der Name, der als Begriff dafür dienen kann, ist nicht der endgültige Name. Jenseits aller Begriffe ist es der Ursprung von Himmel und Erde. Diesseits, in allem begrifflich Faßbaren, ist es die Mutter aller Dinge« (Lao-zi 1).

Das Wort »Tao« bedeutet wörtlich »Weg«. Aber das Tao ist kein Weg. »Weg« ist hier nur Name, der zu keiner Interpretation als Weg verleiten soll. Benannt wird damit, was in zweierlei Weise die Antwort auf das Fragen des Verstandes ist: abstrakt als der Urgrund des Kosmos, konkret als die letzte Ursache jedes einzelnen Dings und Vorgangs der realen Welt. Damit gerät der Verstand aber erneut in Schwierigkeiten. Um als Antwort auf seine Fragen brauchbar zu sein, muß diese Vorstellung inhaltlich angefüllt werden, doch sie ist mit den normalen Mitteln der Erkenntnis nicht erschließbar. »Das Tao kann man nicht hören oder sehen; was man hören oder sehen kann, ist nicht das Tao. Über das Tao läßt sich nichts aussagen; was man aussagen kann, gilt nicht für

das Tao. ... Das Tao fällt unter keinen Begriff« (Zhuang-zi 22).
Allenfalls formale Merkmale lassen sich dem Tao zuschreiben: »Wenn ich irgendetwa von ihm aussagen soll, dann allenfalls »groß«; groß, das heißt allgegenwärtig; allgegenwärtig, das heißt alles durchdringend; alles durchdringend, das heißt in sich selbst zurückkehrend« (Lao-zi 25). Das Tao ist also groß im Sinne von absolut groß, allumfassend. Nichts ist außerhalb des Tao. Zugleich ist es in sich homogen, in seinem Innern ist nichts, das nicht Tao ist. Schließlich ist es in sich selbst zurückkehrend, also in sich in Bewegung oder wie es oben hieß: es regt sich. Hier erweist sich die Wahl des Wortes »Weg« als hilfreich durch folgende Assoziation: der Weg ist einerseits etwas Statisches, ein geebneter Pfad; andererseits etwas Dynamisches, der Weg, den diejenigen machen, die ihn durchwandern. Ein Bild, das diesen Doppelaspekt verdeutlicht, ist auch: eine Ameisenstraße. Der Doppelaspekt von Ruhe und Bewegung ist einer von mehreren, die das Tao kennzeichnen. Es ist die Einheit allen Seins aber auch die Vielfalt aller Dinge. Es ist gestaltlos, d.h. undifferenziert, leer, nichts, aber auch in der Vielgestaltigkeit der Dinge alles. Es transzendiert alles Endliche, und doch ist jedes Einzelding, und sei es noch so gering, ein Teil von ihm.

3. Der Kosmos

Von dieser Vorstellung des Tao leiten die Taoisten ihre Kosmologie ab. Der Kosmos ist mit dem Tao über einen Prozeß verknüpft, der eine zunehmende innere Differenzierung bewirkt. »Das Tao erzeugt das Eine, das Eine erzeugt die Zwei, die Zwei erzeugen die Drei, die Drei erzeugen alle Dinge. Alle Dinge unterliegen dem Wandel, verursacht von Yin und Yang und stehen untereinander durch die ihnen gemeinsame

Urenergie in harmonischer Verbindung« (Lao-zi 42). Die Knappheit, mit der die Kosmologie hier auf eine einfache Formel gebracht wird, macht mehr als eine Deutung möglich. Eine davon ist: Als das Eine tritt zunächst die Urenergie in Erscheinung und bildet das materielle Substrat des Kosmos. So wie auch in der Physik Energie und Masse durch Konzentration und Dissipation ineinander übergehen können, so kann die hier angesprochene Urenergie die Form der reinen Energie und bei Verdichtung die Form einer stofflichen Masse annehmen. Die Verdichtung und Auflösung entsteht durch eine innere pulsierende Bewegung der Urenergie, die induziert wird durch Yin und Yang. Dies ist der nächste Schritt der Differenzierung: In der Urenergie bildet sich eine Polarität aus, die in der chinesischen Tradition mit den Symbolen Yin (Dunkelheit) und Yang (Licht) bezeichnet wird.

Zwischen den Polen dieser Dualität besteht eine Spannung, die darauf gerichtet ist, das Yin durch das Yang zu ersetzen und umgekehrt – anders als bei der elektrischen Spannung, die auf Neutralisierung zielt. Dadurch entsteht eine raumzeitliche Struktur der an sich undifferenzierten Urenergie: hier Yin – hier Yang und jetzt Yin – jetzt Yang. Die resultierende Bewegung führt zur örtlichen Verdichtung und Auflösung der Urenergie. Auf diese Weise entstehen durch das Zusammenwirken der Drei – Urenergie, Yin und Yang – die Dinge. Sie sind also einerseits durch die Wirkung von Yin und Yang einem ständigen Wandel unterworfen, bleiben andererseits aber immer gleich, weil sie alle lediglich eine zeitweilige Ausprägung der Urenergie darstellen.

Die alle Dinge gestaltende Bewegung der Urenergie heißt bei den Taoisten der »Wandel«: »Alle Dinge sind eins. Das Schöne gilt zwar als rein und erhaben und das Häßliche als stinkend und verfault, doch durch den Wandel wird das Stinkende und Verfaulte zum Reinen und Erhabenen und umgekehrt. Denn das ganze All ist nichts als die eine Urenergie«

(Zhuang-zi 22). Im Kosmos erhält der Wandel eine zusätzliche Struktur. Es bilden sich eine räumlich-statische und eine zeitlich-dynamische Regelmäßigkeit heraus, die mit der Erde bzw. mit dem Himmel identifiziert werden.
Himmel und Erde wirken im kosmischen Wandel zusammen als Regler des Ablaufs bzw. als Vermittlerin der Gestalt. »Himmel und Erde sind erhaben, aber sie reden nicht; die vier Jahreszeiten haben ihre feste Abfolge, aber bedürfen keiner Ermahnung; die Dinge ordnen sich nach einer festgefügten Weise, aber sie bedürfen keiner Instruktion« (Zhuang-zi 22).
Der Kosmos, also Himmel und Erde, ist das ordnende und regelnde System, in welchem die Natur entsteht: »Himmel und Erde sind eine große Gießerei, in der die Urenergie in immer wieder neue Formen gegossen wird« (Zhuang-zi 6). Lao-zi vergleicht Himmel und Erde mit einem Blasebalg, der unerschöpflich bläst, und je mehr er bläst, um so mehr kommt nach. Der Himmel als Inbegriff des Weltprozesses und die Erde als Inbegriff der gestaltlichen Ordnung wirken in jedem einzelnen Wesen oder Ding zusammen. Jedes Ding hat einerseits seine spezifische, von der Natur mitgegebene Ausprägung und Wesensart, die im Einklang mit dem natürlichen Lebensraum und seinen Bedingungen steht und von ihnen geprägt ist (Erde); andererseits hat es aber auch sein individuelles Schicksal, nämlich den Einfluß aller Prozesse, denen es unterworfen ist und die bestimmen, was ihm im einzelnen widerfährt (Himmel). Das Einzelding ist also in seiner spezifischen Eigenart und in seinem individuellen Schicksal von außen her bestimmt. Tatsächlich geht aber auch von ihm selbst eine Wirkung aus. Die Taoisten nennen sie sein »Teh« (sprich: de, wie in wer*de*).
Alles Seiende übt somit eine Wirkung auf alles Übrige aus, allein schon durch sein bloßes Vorhandensein. Wer das ostasiatische Brettspiel Go kennt, weiß, wie ein einziger Stein, den man hinzusetzt, die Lage auf dem Brett verändert. So

bringt auch im Kosmos jedes Ding an seiner Stelle und jeder Vorgang seine Wirkung ein in ein Netz von Wechselwirkungen, das alles durchdringt. Dieses Wechselwirkungssyndrom geht mit ein in den gesamten kosmischen Prozeß. Sofern sie diesen Prozeß für sich genommen meinen, sprechen die Taoisten von »Himmel« ohne den Zusatz »und Erde«. Lao-zi sagt: »Die Funktion des Himmels ist wie das Spannen eines Bogens, er drückt das Hohe nieder und das Niedrige empor. Er nimmt weg, wo zuviel ist, und fügt hinzu, wo nicht genug ist« (Lao-zi 77). Somit steuert der kosmische Prozeß sich selbst in einem ewigen, stabilen, dynamischen Gleichgewicht.

4. Der Mensch

Der Mensch ist ein Teil der Natur, die der Kosmos hervorbringt. Ihm kommt keine Sonderstellung zu. »Himmel und Erde kennen keine Sorge um den Menschen. Für sie sind alle Dinge wie Opferhunde aus Stroh (die man nach Gebrauch wegwirft)« (Lao-zi 5). Die Gleichstellung mit allen anderen Wesen folgt aus der Kosmologie der Taoisten. Aus der Urenergie, die in meiner Person gebunden ist, kann sich nach meinem Tod alles bilden. Sie ist gegenwärtig nur zufällig zu einem Menschen verdichtet. Zhuang-zi erzählt die Geschichte von einem, der im Sterben liegt und darüber sinniert, was der Wandel aus ihm machen wird: »Wird aus mir die Leber einer Ratte oder das Bein einer Mücke? So wie Eltern ihre Kinder schicken können, wohin sie wollen, so bestimmt auch das Wechselspiel von Yin und Yang, was aus den Menschen wird« (Zhuang-zi 6). Diese Gelassenheit prägt die Einstellung des Taoisten zu seiner Existenz. »Dein Leib ist nur eine Form, die dir von Himmel und Erde übertragen ist. Dein Leben ist nicht dein Eigentum, sondern nur eine von Himmel und Erde vermittelte Teilhabe am Ganzen. ... Du gehst und weißt nicht wohin, bleibst stehen und weißt nicht wo, du ißt und weißt nicht, wonach es schmeckt. All das ist nur die Bewegung der Urenergie zwischen Himmel und Erde. Was willst du da noch als dein Eigentum beanspruchen?« (Zhuang-zi 22).

Das Bewußtsein der Einheit mit der Natur verlagert die Würde des Menschen nach innen. »In der Welt sind alle Dinge eins. Wem es gelingt, sich dieser Einheit einzufügen, für den sind Glieder und Körperteile nur Staub und Erde. Leben und Tod, Ende und Anfang sind für ihn so alltäglich wie Tag und Nacht. Sie können ihn nicht erschüttern. Erst recht nicht Gewinn, Verlust, Glück und Unglück. ... Die Würde des Menschen liegt in ihm drin und kann durch äußere Einwirkungen nicht betroffen werden. Wenn ohnehin der alles erfassende Wandel niemals ruht, was sollte den Menschen dann noch erschrecken?« (Zhuang-zi 21). Die innere Einheit mit dem All bewirkt dann auch den Einklang im Äußeren. »Der Vollkommene überblickt das ganze Blau des Himmels und durchschaut die Tiefe des Wassers, die acht Himmelsrichtungen stehen ihm offen, und dennoch bleibt er sich der Einheit mit der Urenergie bewußt« (Zhuang-zi 21).

5. Die Natur

Aus der Einheit aller Dinge folgt die Gleichwertigkeit aller Dinge einschließlich des Menschen. Keinem Wesen gebührt ein Vorrecht vor den anderen. Der Kosmos behandelt alle gleich und wertet nicht. Mit der Wertung entfällt zugleich auch die Zwecksetzung und das Handeln auf einen Zweck hin. Jede Absicht ist deshalb gegenstandslos. Was geschieht, geschieht absichtslos, ohne Zutun, von selbst: »Das Tao ist ewig ohne Tun und nichts bleibt ungetan« (Lao-zi 37). Die absichtslose Selbstgenügsamkeit, die sich keine Zwecke setzt und sich für nichts engagiert, bringt dennoch alles hervor und wirkt so, daß für jedes Ding gesorgt ist. Der Sinn des Seins besteht gerade in diesem bewußten Nicht-Sinn. »Der Mensch richtet sich nach der Erde, die Erde richtet sich nach dem Himmel, der Himmel richtet sich nach dem Tao. Das Tao ist so wie es ist« (Lao-zi 25).

Der Taoist versteht die Natur nicht als das Kunstwerk eines Schöpfers, der alles bis ins kleinste vorherbedacht und vollendet eingerichtet hat. Die taoistische Natur ist das Produkt eines sich selbst steuernden Prozesses, der nicht zielgerichtet verläuft. Was in dem unaufhörlichen Wandel entsteht und vergeht, hat keine andere Bedeutung oder gar Funktion als nur, der Ausdruck dieses Prozesses zu sein. Was unter den Gestalten und Vorgängen als eine sinnreiche Einrichtung erscheinen mag, in der Form, Funktion und Wirkung aufeinander abgestimmt sind, ist nur ein Ergebnis der selbst-stabilisierenden Wechselwirkung im Kosmos. Nichts ist dazu bestimmt, einen Nutzen zu haben. Im Gegenteil, gerade die Nutzlosigkeit ist die eigentliche Bestimmung. Zhuang-zi sagt: »Alle Welt kennt den Nutzen des Nützlichen, nur wenige kennen den Nutzen des Nutzlosen« (Zhuang-zi 4). In zahlreichen Anekdoten führt er vor Augen, daß Nützlichkeit dem Nützlichen schadet und Unbrauchbarkeit schützt, etwa den knorrigen Baum vor der Säge des Zimmermanns oder den verwachsenen jungen Mann vor den Gefahren des Kriegs- und Frondienstes. »Der gerade Baum wird als erster gefällt, die süße Quelle ist als erste erschöpft« (Zhuang-zi 20).

Die Natur ist vollkommen, so wie sie ist. »Was von Natur aus zusammengewachsen ist, ist nicht überflüssigerweise verbunden. Was von Natur als Glied ausgebildet ist, ist kein überzähliges Gewächs. Was von Natur aus lang ist, ist nicht übergroß. Was von Natur aus kurz ist, ist nicht unzulänglich. Die Entenfüße sind zwar kurz, sie zu strecken, würde aber die Enten quälen; die Beine des Kranichs sind zwar lang, aber sie zu stutzen, würde den Vogel verkrüppeln. Was von Natur aus lang ist, darf nicht gekürzt, was von Natur aus kurz ist, darf nicht gestreckt werden. Es gibt nichts Natürliches, das geändert werden müßte, weil es stört« (Zhuang-zi 8).

6. Mensch und Natur

In der Natur, zu der er selbst auch gehört, hat der Mensch durchaus seinen Platz, aber er hat auch alles, was er braucht. Es ist nicht nötig, daß der Mensch mit den Mitteln der Zivilisation und der Technologie eine künstliche Umwelt um sich herum baut und die Natur daraus hinausdrängt. Mit dieser Auffassung wenden sich die Taoisten gegen die Konfuzianer. Nach deren Ansicht ist der Kosmos unabgeschlossen, solange nicht die menschliche Gesellschaft als Sonderbereich innerhalb der Natur geschaffen ist. Der Mensch tritt in dieser Sichtweise gleichberechtigt als schöpferische Kraft neben Himmel und Erde. Die Taoisten lehnen das mit Entschiedenheit ab. »Wer Winkeleisen, Richtschnur, Zirkel und Lineal benutzt, um etwas gerade auszurichten, verletzt die Natur. Wer mit Strick und Bändern, Leim und Lack etwas in feste Formen fügen will, der vergewaltigt die Natur. Wer die Menschen der Konvention unterwirft und sie durch Musik verwirrt, wer sie unter seine Verantwortung beugt und zum Gehorsam zwingt, der vernichtet ihre eigentliche Natur« (Zhuang-zi 8). Der Anspruch des Menschen, im Kosmos eine besondere Stellung einzunehmen, führt in die wertfreie Natur eine Wertung ein und damit eine Zwecksetzung. Die daraus resultierende Rangordnung der Dinge in der Bewertung durch den Menschen steht im Widerspruch zur kosmischen Harmonie, die auf der prinzipiellen Gleichwertigkeit aller Dinge beruht. »Gilt erst einmal etwas als schön, so gibt es

sogleich auch das Häßliche. Gilt erst einmal etwas als gut, so gibt es sogleich das Schlechte« (Lao-zi 3).
Auch der Mensch selbst wird dabei seiner eigenen Natur entfremdet. »Der gemeine Mann opfert sich für Geld, der Vornehme für die Ehre, der Ritter für den Ruhm und der Weltverbesserer für den Fortschritt der Gesellschaft. Alle verraten sie ihre Natur, jeder nach seiner Stellung, um irgendwelcher Eitelkeiten willen« (Zhuang-zi 8). Indem der Mensch die anderen Dinge als Mittel für seine Zwecke mißbraucht, zerstört er ihre Natur: »Kann man Opfergefäße machen, ohne einen Baum zu fällen? Kann man Kleinodien herstellen, ohne den Jade zu brechen?« (Zhuang-zi 9). »Die Natur von Ton und Holz verträgt sich nicht mit Winkelmaß, Richtschnur, Zirkel und Lineal. Dennoch heißt es seit Generationen: man muß den Ton weich kneten und das Holz glatt hobeln« (Zhuang-zi 9). »Man zersägt einen hundertjährigen Baum, um daraus Opfergefäße zu schnitzen, die man obendrein noch farbig bemalt. Der Rest des Baumes bleibt als Abfall liegen. Die fertigen Produkte gelten dann als schön, der Abfall als häßlich. Aber eines haben beide gemeinsam: in ihnen ist gleichermaßen die Natur des Baumes zertört« (Zhuang-zi 12). Der Eingriff in die Natur für die Zwecke der Kultur zerstört aber nicht nur physisch, er verändert auch das Verhalten. Die Wildpferde verlieren in der Dressur ihre natürliche Unbefangenheit, werden störrisch und bockig oder hinterhältig und falsch. Ebenso die Menschen, die man unter das Joch der gesellschaftlichen Rangordnung zwängt (Zhuang-zi 9).

7. Die Entfremdung

Die Ablehnung, die der Taoist diesem Vorgehen und der zugrunde liegenden Einstellung entgegenbringt, ist jedoch nicht moralisch begründet; etwa in dem Sinne, daß der

Mensch unfair handelt, wenn er seine überlegenen Fähigkeiten einsetzt, um sich die unschuldige Kreatur untertan zu machen; oder in dem Sinn, daß der Mensch durch die Störung des natürlichen Gleichgewichts seine eigene Lebensgrundlage antastet, also langfristig seinen eigenen Zwecken zuwiderhandelt; und natürlich erst recht nicht in dem Sinne, daß der Mensch sich schließlich selber in die Luft zu jagen droht. Ja selbst nicht einmal in dem Sinne, daß der Mensch eine Verantwortung gegenüber der Natur trägt, die ihn verpflichtet, für ihre Erhaltung zu sorgen. Diese Gesichtspunkte spielen in der abendländischen Ökologie-Debatte eine Rolle. Für den Taoisten sind sie ohne Bedeutung. Sie sind in seinen Augen nur Ausdruck für die Beschränktheit der menschlichen Sicht. Aus ihnen spricht die Selbstüberschätzung eines Frosches, der niemals über seinen Brunnenrand hinausgekommen ist und sein Brunnenloch für den Kosmos hält. Er kennt nicht, wie Zhuang-zi darlegt, die Weite des Meeres und versteht deshalb nicht, wie selbst jahrelange Dürre oder jahrelange Überschwemmung nichts an dem Wasserstand des Meeres verändern können (Zhuang-zi 17). Der Kosmos hat mit dem Fehlverhalten des Menschen kein Problem. Das Problem, wie der Taoist es sieht, hat einzig und allein der Mensch mit sich selbst. Die Gewalt, die er der Natur antut, richtet sich letzten Endes gegen ihn selbst. Der Kosmos geht darüber hinweg. »Ursprünglich lebten die Menschen unbefangen nebeneinander… Dann kamen die Weltverbesserer und beugten die Menschen unter Riten und Musik, um ihr Verhalten zu korrigieren, und zwangen sie in Verantwortung und Gehorsam, damit sie sich vertragen. Da erst begann das Volk, gerissen zu werden und auf seinen Vorteil bedacht zu sein. Seitdem ist das Übel nicht mehr auszurotten« (Zhuang-zi 9). Das ist nicht verwunderlich, denn »kann man die Menschen unter Verantwortung zwingen und ihnen Pflichten auferlegen, ohne daß sie sich vom Tao entfernen?« (Zhuang-zi 9).

»Sich vom Tao entfernen«, heißt in der Sprache des Taoismus die Entfremdung des Menschen. Es heißt: den Sinn des Daseins mißverstehen, paradoxerweise gerade, indem man an einen solchen Sinn glaubt. Es gibt für den Taoisten nur eine einzige Wirklichkeit, das Tao. Es manifestiert sich im Kosmos und prägt sich in jedem einzelnen Ding und Vorgang aus. Nur als Ding, das teil–hat an dem sich selbst genügenden, zweckungebundenen, »nichttuenden« Sein des Tao, verwirklicht der Mensch sein eigentliches Wesen – nicht als wert- und zwecksetzendes Ich. Zhuang-zi erläutert das in einem Bild: Männer überqueren im Boot einen Fluß, ein anderes treibt heran und droht das Boot zu rammen. Wenn in dem andern Boot Leute sind, werden die Männer sie beschimpfen und sich ärgern, weil sie nicht aufgepaßt haben. Ist aber niemand in dem andern Boot, so werden die Männer es gelassen abfangen und einen Zusammenstoß verhindern. Zhuang-zi folgert: wer sich seines Ichs entleert hat, erregt keinen Ärger (Zhuang-zi 20). Das heißt, er stößt nicht an, die Welt und er gleiten aneinander vorbei. Indem er von seinem Ich absieht, fügt er sich bruchlos ein, gleitet reibungslos mit im Fluß der Dinge und hat darin Teil am Ganzen, ist im Einklang mit dem Tao. Das ist seine eigentliche Natur.

Für die Taoisten des chinesischen Altertums lag allerdings die Zeit schon weit zurück, in der die Menschen so im Einklang mit dem Ganzen lebten. »In der Zeit der Eintracht lebten die Menschen in einer Gemeinschaft mit den Tieren, und ihre Familien wohnten Seite an Seite mit den übrigen Wesen. Es gab keinen Unterschied zwischen Hoch und Niedrig. Die Menschen waren einfältig und rieben sich nicht aneinander. Sie hatten keine ausgefallenen Wünsche und waren einfach, wie unbehauenes Holz. Diese Einfachheit ist die eigentliche Natur des Menschen« (Zhuang-zi 9).

8. Schluß

Wer durch die Debatten der letzten Jahre für die Umweltproblematik sensibilisiert wurde, wird sich fragen: Ist der Taoismus nicht die Vorwegnahme einer Umweltideologie? Hat der Taoismus bereits im Altertum ökologische Erkenntnisse formuliert, um die wir heute erneut ringen? – Ja, einerseits schon, denn das ganzheitliche Denken, die Vorstellung von Ausgleich und Harmonie, vom Zusammenspiel der Wechselwirkungen, weisen uns auf Defizite in unserem eigenen, westlichen Denken hin, die uns nach und nach bewußt werden. Andererseits aber sieht der Taoismus das Verhältnis von Mensch und Natur sehr viel radikaler und unerbittlicher, als wir das heute tun. Den Taoisten kann es kaum beeindrucken, wenn ein heiß umkämpftes Biotop erhalten bleibt, wenn die letzten drei Paare einer aussterbenden Vogelart geschützt werden, wenn ein begradigter Bach künstlich seine natürliche Form zurückerhält. Die Entfremdung des Menschen von der Natur bleibt davon unberührt. Im Taoismus hat der Mensch keine Vorrechte, erst recht keine Verfügungsrechte, ja noch nicht einmal eine Verantwortung gegenüber der Natur. Er ist nicht das geliebte Kind eines gütigen Schöpfers, der ihm die Welt anvertraut hat. Er hat nicht mehr Anteil am Sein als jede Ratte oder die Pascalsche Milbe, aber dieser Anteil kommt ihm zu: in ihm ist und er selbst ist – das Tao: das ist seine Würde. Werte, die uns teuer sind – Kultur, Wissenschaft, Freiheit, Wachstum, ja selbst die Liebe – werden zunichte vor der Strenge dieses Denkens. Die Askese, die er fordert, wird den Taoismus davor bewahren, als Umweltideologie populär zu werden.

Anmerkung

Die Zitate sind dem *Lao-zi* (auch *Dao-de-jing*), dem *Zhuang-zi* und dem *Lie-zi* entnommen. Die Zahlenangaben nennen

das Kapitel, dem das Zitat entstammt. Der Text wurde auf der Grundlage des chinesischen Originals unter Berücksichtigung der deutschen Übersetzung von Richard Wilhelm und der französischen von Liou Kia-hway für diese Darstellung vom Autor bearbeitet. Deutsche Ausgaben der Quellen des Taoismus sind: Richard Wilhelm (Übers.), Laotse – Tao te king; ders. (Übers.), Dschuang Dsi – das wahre Buch vom südlichen Blütenland; ders. (Übers.), Liä Dsi – Das wahre Buch vom quellenden Urgrund.
Eine lesenswerte Darstellung des Verhältnisses von Mensch und Natur in der chinesischen Philosophie allgemein ist: Heiner Roetz, Mensch und Natur im alten China, Frankfurt a. M. 1984.
Die Auswahl des Quellentextes oblag nicht dem Autor.

6.2 Text

Aus: John Blofeld, Das Geheime und Erhabene, München 1974, S. 138–140.

Ob der Phönix-Gipfel zur Zeit des Kaisers K'anghsi dicht bewaldet war, weiß ich nicht. Lange bevor ich ihn erblickte, war er bereits der letzten Überreste eines Urwalds beraubt worden, und aus der Entfernung wies er keine besonderen Umrisse auf, die ihn von den sanften Konturen seiner Nachbarn unterschieden. Er war leicht rosa und korallenfarben getönt, und üppiges hohes Gras hob sich gegen einen Hintergrund von Grün und Grau ab. Bei näherer Bekanntschaft bot der Berg jedoch kein gleichförmiges Bild, sondern er war in unerwarteter Weise zerklüftet und wies eine Fülle eindrucksvoller Felsformationen und Gruppen von Kiefern auf. Der steile Pfad, der sich an seinem Westhang hinzog, folgte durch eine Reihe dunkler Schluchten den Windungen eines Wildbaches. Nicht weit von der Stelle, wo sich das Kloster an den steilen Fels klammerte, wurden diese kleinen Katarakte von einem hohen Wasserfall gespeist. Ein langes, schmales Band opalfarbenen Wassers donnerte in ein Becken hinab, in dem das Wasser strudelte, von regenbogenfarbenem Wasserstaub verschleiert. Dort, wo der Pfad eine scharfe Biegung auf eine steinerne Treppe hin machte, die zum Haupttor führte, konnte man feststellen, daß die Liebe der Klosterbrüder zu unberührter Schönheit sie nicht davon abgehalten hatte, der Natur zu Hilfe zu kommen. Die unmittelbare Umgebung der Talgeist-Einsiedelei bot einen Ausblick auf eine Reihe von Felsen und Höhlen, von Farnen und anderen üppigen Pflanzen überwuchert, die wie zufällig in unmittelbarer Nähe aus dem Unterholz hervorwuchsen, was den malerischen Eindruck noch verstärkte. Meinen Argwohn weckte der Umstand, daß kein anderer Teil des Berges, abgesehen von den Schluchten und dem Wasserfall, so ganz wie das Original eines taoistischen Bildes aussah. Selbstverständlich gab es keine auffällige Symmetrie, und doch war etwas von einer zugrunde liegenden Harmonie spürbar, die um eine Schattierung zu betont war, um ganz Natur sein zu können. Wer immer für die Schaffung dieser »gestalteten Wildnis« in der unmittelbaren Umgebung der Einsiedelei verantwortlich war, die sogar noch lieblicher wirkte als das unberührte Werk der Natur, schien gewiß ein Meister der feinen Nuancen gewesen zu sein, denn es gab nicht ein einziges Ding in Sichtweite der Treppe, von dem man mit Sicherheit hätte sagen können, eine Menschenhand habe da mitgespielt. (Eine Umgebung, die taoistisch ist und zugleich frei von Widersprüchen, ist auf jeden Fall unvorstellbar.)

Taoisten, die in alter Zeit mehrere gärtnerische Künste entwickelt hatten, die man heute mit Zen verbindet, zum Beispiel das Blumenstecken, gewisse Arten der Gartenarchitektur und das Züchten von Zwergbäumen, pflegten eine liebevolle Kunstfertigkeit, mit der sie sehr geschickt die Natur veränderten – das Stutzen von Sträuchern, die Hirschen und Vögeln ähnelten, ist hierbei nur ein extremes und keineswegs typisches Beispiel. Bei der Landschaftsgestaltung war es das vorherrschende Prinzip, jede Künstlichkeit zu vermeiden, nicht etwa dadurch, daß man es vermied, natürliche Formen zu verbessern, sondern indem man Formen stärker hervorhob, sie in günstigeres Licht stellte – schön, amüsant oder grotesk –, die in den Dingen, an denen man arbeitete, bereits enthalten waren. Ein Quadrat sollte nicht abgerundet werden, aber eine verwachsene Kugel konnte rundlicher werden; ein Busch sollte nur dann Ähnlichkeit mit einem Storch erhalten, wenn der Storch potentiell bereits in der natürlichen Gestalt der Pflanze enthalten war; Wasser durfte man von einem Gesteinshaufen zu einem anderen leiten, um die Schönheit eines Wasserfalls hervorzuheben, aber nur, wenn in dem daraus sich ergebenden Strömen und Stürzen nichts Unnatürliches lag. Man konnte der Natur helfen, meisterhafte Wirkungen zu erzielen, aber die Vorstellungen im Geist des Schaffenden mußten selbst auf einer genauen Kenntnis der Erscheinungen der Natur beruhen. Kurz, das Ziel bestand in den meisten Fällen darin, der Natur zu helfen, das zu tun, was sie unter günstigeren Umständen selbst getan hätte. Steingärten, die aus solchen Steinen zusammengesetzt wurden, die man hauptsächlich wegen ihres besonders grotesken Aussehens gewählt hatte, mochten zwar ebenso wie Sträucher, die auf eine Ähnlichkeit mit Vierbeinern oder Vögeln hin gestutzt wurden, charakteristisch genug sein, um für echt taoistisch zu gelten, blieben aber dennoch Ausnahmen von der allgemein gültigen Regel.

7 Indianische Stammesreligionen

HOLGER MÖLLENBERG

7.0 Überblick

Mit zunehmender Relevanz des Begriffs »Umwelt« und der Zielsetzung eines ökologischen Bewußtseins sind die indianischen Stammesreligionen, bis dahin von der breiten Öffentlichkeit weitgehend unbeachtet, in das Blickfeld einer weltweiten ökologischen Bewegung geraten. Trotz aller Komplexität bei der Betrachtung indianischer Religionen läßt sich generell feststellen, daß die Natur Mittelpunkt aller Glaubensrichtungen ist und folglich auch entscheidend die Formen menschlichen Zusammenlebens bestimmt(e). Als Leitgedanken schälen sich heraus: Jedem Menschen wurde von der Natur eine bestimmte Aufgabe zugedacht, also ist auch jeder Mensch gleich wichtig. Ebenso wie etwa Ameisen oder Steine erfüllt er seine Funktion innerhalb der Natur, die für die Indianer ein ewiger Kreislauf ist. Die Realität heute zeigt jedoch, daß die amerikanischen Ureinwohner – aus verschiedenen Gründen – nicht mehr überall ihrem hohen religiösen und philosophischen Anspruch gerecht werden. Erst im Zuge einer »pan-indianisch« zu nennenden politischen Bewegung, die eine Rückbesinnung auf alte Traditionen initiiert hat, ist in jüngster Zeit wieder ein stärkeres »Umweltbewußtsein« zu spüren.

7.1 Umwelt in indianischen Stammesreligionen

Vor einer exemplarischen Betrachtung der religiösen und philosophischen Traditionen bei einzelnen, willkürlich ausgewählten Stämmen bedarf es des Hinweises auf die Komplexität der verschiedenen indianischen Stammesreligionen. Es gibt weder eine Bibel noch einen Koran als religiösen Codex, an dem man sich orientieren könnte. Wenn der alte Sioux-Medizinmann Lame Deer die Friedenspfeife als »Bibel« für sein Volk bezeichnet,[1] läßt das die Schwierigkeit wissenschaftlicher Analysen erahnen. Wohl nur Eingeweihten, die schon einmal eine solche Pfeife gesehen haben, erschließt sich hier ein erster Hinweis auf die enge Beziehung zwischen Natur und Religion: aus der Pfeife aus rotem »Pfeifenstein« (Material aus der Erde, auf der die Sioux leben) strömt der Rauch hinauf in den Himmel zum Großen Geist[2] und stellt so die Verbindung zwischen dem Menschen als Teil der Natur und »Gott« her.
Doch diese Bedeutung der Pfeife ist z. B. ein spezifisches Merkmal der religiösen Tradition der Sioux. Hier muß hervorgehoben werden, daß die kulturelle Vielfalt allein der Indianervölker Nordamerikas vergleichsweise jener Europas entspricht. Allen Ureinwohnern Nordamerikas – von ihnen ist in erster Linie die Rede – gemein ist die nur mündliche Überlieferung religiöser und philosophischer Traditionen. Die Authentizität solcher mündlichen Überlieferungen, die häufig von christlichen Missionaren verfälschend weiterverbreitet wurden, ist allerdings oft fragwürdig.

1. Die Natur als Mittelpunkt indianischer Religionen

»Heilige Mutter Erde, die Bäume und alle Natur sind Zeugen Deines Denkens und Handelns«.[3] So beschreibt eine Weissagung des Winnebago-Stammes zutreffend die Kernaussage indianischen religiösen Verständnisses. Mutter Erde bildet zusammen mit dem von den einzelnen Völkern unterschiedlich bezeichneten Großen Geist[4] das Zentrum des Lebenszirkels, in dem sich die gesamte Natur vereint. Diese Zusammenhänge machten erst ethnologische Untersuchungen[5] und die Autobiographien von indianischen Medizinmännern und Häuptlingen seit Beginn unseres Jahrhunderts einer breiteren Öffentlichkeit zugänglich.
So werden in der bereits erwähnten Autobiographie Lame Deers die – eng mit der Natur verknüpften – religiösen Symbole der Sioux ausführlich beschrieben: »Für uns sind Symbole Teil der Natur, Teil unseres Selbst – die Erde, die Sonne, der Wind und der Regen, Steine, Bäume, Tiere, selbst kleine Insekten wie Ameisen und Grillen. Wir versuchen, sie nicht mit dem Kopf, sondern dem Herzen zu verstehen. Wir glauben, daß das indianische Symbol der Kreis, der Reifen ist. Die Natur möchte, daß alles rund ist. Die Körper von Menschen oder Tieren haben keine Ecken. Mit uns steht der Kreis für das Zusammensein von Menschen, die zusammen um das Lagerfeuer sitzen... Unser Kreis ist fließend; es ist neues Leben, das aus dem Tod entsteht – Leben, das über den Tod siegt.«[6]
In diesem Zusammenhang stellt sich die Frage, welche Rolle der Große Geist, »Wah'kon-tah«, wie er bei vielen Stämmen heißt, in diesem Lebenskreis spielt. Übereinstimmend mit den traditionalistischen Medizinmännern definieren auch wissenschaftsorientierte indianische Autoren wie Peek und Sanders Wah'kon-tah als eine für Weiße kaum begreifbare abstrakte Omnipotenz, die »in allen Dingen existiert«.[7] So-

mit ist es nur logisch, daß für einen Indianer jedes natürliche Ding – auch Bäume und Felsen – eine »nagi«, Seele, hat. »Alle Dinge haben *nagi*, Seele. Felsen und Tiere haben die Kraft, in Menschengestalt aufzutreten und zu einem Menschen im Traum oder in einer Vision zu sprechen. Von Wah'kon-tah haben sie Kraft und Weisheit.«[8]

Daraus ergeben sich für die Formen menschlichen Zusammenlebens und die gesellschaftlichen Ordnungen zwangsläufig andere Konsequenzen als in christlich orientierten Gesellschaften. Während die Bibel mit der Feststellung, daß Gott den Menschen schuf, damit dieser sich die Welt untertan mache (Gen 1, 28), einen Vorteil des Menschen aus der Natur ausdrücklich impliziert, gibt es für die Indianer nur eine völlige Gleichberechtigung innerhalb der Natur. Dies schließt unter anderem den persönlichen Besitz von Land völlig aus. Die Riten innerhalb des Lebenszirkels, die die religiöse Beziehung zwischen Mensch und Natur herstellen, sind von Stamm zu Stamm recht unterschiedlich. Neben der schon erwähnten Rolle der Friedenspfeife sei in diesem Zusammenhang noch auf die Bedeutung des Schwitzbades als Purifikations-Zeremonie bei den Indianern der Great Plains[9] hingewiesen. Eine wesentliche Bedeutung bei der Suche nach Harmonie mit der Natur kommt den vielfältigen Tanz-Zeremonien der einzelnen Völker zu. Stellvertretend seien hier der Sonnentanz bei den Plains-Indianern und die Regentänze bei den Ureinwohnern im Südwesten der USA genannt. Derartige religiöse Handlungen sind auch heute noch für die Traditionalisten in den Reservaten natürlicher Bestandteil der gesellschaftlichen Ordnung, die wie kaum eine andere von der Beziehung Individuum – Umwelt geprägt ist.

2. Gesellschaftliche Ordnungen

Einerseits präg(t)en die religiösen Normen und Riten der einzelnen Indianervölker das soziale Zusammenleben. Andererseits beeinflußt(e) die Umwelt (und hier schließt sich der Lebenskreis) schon in vorkolumbianischer Zeit entscheidend Arbeit, Leben und sozialen Status. So waren die Ureinwohner des Ostens und Nordwestens in erster Linie seßhafte Jäger und Fischer. Die Nomaden der Great Plains hatten sich auf die Büffeljagd spezialisiert, da eine landwirtschaftliche Nutzung des schweren Bodens kaum möglich war. Demgegenüber mußten die bereits hochzivilisierten Kulturen des Südwestens, insbesondere die Pueblo-Indianer, vermutlich aufgrund zu geringen Wildreichtums trotz schwieriger Bedingungen das Land mit Getreide und Gemüse bebauen.[10]

Statt eines Familienlebens, wie es in christlichen Gesellschaftsordnungen vorherrscht(e), kannten die Indianervölker in der Regel nur ein mehr oder minder stark ausgeprägtes Clan- und Stammesleben. Die Solidarität innerhalb des Stammes ging so weit, daß Arme auch noch Ärmere unterstützten. Das Bedürfnis nach finanziellem Reichtum war den Indianern fremd, »denn tief in uns drin ist das Gefühl, daß Land, Wasser, Luft, die Erde und was darunter ist, nicht von jemanden in Privatbesitz genommen werden kann. Das gehört allen…«[11] Dieses »natur«-politische Ideal eines »Öko-Sozialismus« war jedoch nur in kleinen, überschaubaren gesellschaftlichen Gruppen zu realisieren. Dabei muß erwähnt werden, daß in der Sozialwirklichkeit selbst dort der Status (eines Kriegers oder Medizinmannes) und das soziale Prestige dominierten.

Wurden die Lebensgemeinschaften dann größer, war es immer schwerer, die religiösen Ideale aufrechtzuerhalten. Ein gutes Beispiel ist die Liga der Irokesen, ein Zusammenschluß von fünf, später sechs Stämmen im Nordosten, vermutlich um 1570. Nach den mündlichen Überlieferungen postulierte der legendäre Mohawk-Häuptling Deganawídah zunächst Rechtschaffenheit und Frieden als Ideale, später Vernunft, Gerechtigkeit und Gesundheit – und als weiter fortgeschrittenes erstrebenswertes Ziel die Macht.[12] Nicht von ungefähr fiel der daraus resultierende »Imperialismus« der Irokesen-Liga zeitlich mit der Besiedlung des Nordostens durch die Weißen zwischen 1600 und 1800 zusammen, begründete der Pelzhandel doch vor allem die wirtschaftliche Macht der Stämme in jener Zeit. Dieses Streben nach Materialismus führte zu immer größerem Raumbedarf bei den Irokesen, die – wenngleich sie auch immer noch traditionell lebten – wegen der großen Nachfrage nach Pelztieren ihre Jagdreviere immer weiter ausdehnten und dabei benachbarte, friedliche Stämme schonungslos unterdrückten oder vertrieben.[13] Nicht zuletzt die Konfrontation mit den weißen Einwanderern hatte zu dieser Entwicklung beigetragen; und ihre neuen Religionen und Lebensphilosophien sollten schließlich entscheidend für die Bedeutungslosigkeit werden, in der die Indianervölker verschwanden: der Begriff vom »Vanishing Indian«, vom verschwindenden Indianer, schien in der ersten Hälfte unseres Jahrhunderts das Ende der Indianerkulturen zu markieren.

3. Indianer und Umwelt heute

Über die Kriege zwischen Weißen und Indianern und deren Untergang ist viel geschrieben und gesagt worden. Nach der Vertreibung in Reservate (sowohl in den USA wie – mit wenigen Ausnahmen – auch in Kanada) verschwanden die Ureinwohner zunächst einmal aus dem Blickfeld der Öffentlichkeit. Erst in den dreißiger Jahren unseres Jahrhunderts regte sich wieder indianisches Selbstbewußtsein, etwa in Form von Autobiographien indianischer Häuptlinge und Medizinmänner (die es ja immer noch gab) oder durch die Veröffentlichung indianischer Literatur. Spätestens seit 1960 gerieten die Ureinwohner durch spektakuläre Prozesse um Land- und Wasserrechte wieder verstärkt in die Schlagzeilen.

Doch in der Zwischenzeit waren die Einflüsse der Weißen nicht spurlos an den Indianern vorbeigegangen. Christliche Missionare waren in den Reservaten so erfolgreich, daß sich heute zumindest nominell die meisten Ureinwohner zu einer der christlichen Glaubensrichtungen bekennen. Viele Indianer waren zudem in die großen Städte abgewandert, um dort bessere Lebensbedingungen als in den zumeist völlig verarmten Reservaten mit ihren vielen Sozialhilfeempfängern und Alkoholabhängigen zu finden.

Diese »Stadtindianer« haben seit dem Zweiten Weltkrieg zum Entstehen einer panindianischen Bewegung wesentlich beigetragen.[14] Eine entscheidende Voraussetzung dafür war die Akzeptanz und der Gebrauch der englischen Sprache, sind doch die Sprachen der einzelnen Indianervölker mindestens so vielfältig wie ihre Kultur.[15]

Die Konfrontation mit dem Bildungssystem der Weißen bedeutete jedoch auch eine gewisse Anpassung an deren Kultur und damit eine Distanzierung von den traditionellen indianischen Werten, die heute eigentlich nur noch in den Reservaten intensiv gepflegt werden. Doch auch dort gab und gibt es genug Anpassungswillige, die bereitwillig mit den staatlichen Behörden kooperieren. Die Traditionalisten nennen sie verächtlich »Äpfel«, weil sie nur noch außen »rot«, innen aber »weiß« seien. Besonders wenn es um die Unabhängigkeit der Reservate von der amerikanischen Regierung geht, kommt es häufig zwischen beiden Parteien zu Konflikten. Spektakulär war eine Auseinandersetzung im Pine Ridge-Reservat der Sioux 1973, als sich dort Traditionalisten gegen den von den US-Behörden beeinflußten Stammespräsidenten auflehnten.

Maßgeblich an dem Aufstand beteiligt waren Vertreter des »American Indian Movement« (= AIM), einer Organisation, die für mehr Unabhängigkeit und Rechte der Ureinwohner eintritt und sich dabei auf die Naturphilosophie der Indianer besinnt. Die Führer des AIM sind zum großen Teil intellektuelle »Stadtindianer«, die sich auf die alten Traditionen besinnen. Somit gibt es heute sowohl innerhalb als auch außerhalb der Reservate starke Konfrontationen zwischen Traditionalisten und »Äpfeln«.

Vor diesem und dem schon erwähnten problematischen sozialen Hintergrund in den meisten Reservaten wird die häufige Widersprüchlichkeit indianischer Politik verständlich. Ein gutes Beispiel dafür sind die Navajos, die in dem heute größten Indianerreservat der USA leben. Als man dort nach dem Zweiten Weltkrieg Kohle und Uran unter der Erde entdeckte, stimmten die Indianer zunächst einer Ausbeutung dieser Bodenschätze zu, weil sie sich davon einigen Wohlstand und Arbeitsplätze erhofften. Wie so häufig in der Geschichte, wurden die Ureinwohner jedoch auch dieses Mal von den Weißen betrogen:[16] die Entschädigung der Berggesellschaften war lächerlich gering, und Arbeitsplätze gab es auch nicht so viele wie erwartet. Vor allem aber hatte keiner mit den schwerwiegenden ökologischen Folgen des Abbaus gerechnet. Solche Erfahrungen, die auch andere Stämme machten, trugen erheblich mit dazu bei, sich wieder der traditionellen Werte zu erinnern. »Das bedeutet, wir müssen Konservative sein und einen Ausgleich mit dem gesamten Leben finden. Dies werden wir wegen unserer religiösen Vorstellungen, unserer Traditionen, der Beziehung unseres Volkes zum Land machen. Es ist heiliges Land. Nicht-Indianer verstehen nicht unsere Auffassung von unserem heiligen Land. Aber ihr versteht Jerusalem. Würdet ihr einen Preis auf Israel setzen? Nein. Unser heiliges Land wird von unserem Himmelsvater und unserer Mutter Erde bewacht. Einige Dinge sind nicht zu verkaufen...«,[17] schreibt Peter

MacDonald, ehemaliger Vorsitzender des Navajo-Stammesrates, Ende der siebziger Jahre, wohl repräsentativ für die Mehrheit der Ureinwohner.[18]

Weniger mit Schadenfreude als mit Genugtuung beobachten die Ureinwohner das weltweit zunehmende Umweltbewußtsein und das Erstarken einer politisch-ökologischen Bewegung in zahlreichen Ländern. Die arroganten Weißen, die ihnen das Land wegnahmen, ihnen ihren Glauben und ihre Kultur aufzwingen wollten, sie belogen und betrogen: Werden sie nun Schüler und die Indianer Lehrer? Ganz abwegig ist die Behauptung eines nun umgekehrten Kulturgefälles nicht. Ökologische Vorstellungen der Indianer werden im letzten Jahrzehnt auch in der Bundesrepublik Deutschland von vielen ökologisch engagierten Gruppen leitmotivisch wiederholt und durch enge persönliche Kontakte gepflegt. Die Seminare des Chippewa-Medizinmannes Sun-Bear über indianische Lebensphilosophie haben z. B. hierzulande in den letzten Jahren großen Zulauf. Indianische Lebensphilosophie wird in USA heute wieder reflektiert, was sich zum Beispiel in Presseveröffentlichungen und Lehrplänen der Hochschulen widerspiegelt. »Jetzt sitzen wir also in Reservaten – ... in einem Land, das einst unser war. Aber heute erleben wir wieder eine Rückkehr des Lebensgeistes in einer neuen Generation und auf neuem Weg – beruhend auf den alten Überlieferungen. In gewisser Weise wird der Weiße zu der Einsicht kommen müssen, daß er, um zu überleben, von den Indianern lernen muß«[19], beschreibt Sun Bear die neue Situation. Die Botschaft der Ureinwohner ist – entgegen manchen Vorurteilen hier bei uns – keine »politische Ideologie«.[20] Die individuelle Beziehung eines jeden Indianers zur Natur wurzelt in der traditionellen Religion und Lebensphilosophie; sie fordert ein ethisch konsequentes Handeln heraus, das allerdings angesichts der Zwänge von Industrialisierung und Modernisierung auch die Indianer selbst heute vor größte Probleme stellt.

7.2 Texte

1. Eine irokesische Perspektive

Aus: Oren Lyons, An Iroquois Perspective, in: American Indian Environment. Ecological Issues in Native American History, ed. Christopher Vecse and Robert W. Venables, Syracuse 1980; (Übersetzung durch Autor)

Die Taten eines Volkes in einem Territorium, die Fähigkeit und der Willen eines Volkes, dieses Gebiet zu verteidigen, und die Anerkennung dieser Fähigkeit durch andere Völker: das ist die Definition des praktischen Gebrauchs der Souveränität. Es ist sehr einfach. Es hat mit der Regierung zu tun, der Macht und dem Volk und mit Stärke. Die Geschichte meines Volkes, der Ho-de-no-sau-ne, ist lang und hat mit den Prinzipien des Friedens zu tun: grundsätzlich Frieden und die Macht, Frieden zu wahren. Frieden, Gleichheit und Gerechtigkeit für das Volk ist in die Hände der Häuptlinge gegeben, das Wohl allen Lebens. Nach unserer Vorstellung ist alles Leben gleich und das schließt Vögel, Tiere, Dinge, die wachsen, Dinge, die schwimmen, mit ein. Alles Leben ist gleich in unserer Vorstellung. Der Schöpfer zeigt die Realität, und während Du dieses allein liest, in Deiner Souveränität, in Deinem Sein und in Deiner Gesamtheit, bist Du eine Manifestation der Schöpfung. Du bist souverän durch die Tatsache, daß Du existierst. Und darin setzt die Verbindung Respekt vor der Gleichheit des Lebens voraus. Dies sind die Prinzipien, nach denen der [Häuptlings-]Rat nach seinem Pflichtgefühl regiert. Wir sind eine Regierung, die mit spiritueller Führung verknüpft ist. Die erste Pflicht der Häuptlinge ist es, darauf zu achten, daß wir die Zeremonien präzise leiten. Das ist die erste Pflicht. Erst danach beraten wir über das Wohl unseres Volkes. Daran kannst Du sehen, daß eine Trennung des geistig-spirituellen Bereichs vom politischen Bereich im Gefüge der Ho-de-no-sau-ne gar nicht existiert, und ich möchte hinzufügen, so ist es bei den meisten Indianer-Nationen, wie sie früher bestanden. Es hat eine große Veränderung bei den Angelegenheiten unseres Volkes und im Vorgehen der Regierung gegeben....

Wir blicken nach vorn, da wir eines der ersten Mandate als Häuptlinge erhalten haben, um sicher zu sein und alle Entscheidungen, die wir zu treffen haben, zum Wohl der siebten Generation, die da kommt, zu treffen. Das ist die Grundlage, auf der wir Entscheidungen im Rat treffen. Wir werden uns darüber klar: wird dieses zum Nutzen der siebten Generation sein? Das ist die Führungslinie. Wir haben verschiedene Regierungsformen beobachtet, wir haben die internationale Entwicklung der Industrie beobachtet. Wir haben in unseren eigenen Völkern und Gebieten die Ausbeutung nicht nur der Menschen sondern auch der Ressourcen ohne Rücksicht auf die siebte Generation, die kommt, beobachtet. Wir blicken zusammen, Du und ich, Dein Volk und mein Volk, Deine Kinder und meine Kinder, wir blicken zusammen in eine sehr trostlose Zukunft. Es scheint im Augenblick sehr wenig Aufmerksamkeit, fast keine Aufmerksamkeit dafür zu geben, was geschieht: die Ausbeutung des Wohlstandes, des Blutes und des Marks unserer Mutter, der Erde. Ohne die Erde, ohne Deine Mutter, könntest Du hier nicht sitzen, ohne die Sonne wärest Du nicht hier. Über lange Zeit habe ich festgestellt, daß die Menschen distanzierter und fremder werden. Trotzdem betreffen diese Grundelemente auch Dich lebensnotwendig. Die Realität, in der Du sitzt, von der Du an diesem Punkt umgeben bist, dieser Raum, der Dich von der wahren Realität trennt, der wahren Macht, dem wahren Verstehen; die Offenbarung dieser Wände ist wie die Offenbarung von Büchern, Enzyclopädien, wie Interpretationen von Gesetzen. In einer Rationalisierung nach der anderen setzt Du die Ausbeutung um des Geldes und der Machtwillen fort. Aber Du mußt während des Suchens Deiner Lebensrichtung bedenken: welche Auswirkungen hat das auf die siebte Generation? Das System, das wir nicht nur hier, sondern überall beobachtet haben, verlangt die Ausbeutung; Industrialisierung verlangt ein starkes Fundament. Sie verlangt Arbeitskräfte für die Götter des Profits. Nach unserer Beobachtung sind die Kathedralen, in denen Ihr betet, nicht die, die sonntags läuten. Die Kathedralen, in denen Ihr betet, sind die Einkaufscenter in diesem Land. Respektiert die ordentliche Art, damit die siebte Generation einen Platz zum Leben hat. Laßt uns die großen Aufgaben betrachten. Wir machen uns Sorgen mit allen Kindern dieser Erde. Wir machen uns Sorgen mit den vier Farben des Menschen. Das Natur-Gesetz ist sehr einfach. Du kannst es nicht ändern: es wird immer die Oberhand behalten. Es gibt keine kleinste Regel, keinen Gerichtshof, keine Gruppe von Völkern auf dieser Welt, die dieses Natur-Gesetz ändern können. Du bist diesem Natur-Gesetz verpflichtet und dort hineingeboren. Die Indianer verstanden die Natur-Gesetze. Sie machten ihre Gesetze in Übereinstimmung mit den Natur-Gesetzen. Und so überlebten wir.

Werden die Menschen aller Rassen lernen? Werden sie beobachten? Werden sie die Gefühle von Rassismus und Antagonismus über-

winden, um zu sehen, wie gut das für das Wohl aller Menschen ist? Nicht nur der Menschen, aller Lebewesen. Das Wasser ist seicht. Es gibt nur noch wenig. Es gibt vier Milliarden Menschen heute auf der Welt. Im Jahr 2009 werden es acht Milliarden auf dieser Erde sein. Innerhalb von dreißig Jahren, noch während Deines Lebens, wirst du mit einer doppelt so großen Bevölkerung konfrontiert werden – und doppelt so vielen Problemen. Was ist mit der siebten Generation? Was wirst Du mit Ihnen machen? Was werden sie haben?
Du wirst mir vielleicht nicht zustimmen, aber im Verlauf der Freiheit – wenn man die Souveränität des Individuums und seine Fähigkeit, frei zu sein, so betrachtet – hast Du die Wahl. Bestimme für Dich selbst Deine Richtungen. Denke darüber nach. Das Heute gehört uns, morgen werden wir es unseren Kindern geben, aber heute ist es unser. Du hast den Auftrag, Du hast die Verantwortung. Kümmere Dich um Dein Volk – nicht um Dich selbst, sondern um Dein Volk.

2. Interview mit Herb Norwegian (Dené Nation, North-West Territories, Canada)

Dieses Interview führte Holger Möllenberg anläßlich des Besuchs einer panindianischen Delegation in der Bundesrepublik 1978; es bildete die Grundlage verschiedener Zeitungsartikel.

Ich bin von der Dené-Nation aus dem nördlichen Teil Kanadas. Die Dené-Nation besteht aus 450000 Quadratmeilen traditionellen Jagdgebietes, und wir haben etwa 20000 Einwohner. Eines unserer Hauptprobleme im Augenblick sind die Verhandlungen mit multinationalen Konzernen, die versuchen, uns das Land wegzunehmen. Wir versuchen gerade, daß unsere Rechte im Rahmen der internationalen Gesetzgebung anerkannt werden. Darauf konzentrieren wir uns jetzt.
Frage: Wie leben die meisten Dené heute?
H.N.: Wir können es schnell auf den Punkt bringen: Als ich die Dené-Nation verließ [Anfang Mai 1978], waren viele draußen auf dem Land. Die meisten Leute sind jetzt auf der Frühjahrs-Jagd. Sie jagen Biber, Ratten. Wir hatten noch mehrere Zentimeter Schnee;

und die Gewässer waren gefroren, als ich fortging. So kann man sich gut über Land fortbewegen.
Es gibt eine Minderheit bei uns, die den Weißen bei der Landerschließung, etwa beim Straßenbau, mithilft. Doch nach einiger Zeit stellen sie meistens fest, daß dies nicht der richtige, der natürliche Weg ist, und daß es besser ist, »unseren« Weg zu gehen: die Erde zu respektieren.
Frage: Wie ist Ihre politische Einstellung – zum Sozialismus oder Kapitalismus? Oder haben Sie eine Alternative?
H.N.: Kapitalismus oder Kommunismus wurde von der Dené-Nation nie beachtet oder praktiziert. Wir glauben an etwas vollkommen anderes: an den natürlichen Weg des Lebens. Wir respektieren die Erde, weil sie uns alles gibt, was wir brauchen: sie gibt uns Wasser, sie gibt uns Luft, sie gibt uns Erde und alle natürlichen Lebewesen. Kommunismus oder Kapitalismus ist uns nie in den Sinn gekommen, obwohl wir schon als Kommunisten abgestempelt worden sind. Wir haben das zurückgewiesen. Wegen unseres Widerstands gegen die Mackenzie-Valley Pipeline haben uns die multinationalen Konzerne kommunistische oder sozialistische Ideen unterstellt. Aber das stimmt keineswegs.
Frage: Wird es einen Kompromiß zwischen Indianern und Weißen geben und wie wird vor allem die Zukunft der Indianer aussehen?
H.N.: Wenn wir uns darauf besinnen, wie sich die Dené-Nation entwickelt hat, werden wir gute Chancen haben, ein konkurrenzfähiger, unabhängiger Staat zu werden.

8 Religion(en) und Umwelt:
ein Überblick über wissenschaftliche Annäherungen und zentrale Erscheinungsformen

MICHAEL KLÖCKER/UDO TWORUSCHKA

1. Begriffliche Vorklärungen

Die komplexen Beziehungen zwischen Religion(en) und »Umwelt« sollen im folgenden aus religionsgeschichtlicher und -vergleichender Perspektive betrachtet werden. Angesichts der überaus vielen »Umwelten«, mit denen der »homo religiosus« bzw. eine religiöse Gemeinschaft in Beziehung stehen, ist eine Präzisierung des Umweltbegriffes erforderlich. Das von Goethe im Sinne von Umgebung, umgebender Welt verwendete Wort stand im 19. Jahrhundert für *Milieu*, also vornehmlich für die soziale Umwelt. Auch wenn die heutige Umweltkrise den Sprachgebrauch verändert, nämlich eingeengt hat, so ist die Bedeutung von Milieu umgangssprachlich immer noch vorhanden.

Die Verwendung des Umweltbegriffes im biologischen Sinne ist insbesondere vom psychologischen, soziologischen, philosophischen und pädagogischen Gebrauch zu unterscheiden. Ökologisch konzipierte Theorieansätze in der Psychologie, insbesondere bei W. Hellpach (vgl. S. 187) und K. Lewin (Definierung des Verhaltens als Funktion von Person und Umwelt), wurden in den sechziger bzw. achtziger Jahren gegenüber den dominanten psychologischen Richtungen des Behaviorismus oder der differentiellen Psychologie und ihren Anwendungspraktiken in Diagnostik und Psychotherapie zur sogenannten »Umweltpsychologie« weiterent-

wickelt. Die moderne kognitive Psychologie analysiert vor allem das Verhältnis von Individuum und dessen sozioökonomischen Bedingungen: »Das Interesse gilt hier der im Individuum symbolisch repräsentierten Umwelt«.[1]
Der philosophische und soziologische Gebrauch des Umweltbegriffes geht unter Bezug auf Heideggers daseinsanalytische Überlegungen insbesondere auf Karl Löwith und Ludwig Binswanger (Abgrenzung von Mit- und Umwelt) zurück sowie auf die Strukturanalyse der Sozialwelt durch Alfred Schütz. Schütz definiert Umwelt im Unterschied zu Mitwelt als den Bereich, der für den einzelnen aufgrund seiner räumlichen und zeitlichen Nähe erlebbar ist.[2] Im erziehungswissenschaftlichen Sprachgebrauch begegnet teilweise ein auf den sozialen Bereich eingeengtes Umweltverständnis, das auf die Sozialisationsagenturen ausgerichtet ist, teilweise ein weitgefaßtes Konzept von Umwelt, das eine bestimmte, von Menschen gestaltete »Landschaft« »im geographischen, kulturellen, sozialen, religiösen Sinn«[3] meint. Spätestens seit den sechziger, vor allem aber siebziger Jahren hat der Umweltbegriff in der wissenschaftlichen und öffentlichen Diskussion, ausgelöst durch die »Umweltkrise«, eine Bedeutung entwickelt, welche die gesellschaftlichen Faktoren nicht oder nur indirekt einschließt.[4]
In der Biologie haben sich vor allem durch die wegweisenden, ursprünglich physiologischen Arbeiten Jakob von Uexkülls (1864–1944) ein präzisierter Begriff von Umwelt sowie die Umweltforschung als zentraler biologischer Forschungsbereich herausgebildet. Von Uexkülls Leistung bestand zum einen in der Erkenntnis, daß die Organe im Tierkörper ein harmonisches Ganzes bilden, zum andern darin, daß »zu diesem Ganzen als wesentliche Glieder auch Vorgänge und Gegenstände dessen gehören, was man gewöhnlich als äußere Umgebung gegenüber dem tierischen Körper abgrenzt«.[5]
Jede Tierart habe ihre spezifische »Umwelt«, d.h. einen Bereich, den sie aus der Umgebung erfährt (»Merkwelt«) und

bearbeitet (»Wirkwelt«). Von Uexkülls Verdienst bestand u. a. darin, für möglichst viele Tierformen die Eigenart dieser Umwelt festzustellen. Seine »Lehre von der besonderen Umwelt jeder Tierart« ist nach Portmann »zu einem Hauptstück der modernen Biologie geworden«.[6]

Umwelt ist ein Kernbegriff der *Ökologie*, worunter ein mittlerweile mehr als hundert Jahre altes Teilgebiet der Biologie verstanden wird. Der Begriff »Ökologie« geht auf den Zoologen Ernst Haeckel zurück, der 1866 erstmals die neue biologische Wissenschaft »oecologie« als »die gesamte Wissenschaft von den Beziehungen des Organismus zur umgebenden Außenwelt« definierte. In der Biologie hat der Umweltbegriff eine beträchtliche Reihe von Definitionen erfahren: Umwelt bedeutet z. B. einen Ausschnitt aus der Umgebung eines Organismus, insbesondere denjenigen, der im Bereich seiner Sinneswahrnehmungen liegt. Umwelt kann darüber hinaus als derjenige Ausschnitt der Umgebung verstanden werden, der die Existenz dieses Organismus beeinflußt.

Neben anderen hat sich der niederländische Zoologe Bakker um eine Analyse des Umweltbegriffes in der Biologie verdient gemacht. Er unterscheidet grundsätzlich drei verschiedene Bereiche der Umwelt: 1. die das Individuum umgebenden Artgenossen als Teil von dessen Umwelt, 2. echte Außenbedingungen, wobei zwischen abiotischen Umweltkomponenten (etwa Klima, Vegetation usw.) und biotischen differenziert wird. Als 3. Komponente betrachtet er die Wechselbeziehungen innerhalb des Kollektivs sowie zwischen Außenwelt und Kollektiv. Somit ergibt sich die Unterscheidung zwischen Umwelt im physiologischen und ökologischen Sinn: »Zur physiologischen Umwelt gehören allein die direkten Beziehungen. Die in die ökologische Umwelt mit eingehenden indirekten Beziehungen aber sind es gerade, die die Kompliziertheit ökologischer Systeme ausmachen«.[7]

Im Unterschied zur klassischen Ökologie, die sich mit den Beziehungen von Organismen innerhalb der diese umgebenden natürlichen und intakten Umwelt befaßt, sieht die *Humanökologie* den Menschen nicht mehr länger nur in der Rolle als Beobachter, sondern als manipulierenden Akteur. Es gibt Bestrebungen, die Eingrenzung der Ökologie auf eine biologische Teildisziplin zu überwinden und eine »Brücke zwischen Natur- und Sozialwissenschaften« zu schlagen.[8] Aus einer ursprünglich nicht anwendungsbezogenen Wissenschaft ist so eine Angewandte Ökologie geworden, die sich mit der Veränderung der Biosphäre durch den Menschen befaßt.

Umweltzerstörend betätigt sich der Mensch durch *Umweltbelastung* (Verschmutzung von Wasser, Luft, Lärm, Müll) und *Umweltverbrauch* (Gewinnung von Energie, Rohstoffen; Zersiedelung von Landschaften; Vernichtung von Pflanzen- und Tierarten usw.).

In den folgenden Überlegungen wird Umwelt als *Umwelt des Menschen* verstanden, wobei als primäre Umwelt die Biosphäre (also Erdoberfläche, Gewässer und Lufthülle) gilt. Diese differenziert sich in »(1) die noch ungenutzte oder ausdrücklich geschützte Natur, (2) die genutzte (z.B. bewirtschaftete Wälder, Weiden oder Gewässer), (3) die kultivierte Natur (z.B. Ackerland), (4) den durch den Menschen überbauten (zementierten oder asphaltierten) Boden, (5) die durch Übernutzung, Vergiftung oder sonstige Schäden zerstörte Natur«.[9] Die Biosphäre ist »zugleich der oikos (griech. = Haus), der Raum, in dem Lebewesen einerseits nebeneinander leben, aufeinander einwirken und voneinander abhängen, andererseits aber auch auf die unbelebte Materie einwirken und von ihr abhängen«.[10] Als sekundäre Umwelt wird die Technosphäre, »die durch den Menschen gestaltete Wohn- und Arbeitswelt mit Technik, Wissenschaft, Konsum und deren Auswirkungen«[11] bezeichnet.

Wie die übrigen Beiträge des Bandes konzentrieren sich die folgenden Ausführungen hauptsächlich auf die primäre Umwelt.

2. Der Einfluß nichtchristlicher Traditionen in der theologischen Umweltdebatte

Die (inzwischen beträchtlich modifizierte) These von dem direkten historischen Zusammenhang zwischen Umweltkrise und jüdisch-christlicher Religion, deren Schöpfungsvorstellungen Schuld an der abendländischen Ausbeutermoral und der damit einhergehenden Naturzerstörung seien[12], hat u.a. dazu geführt, bessere Modelle des Welt- und Umweltverständnisses zu suchen.[13] Dabei hat man auf archaische Religionen der eigenen wie fremden Vergangenheit zurückgegriffen wie auch Anleihen bei heutigen »Naturreligionen«, besonders den indianischen, gemacht. Der folgende Überblick beansprucht keine Vollständigkeit und führt keine Auseinandersetzung mit den vertretenen Positionen.

Der dänische Lutheraner Ole Jensen beispielsweise behandelt in seiner Schrift »Unter dem Zwang des Wachstums. Ökologie und Religion« (Wuppertal 1977) sowohl die hinduistische Religionstradition (am Beispiel Rabindranath Tagores) als auch indianische Vorstellungen. Diese stellen für ihn »eine Alternative bei der Ausarbeitung der Kritik an unserer Erobererideologie« dar. In Jürgen Moltmanns ökologischer Schöpfungslehre »Gott in der Schöpfung« (München 1985) erstaunt die Rezeption religionswissenschaftlicher Literatur. Der Anhang über »Symbole der Welt« enthält einen Vergleich zwischen der biblischen Konzeption von der »Welt als Schöpfung« und anderen »Archetypen« (»Die große Weltmutter«, »Mutter Erde«, »Das Fest des Himmels und der Erde«, »Die Welt als Tanz«, »Das große Welttheater«, »Spiel als Weltsymbol«, »Die Welt als Werk und als Maschine«). Ein abschließender »Symbolvergleich in messianischer Hinsicht« bemüht sich religionstheologisch um eine christliche Integration der Religionsgeschichte.

Der katholische Theologe Eugen Drewermann tritt dafür ein, daß das Christentum »seine uralte Mythenphobie aufgibt und die kosmologischen und psychologischen Beziehungen seiner eigenen Glaubenslehren im Austausch mit den Naturreligionen und dabei vor allem mit der Religiosität Indiens, dieser größten noch lebenden mythischen Naturreligion, wiederentdecken und realisieren lernt«.[14] Auch wenn man der Terminologie (»Naturreligion«) und dem religionsgeschichtlichen Urteil Drewermanns nicht zustimmen wird, so ist seine Position als Ausdruck eines bestimmten theologischen Zeitgeistes von Interesse.

Der Berliner Wirtschaftswissenschaftler und Ökologe Udo Simonis greift in seinem Aufsatz »Erlösung der Natur« auf die Indianer und »viele Naturreligionen« sowie »primitive« Völker zurück und würdigt ihre Ehrfurcht vor der Schöpfung.[15] Diese religiösen Traditionen haben lt. Simonis ein Naturverständnis, das auch dem Christentum nicht fremd ist. Die Herausforderung durch andere, urtümliche Weisen des Naturverständnisses bestehe darin, uns Abendländer auf vergessene eigene Traditionen aufmerksam zu machen und Schöpfung als »Ehrfurcht vor der natürlichen Mitwelt« zu begreifen.

Einen wertvollen Beitrag stellt das von Gotthard M. Teutsch verfaßte »Lexikon der Umweltethik« (Göttingen 1985) dar, das die christlich-abendländische Binnenorientierung durchbricht und eine Reihe von unerwarteten Stichwörtern enthält: Ägyptische Ethik, Ahimsa, Chinesische Ethik, Kulturreligionen (wozu Buddhismus, Hinduismus, Jainismus, insbesondere auch der an mehreren Stellen erwähnte Islam gehören), Naturreligionen. Ökologisch relevante Rezeptionen aus dem Bereich östlicher Religion und Philosophie haben – oft ohne nachdrücklichen Erfolg – vereinzelt auch schon früher stattgefunden, wenn man z.B. an Schopenhauers Buddhismusinteresse und an seine Forderung nach mehr Gerechtigkeit für außermenschliches Leben denkt.[16]

Der von dem liberal-protestantischen Theologen und freien Christen Albert Schweitzer (1875–1965) entwickelte, zu seinen Lebzeiten zunächst weitgehend wirkungslos gebliebene und kritisierte Ansatz einer »Ehrfurcht vor dem Leben», gewinnt heute zunehmende Aktualität. Schweitzer vertritt die wohl bekannteste »biozentrische Umweltethik«, wenngleich hier der ökologische Aspekt »noch keine erkennbare Rolle gespielt hat«.[17] Der von Julius Richter als »moderner Franziskus«[18] bezeichnete Urwalddoktor von Lambarene gelangte zu seiner Auffassung 1915 während einer längeren Bootsfahrt auf dem Ogowe-Fluß. Als urplötzliche Offenbarung stand das Wort »Ehrfurcht vor dem Leben« plötzlich vor ihm. »Welt- und Lebensbejahung und Ethik« waren in diesem Gedanken miteinander verbunden. An verschiedenen Stellen seines Werkes hat sich Schweitzer auch unter Rückgriff auf außerchristliche Traditionen (z. B. die chinesische und indische Ethik) zu seiner Leitidee geäußert. Seine die traditionelle menschliche Binnenorientierung überschreitende, artübergreifende Ethik hat er insbesondere im zweiten Teil seiner Schrift »Kultur und Ethik« (München 1923³) ausgeführt. Kapitel XXI hat die Überschrift: »Die Ethik der Ehrfurcht vor dem Leben« und geht von der folgenden Grundtendenz allen Lebens aus: »Ich bin Leben, das leben will, inmitten von Leben, das leben will«. Aus der Voraussetzung, daß »allem Willen zum Leben« – eine kosmische Größe im Sinne Schopenhauers – die gleiche Ehrfurcht entgegenzubringen sei, leitet er den Satz ab: »Gut ist, Leben erhalten und Leben fördern; böse ist, Leben vernichten und Leben hemmen«.[19] »Heilig« sind Schweitzer nicht nur Mensch und Tier, sondern auch die Pflanzen. In seiner Abhandlung »Die Weltanschauung der indischen Denker« (1935, ²1965) weitet der evangelische Mystiker die Reichweite seiner »umweltethischen« Intentionen über Familie, Sippe, Stamm, Volk und Menschheit auf *alle* Kreatur aus und sieht darin eine teilweise Gemeinsamkeit mit der tat-tvam-asi-Vorstellung der hinduistischen Upanischaden-Mystik. Ökologische Solidarität erstreckt sich auf »alles, was lebt«.

Ethik, die »Welt-Weite« besitzt, ist »ethische Mystik«[20] und wird von Schweitzer gleichlautend in den beiden herangezogenen Werken wie folgt definiert: »Ethik ist die ins Grenzenlose erweiterte Verantwortung gegen alles, was lebt«.[21] Denn alles, was Leben ist, nicht nur *hat*, ist nach Schweitzer biologisch gesehen wesensverwandt. Auch zu den ständigen Konflikten, unter Umständen Leben vernichten zu müssen bzw. zu schädigen, hat Schweitzer Stellung bezogen. Er lehnt Kompromisse ab und unterstreicht die »Notwendigkeit« als Kriterium.[22]

In Ulrich Manns Buch »Schöpfungsmythen« wird die interessante These vertreten, daß der Mythos, vor allem in Gestalt der Schöpfungsmythen, zu einem »verantwortungsvollen Umweltbewußtsein« beigetragen habe. Der Mythos »überwand die immer wieder aufbrechende Lüsternheit zu hemmungsloser Naturvergewaltigung durch Ehrfurcht und heilige Scheu vor dem göttlichen Hintergrund der Welt, und er ermutigte zugleich zur maßvollen Nutzung...«.[23] Der evangelische Theologe und Religionswissenschaftler Mann plädiert nachdrücklich für die Integration mythischen Denkens in unserer Gegenwart.

Wenigstens andeutungsweise sei darauf hingewiesen, daß auch – umgekehrt – das christlich-abendländische Denken ökologisch relevante Anstöße der östlichen Ethik vermittelt hat. Dies läßt sich beispielsweise an der Persönlichkeit eines der prominentesten Vertreter des aus der Begegnung mit dem Westen (18./19. Jhd.) erneuert hervorgegangenen Neuhinduismus, Mahatma Gandhi (1869–1948), aufzeigen. Bei ihm vermischen sich westliches und östliches Gedankengut; insbesondere Einflüsse aus der Bergpredigt, aber auch von Tolstoi, John Stuart Mill, Ruskin, Thoreau, William Morris sind greifbar. Die besondere Bedeutung von ahimsa (= Gebot des Nicht-Verletzens in der indischen Ethik) dürfte jainistischen Impulsen zu verdanken sein.[24]

3. Aktuelle alternative Positionen

Innerhalb der in sich sehr heterogenen alternativen Gemeinschaften der Gegenwart nimmt die Rezeption fremdreligiös-ökologischer Gedanken einen breiten Raum ein. Die folgenden Hinweise haben exemplarischen Charakter.
Einige Gemeinschaften pflegen das Wiederaufleben germanischer Traditionen und betonen den frühgeschichtlichen Mutterkult sowie die mythische Einheit von Volk, Mensch und Erde. Solche romantisierenden Rückgriffe auf die verklärte Natur haben unterschiedliche geistesgeschichtliche Wurzeln. Die »Flucht aus hochindustrialisierten und urbanisierten Imperialgesellschaften in rurale Kommunen«, die wir schon in der wilhelminischen Ära bei den Landkommunen finden, verraten deutlich ökologische Perspektiven.
Ulrich Linse, der eine Geschichte dieser Kommunebewegung schrieb, charakterisiert diese kurz folgendermaßen: »Hinter der Rückkehr zur verklärten Vergangenheit, und sei es die der alten Germanen, und zu deren überholten Produktionsformen lag eine Kulturrevolution, welche eine völlige Neuordnung der Lebenswerte und Lebenswelt erstrebte. Was sich äußerlich als Nacktkultur und Sonnenkultur, Öko-Landanbau und Alternativ-Architektur, als Kleider- und Nahrungsreform einen exotischen Anstrich gab, war nichts anderes als der Versuch, eine neue Gemeinschaft zu schaffen, welche Vernunft und Gefühl, Egoismus und Solidarität, Arbeit und Freizeit, Welt und Religion erneut in Zusammenhang und Balance brachte und das vereinzelte, autonom und damit bedingungslos gewordene Individuum wieder durch wohlkalkulierte Rituale in ein größeres Ganzes einband.«[25]
Jugendbewegung, Volkstums- und Heimatpflege, völkische Bewegung intensivierten u. a. auch das Naturverständnis.[26]
Der Gedanke eines im Einklang mit der Natur befindlichen Lebens wird unter Berufung auf die germanische Religiosität z. B. in einer Informationsschrift des Hohen Armanen-Or-

dens vertreten: »Höchstes Ziel des Armanen-Ordens ist es daher, dem germanischen Menschen wieder seine arteigene, tiefe Naturverbundenheit, seine echt-heidnische sinnenfreudige Lebenseinstellung auf dem Hintergrund einer geheimnistiefen Naturinnerlichkeit und dem beglückenden Gefühl der Göttlichkeit im eigenen Inneren zu vermitteln«.[27]
Von besonderer Wirkung auf amerikanische und europäische Alternativgemeinschaften ist der schon erwähnte Einfluß indianischer Frömmigkeit.[28]
Die frühjüdische Religionsgemeinschaft der Essener gilt auch als ökologisches Vorbild:[29] Diese Religionsgemeinschaft propagierte ein vermeintlich harmonisches Leben im Einklang mit der Natur. Krankheiten waren für sie Ergebnisse eines falschen Naturverhaltens. Die Essener werden als Vorläufer neuzeitlicher Naturheilkunde gepriesen. Ihr Hauptsymbol, der Lebensbaum, diente zur Erklärung der kosmischen Harmonie.
Die in sich heterogene ökologische Bewegung, welche Menschen höchst unterschiedlicher weltanschaulicher und politischer Anschauungen vereinigt, wird von Klaus T. Seeland in die Nähe einer Religion gerückt, deren Merkmale »ascetism, personal sacrifice« sowie »a lot of dogmata on how to think and act towards nature and man« sind. Trotzdem handele es sich um keine neue Religion, da entscheidende Elemente fehlten: »prayers, priests, rites and sacred scriptures or oral myths«.[30] Seelands Kriterien ließen sich durchaus noch hinterfragen, wenn man ein weites Religionsverständnis hat, wie es etwa von Georg Schmid vertreten wird, der Fußball, Bergsteigen usw. als Phänomene des »Interessanten« im säkularen Bereich den religiösen Heiligkeitserlebnissen gegenüberstellt und zu dem Ergebnis kommt, daß beide Bereiche »sich nicht sauber voneinander unterscheiden lassen«.[31]
Interessanterweise gibt es den ausdrücklichen Versuch, einen als »Ökologische Religion« konzipierten »Öko-Humanismus« zu etablieren, der von Hubertus Mynarek als »global-

ste Antwort auf die Herausforderung durch die gegenwärtige Weltsituation«[32] verstanden wird. Der Öko-Humanismus Mynarekscher Prägung greift erklärtermaßen auf Schweitzers Ethik zurück und propagiert eine ganzheitliche Weltanschauung mit einer »vertieften Ethik« im Bereich von Wirtschaft und Wissenschaft, deren Ziel der »menschliche Mensch« ist. Diese Öko-Religion besitzt eine starke mystische Komponente, die jedoch mit »höchster Rationalität« verbunden wird.[33]

Unter den aktuellen alternativen Landbaubewegungen spielt die »biologisch-dynamische Landwirtschaft« auf anthroposophischer Weltanschauungsgrundlage eine bedeutende Rolle.[34] In der Bundesrepublik Deutschland sind die zugehörigen Bauernhöfe in fünf großen Organisationen zusammengeschlossen, deren Anteil an der deutschen Landwirtschaft jeweils 0,2 Prozent beträgt. Nicht nur die von diesen alternativen Bauern verwendeten sog. Feld- und Kompostpräparate, auch die sich insbesondere an Mondrhythmen orientierenden Aussaattage dokumentieren die anthroposophische Weltanschauung, welche die Selbstheilungskräfte der Natur in den Vordergrund stellt. Anthroposophie, Theosophie und Okkultismus bilden hier ein Amalgam religiöser Natursicht.

Die in sich außerordentlich vielgestaltige New-Age-Bewegung, die »Wissenschaftler und Weise, Mystiker und Meditierende, Psychologen und Parapsychologen, Esoteriker und Okkultisten, Hexen und Heiler, Therapeuten und Thanatologen«[35] vereinigt, und die ihre Wurzeln teilweise in der Theosophie und Anthroposophie hat, propagiert einerseits den »Paradigmawechsel« und ein neues »ökologisches Weltbild«. So greift z.B. der Physiker Fritjof Capra in seinen Büchern »The Tao of Physics« (1975) und insbesondere »Wendezeit« (1981) auf die mystischen und spirituellen Traditionen asiatischer Religionen zurück und arbeitet deren erstaunliche Modernität heraus. Andererseits wird atavistisch auf lang verschüttete Traditionen rekurriert. Archaisch muten beispielsweise manche Vorstellungen an, wie sie in der kargen Küstenregion Nordschottlands von der Findhorn-Gemeinschaft vertreten werden. Im Untertitel eines Buches wird diese Gemeinschaft als »Modell einer Welt von morgen«[36] gepriesen. Mit dem Namen Findhorn verbindet sich die Vorstellung einer Supervegetationsoase mit Riesenfrüchten und hervorragenden Ernteergebnissen. Die Findhorn-Leute glauben an die Geister der Natur und an die Möglichkeit der Kommunikation mit ihnen. Man behauptet, von den Pflanzengeistern auf okkult-medialem Weg Informationen erhalten zu haben, wie man am besten mit der Natur umgeht. Der Glaube an »verborgene Kräfte der Pflanzen«, wie er in dem gleichnamigen Buch von Mellie Uyldert (München 1984) dargelegt wird, geht ebenfalls von der Beseeltheit der Pflanzen aus. »Pflanzenelfen«, die als ätherische Wesen beschrieben werden, pflegen und schützen die Pflanze. Solche »Elfchen« schweben in der Luft und entfalten um sich angeblich eine Aura. Sie unterstehen hierarchisch der »Königin der Elfen«.

Auch der religiöse Feminismus, eine in sich sehr komplexe Erscheinung, zeigt ökologisches Interesse und rezipiert dabei religionsgeschichtlich teilweise sehr entlegenes Ideengut. Die Rückerinnerung an verdrängte matriarchalische Urzustände – der außerbiblischen wie auch der biblischen –, führt einige Autorinnen zur idealtypischen Gegenüberstellung von patriarchalischer und matriarchalischer Spiritualität, die sich in einem entsprechenden Verhältnis zur Umwelt manifestiere. Zwischen Frauenunterdrückung und Umweltzerstörung wird ein enger Zusammenhang hergestellt, der sich in Begriffen wie »Gyn/Ökologie« (Mary Daly) oder »ecoféminisme« (Rosemary Radford Ruether) niederschlägt. Die inzwischen erheblich angewachsene theologisch-feministische Literatur[37] kann in diesem skizzenhaften Überblick auch nicht annähernd vollständig gewürdigt werden. Elga

Sorges vor kurzem erschienene Schrift »Religion und Frau. Weibliche Spiritualität im Christentum« (Stuttgart 1985) kontrastiert ziemlich einseitig das entgegengesetzte Umweltverhalten von jüdisch-patriarchaler und indianisch-matriarchaler Kultur. In ihren »Thesen zur Feministischen Theologie« definiert sie »feministische Theologie« als eine »beglückende Denkbewegung für Frauen und Männer, die mehr anstrebt als Frauenbefreiung im Rahmen patriarchaler Emanzipationsmodelle. Sie möchte vielmehr diesen Rahmen überschreiten und verändern, indem sie eine leben-, eros- und frauenliebende Spiritualität entfaltet und eine Kultur entwickeln hilft, in der Frauen, Männer, Kinder, Tiere, Bäume, Wasser, Luft usw. nicht unterdrückt und beschädigt werden«. Die von Elisabeth Moltmann-Wendel zur »kritisch-feministischen Theologie«[38] gerechnete Rosemary Radford Ruether verbindet »Frauenbefreiung und Wiederversöhnung mit der Erde«,[39] Aufhebung des Herrschafts-/Unterdrückungs-Modells zwischen den Geschlechtern und Klassen bzw. zwischen Menschheit und Natur. Auf dieser Grundlage entwirft sie eine »ökologisch-feministische Theologie der Natur«.[40] Virginia R. Mollenkott, die eine »christlich-feministische Hermeneutik« vertritt, überschreibt das letzte Kapitel ihrer Untersuchung: »Die göttliche Umwelt« und spürt solchen biblischen Bildern nach, die Gott als Teil der Natur beschreiben. Für die Verfasserin sind die Menschheit, aber ebenso auch die (unbelebte) Natur »heilig«.[41]

Eine ökologische Perspektive haben auch Entwürfe matriarchalischer Religiosität, die bewußt hinter die jüdisch-christliche Tradition zurückgehen und auf das vorchristliche, selbst so genannte »Heidentum« zurückgreifen und Magie, Okkultismus und Hexenglaube praktizieren. Die sich auf solche Konzeptionen beziehende »Göttinnen«- bzw. »feministische Wicca- (= Hexe) Bewegung« wird von einer Reihe von Hauptvertreterinnen (u. a. Christ, Plaskow, Starhawk, Goldenberg, Budapest) in Nuancen zwar unterschiedlich repräsentiert; gemeinsam ist ihnen jedoch die Auffassung, daß die Göttinenreligion in der neolithischen Ackerbaureligion gründet, welche den Frauen und der weiblichen Sakralität im Verhältnis zur altsteinzeitlichen, männlich orientierten Jägerreligion (die allerdings, wie die Funde von sog. Venusdarstellungen zeigen, auch um die weibliche Sakralität wußten) besonders günstig war. Starhawk z. B. stellt im Unterschied zum männlichen Himmelsgott, der sich außerhalb seiner Schöpfung befindet, die große Göttin ins Zentrum, die den Menschen und der Natur innewohnt, ja die Welt selbst »ist«: »Mond, Erde, Sterne, Steine, Samen, fließender Strom, Wind, Welle, Blatt und Ast, Knospe und Blüte, Reißzahn und Klaue, Frau und Mann«. Zusammenfassend stellt Starhawk fest: »Hexenglaube kann als Religion der Ökologie betrachtet werden. Sein Ziel ist der Einklang mit der Natur, so daß nicht nur das Leben erhalten bleibt, sondern gedeihen kann«.[42]

Abschließend sei wenigstens kurz auf religions-ökologische Rezeptionen im Bereich der Populärkultur, insbesondere auf das sehr in Mode gekommene Genre der Fantasy-Literatur hingewiesen. Die Fantasy-Literatur als sich allmählich verselbständigender Sektor der Science-Fiction-Literatur[43] bietet eine ideale, heile und erlöste Phantasiewelt, in der die Menschen harmonisch in die Um- und Mitwelt eingebettet sind. Der Rückgriff auf matriarchale, archaische Religionen ist dabei teilweise spürbar. Hexen, Elfen, Trolle, Zauberer usw. gehören zum Ambiente. Bedeutende Beispiele einer »High-fantasy« sind Tolkiens »Herr der Ringe« (1954/55), das Kultbuch einer ganzen Generation, und Marion Bradley Zimmers Bestseller »Die Nebel von Avalon« (1982), in welchem die Verfasserin die keltische Religion der Druiden wiedererstehen läßt. Aufschlußreich sind die Hinweise auf die von ihr benutzte wissenschaftliche Literatur, die teilweise in der Tradition des »romantischen, gegenkulturellen Feminismus« steht.[44]

4. Umwelt in der religionswissenschaftlichen Literatur

Beiträge der »Religionsphänomenologie«

a) Ein Blick in die religionsphänomenologischen Handbücher dokumentiert das Interesse der Religionswissenschaftler an der Umwelt. *Gerardus van der Leeuw* scheint jedoch der einzige bedeutende Religionsphänomenologe zu sein, der den Umweltbegriff und verwandte Prägungen bevorzugt verwendet. In seinem Werk »Phänomenologie der Religion« (Tübingen ^{4}1977) stellt er die »Macht« als das grundlegende Objekt aller Religion in den Mittelpunkt und verknüpft damit den auf Nathan Söderblom und Rudolf Otto zurückgehenden Heiligkeitsgedanken. Zum »Objekt« der Religion kann nach van der Leeuw u.a. die (»heilige«) »Umwelt«, »Oberwelt« und »Mitwelt« werden, deren Grenzen jedoch fließend sind. Mit »Umwelt« ist die »Natur« gemeint, insbesondere werden heilige Steine, Metalle, Bäume, Berge, Wasser und Feuer behandelt. Der niederländische Gelehrte betont, daß die Naturgegenstände und -erscheinungen nicht als solche, sondern stets als »Macht in oder hinter ihr« (S. 39) verehrt werden. Außerdem hält er den Umweltbegriff für nicht ganz adäquat, weil dieser »eine Haltung der interesselosen Betrachtung voraus (setze), die der religiöse Mensch [der Frühzeit] überhaupt nicht kennt« (S. 47). Aufgrund der Gleichheit von Mensch und Naturphänomen könne es keine »Umwelt im strikten Sinne dieses Wortes« (S. 45) geben. Der nach Grenzen suchende Mensch finde diese nicht nur in der »Umwelt«, sondern auch in der »heiligen Oberwelt«, worunter van der Leeuw die Gestirne und den Himmel im allgemeinen versteht. Mit »heiliger Mitwelt« im engeren Sinne seien die Tiere gemeint.

b) In seinem religionsphänomenologischen Hauptwerk »Die Religionen und das Heilige« (dt. Salzburg 1954) befaßt sich *Mircea Eliade* eingehend mit den von ihm so genannten

»Hierophanien«, worunter er die Erscheinungsweisen des Heiligen versteht. Die Nähe Eliades zur Marburger Schule Ottos, Heilers und Menschings ist an der Verwendung des Heiligkeitsbegriffes erkennbar. Die Aufgabe der Religionswissenschaft besteht nach Eliade in der »Entzifferung dessen, was ein religiöses Faktum durch die Geschichte hindurch an Übergeschichtlichem offenbart«.[45] Das Heilige, welches Eliade nur als Kontrast zum Profanen definiert[46], manifestiere sich in den mannigfaltigen Objekten der Natur. Ein Blick in das Inhaltsverzeichnis dokumentiert die Fülle der von Eliade behandelten Umwelt- bzw. Naturphänomene, die alle zu Erscheinungsweisen des Heiligen werden: Himmel, Sonne, Mond, Wasser, Steine, Erde, Vegetation, Ackerbau. Eliade hat sich überdies sehr eindringlich mit der – ökologisch relevanten – Struktur des Raumes und seiner Bewertung durch den religiösen Menschen befaßt. Für diesen ist der Raum keine homogene Größe, sondern enthält Teile, »die von den übrigen qualitativ verschieden sind«. Durch die Hierophanie wird profaner Raum in heiligen Raum verwandelt, entsteht ein »Zentrum« (ebd.), genauer gesagt das »Zentrum der Welt«, welches mit Ober- und Unterwelt verbunden ist. Die »axis mundi«, die in vielen religiösen Traditionen bekannte »Weltachse«, stelle das Bindeglied zwischen den verschiedenen Welten dar. Heilige Berge, Tempel, Paläste, Städte, ja sogar die eigene Behausung sind laut Eliade Beispiele dieses »Symbolismus der Mitte«. Jeder Vorgang des Bauens wird von Eliade als Wiederholung und Vergegenwärtigung eines »in illo tempore« – in der Urzeit – stattfindenden kosmogonischen Geschehens betrachtet.

c) In seinem religionssystematischen Hauptwerk »Die Religion« (Stuttgart 1959) geht *Gustav Mensching* der Umwelt-/Naturthematik an verschiedenen Stellen nach. Religion versteht er als »erlebnishafte Begegnung des Menschen mit heiliger Wirklichkeit und antwortendes Handeln des vom Heiligen bestimmten Menschen« (S. 15). Die Umweltthematik hat ihren angestammten phänomenologischen Platz zunächst einmal im Kontext der »Erscheinungsformen heiliger Macht« (Steine, Berge, Bäume, Wasser, Tiere, Erde, Feuer), die zu »Medien der Begegnung des Menschen mit der Welt des Heiligen« (S. 246) werden. Naturerscheinungen und -gegenstände werden von Mensching außerdem zu »Symbolen für eine dauernde Beziehung zum Heiligen bzw. für dessen Repräsentation« (ebd.). Im Sinne seiner Symboldefinition, nach der alles empirisch Vorfindliche »symbolfähig« ist, jedoch die »Gültigkeit von Symbolen innerhalb der Subjektwelt auf die jeweils zum Symbolvollzug befähigten Subjekte beschränkt ist« (S. 245), erstaunt es nicht, daß in der allgemeinen Religionsgeschichte in erster Linie die Naturerscheinungen und -gegenstände zu repräsentierenden Symbolen für das »Heilige« geworden sind. Bäume, Berge, die Erde als ganze, Wasser, Wetter, Wind, Blitz und Donner, Feuer, Fluß, Metall, Pflanze, Tier usw. sind von Mensching bevorzugt interpretierte Repräsentationsgegenstände. Die Umweltthematik wird sodann indirekt im Zusammenhang der Thematisierung der »Welt als Ganzes« (S. 174ff.) und der damit zusammenhängenden »typischen Weltdeutungen« angesprochen. Hierzu gehören neben Vorstellungen vom Bau der Welt auch Fragen ihrer Entstehung, Krisis und ihrem vorläufigen bzw. endgültigen Ende.

Die Vertreter der hermeneutischen Religionswissenschaft haben die Rolle der *wahrgenommenen* und *gedeuteten* Umwelt sorgfältig zur Kenntnis genommen, den »Lebensraum« als bedeutenden religionsprägenden Faktor indessen – wie es scheint – nicht genügend beachtet.[47]

Religionsökologie

Die Zusammenhänge zwischen traditionalen, vormodernen und nicht industrialisierten Subsistenzgesellschaften und deren ökologischen Bedingungsfaktoren sind von der funktionalistisch eingestellten Sozial- und Kulturanthropologie im allgemeinen so erklärt worden, daß die Bedürfnisse von Gesellschaften als unabhängige Variable verstanden werden, »die durch die variierende Variable Kultur jeweils unterschiedlich befriedigt werden«.[48] Oft war ein Umwelt-Determinismus die Folge.

Die Religionsökologie als religionswissenschaftliche Teildisziplin wurde im Anschluß an die in den 50er Jahren in Amerika betriebene »Kulturökologie« (cultural ecology) hauptsächlich durch den schwedischen Religionsethnologen Åke Hultkrantz begründet.[49] Als Ethnologe beschäftigt sich Hultkrantz mit den sogenannten »Primitiven«. Auch sein religionsökologischer Ansatz bleibt ausschließlich auf diesen Gegenstandsbereich beschränkt. Hultkrantz geht gezielt der Frage nach den auf die Religion(en) einwirkenden Umwelteinflüssen nach. Dabei bemüht er sich jedoch, »religion as such, the religious sentiment etc.« (S. 142) von Umweltdeterminierungen abzuheben. Die Umwelt/Natur beeinflusse religiöse Phänomene nur durch ein »Filter«, das durch die Einflüsse selbst modifiziert werden könne. Die Natur sei »not only a restrictive and permissive, but also a promotive force« (S. 137). Nach Hultkrantz hängen bestimmte Riten unmittelbar von der natürlichen Umwelt ab; so seien die zyklischen Vegetationsriten z. B. ein Reflex der natürlichen Jahreszeiten. Es gebe auch ökologische Religionstypen wie beispielsweise die arktischen Jägerreligionen oder die nomadischen Wüstenreligionen usw.[50] Die Hultkrantzsche Religionsökologie ist neuerdings u. a. deshalb kritisiert worden, weil sie Umwelteinflüsse nur auf die äußeren Erscheinungsformen, Symbole und Institutionen beschränkt, den »Kern« dagegen für undeterminierbar hält. Außerdem sei es unhaltbar, »bestimmten Naturräumen bestimmte Religionstypen zuzuordnen«.[51]

Religionsgeographie[52]

Die Religionsgeographie, deren Schwerpunkt sich derzeit – wie es scheint – aus den USA in die Bundesrepublik Deutschland verlagert hat, ist nicht nur älter als die hauptsächlich von skandinavischen Gelehrten betriebene Religionsökologie, sondern verfügt auch über ein breiteres Spektrum von Forschungsansätzen und Erkenntniszielen. Außerdem ist diese Forschungsrichtung nicht auf die schriftlosen Kulturen begrenzt, sondern hat generell alle Religionen im Blick.
Die von der Geographie aus betriebene Religionsgeographie ist vor allem auf die von den Religionen ausgehenden Umweltprägungen ausgerichtet. Vielfach verstand man darunter die in der Landschaft sichtbaren kultischen Manifestationen, z. B. Tempel, Grabanlagen, Wallfahrtsstätten, heilige Berge usw. Die umgekehrte Fragestellung nach dem Einfluß des Raumes auf die Religion, also die sog. Umweltabhängigkeit, war traditionell die Domäne der Religionswissenschaftler. Trotz gelegentlicher religionsgeographischer Impressionen, ja sogar Theoriebildungen in religionswissenschaftlichen Werken älteren Datums konnte 1959 noch einer der führenden deutschsprachigen Religionswissenschaftler, Gustav Mensching, von einer »künftigen« Religionsgeographie sprechen, deren Aufgabe er darin sah, die »besondere Affinität bestimmter Völker für bestimmte Religionsformen« zu untersuchen.[53] Erste Umrisse einer Geschichte des religionsgeographischen Denkens, das sich in den verschiedenen Fächern feststellen läßt, hat Manfred Büttner soeben in dem ersten Band der Schriftenreihe »Geographia Religionum« vorgelegt. Grob gesagt gilt, daß Antike und frühes Christentum die Umwelt/Religion-Beziehung, insbesondere die Frage nach der Auswirkung des Klimas auf die Religion, in den Mittelpunkt stellten. Mittelalter und Reformationszeit interessierten sich vorwiegend für die Ausbreitung des Christentums und die damit in Zusammenhang stehende Kulturprä-

gung. Aufklärerische Denker versuchten, insbesondere das Christentum von seinen Umweltbedingungen her zu erklären. Büttner bemüht sich, die Religionsgeographie als interdisziplinäres Forschungsgebiet zu etablieren: Er tritt für die seit Kant bestehende Auffassung der wechselseitigen Beziehung von Religion/Umwelt ein, will aber nicht nur die in der Landschaft sichtbaren Verortungserscheinungen untersuchen, sondern – angeregt durch die sozialgeographische Betrachtungsweise – die sich innerhalb und zwischen den verschiedenen Ebenen abspielenden dialektischen Prozesse der Umwelt/Religion-Beziehung analysieren. Die von einem »Religionskörper« ausgehenden Impulse auf die Umwelt wirken – so betont Büttner – in modifizierter Gestalt auf die Religion zurück. Büttners Fallstudien über die Herrnhuter Brüdergemeine und die Waldenser sowie die in dem erwähnten Band enthaltenen Studien zum »Pilgertourismus« geben Einblick in den religionsgeographischen Ansatz, den »Großprozeß der Verwirklichung von Religion« zu beschreiben.

5. Das Umweltverständnis in den Religionen. Skizzierung ausgewählter Umwelteinstellungen und religiöser Traditionen

Vorbemerkungen

Die Mensch/Natur/Umwelt-Beziehung ist, sozialwissenschaftlich gesehen, ein »umfassendes Konzept zum Selbstverständnis des Menschen bzw. der menschlichen Gesellschaft«.[54] Die Umwelt ist zunächst einmal der ökologische Bedingungsrahmen für den Menschen. Zwischen Mensch und Umwelt bestehen eine Reihe unterschiedlicher Beziehungen. Die Umwelt kann für den Menschen u. a. folgendes sein:

»– materielle Lebensgrundlage (Nahrung, Energie etc.),
 – potentielle Bedrohung (Unwetter, Krankheiten u. ä.),

– Grundstoff instrumenteller Nutzung (Rohstoffe, Technikentwicklung bis zur Natur als Waffe),
– Lebensgrundlage im sozialpsychologischen Sinn (Wohnumfeld, ›Heimat‹, u.ä.),
– ›Lehrmeister‹ (Architektur, Ästhetik)«.[55]

Die Umwelt geht in das Gesamt der »erworbenen Verhaltensdispositionen« (R. Oerter) als ein Element ein und bestimmt die pragmatische, affektive und kognitive Einstellung des Menschen, die durch unterschiedliche Sozialisationsagenturen vermittelt werden. Wie und inwieweit diese individuellen Einstellungen durch die Religionsgemeinschaften selbst und/oder durch politische, ökonomische, soziale, kulturelle Determinanten geprägt sind, bedarf jeweils genauer historischer Untersuchungen und wird oft nur annäherungsweise bestimmt werden können.[56] Sicher spielt der historische Faktor bei der Erzeugung des jeweils vorherrschenden »Psychomilieus« eine formative Rolle. So bleiben z.B. nachweislich ökologisch determinierte Verhaltensweisen auch nach der Wanderung einer Gruppe in andere Umwelten teilweise bestehen.

Skizzierung ausgewählter Umwelteinstellungen

Wenigstens andeutungsweise soll auf einige typische religionsgeschichtliche Umwelteinstellungen hingewiesen werden:

Viele Religionen, wenngleich nicht jede in gleicher Gewichtung, stellen die Frage nach dem Anfang von Welt, Menschen und Kulturgütern.[57] Weltschöpfungsmythen, die personale Schöpfergottheiten voraussetzen, unterscheiden sich grob von Weltentstehungsmythen, die einen selbsttätigen Emanationsprozeß beschreiben. Die kosmogonischen/theogonischen/anthropogonischen Schöpfungserzählungen haben unterschiedliche Vorstellungen von der göttlichen Schöpfertätigkeit: Die geschaffene Umwelt bzw. Natur ist beispielsweise angeblich durch konkretes Gestalten und Formen einer Materie, durch Trennung und Zerteilung, durch Erzeugung und Zeugung, durch ein machtvolles Schöpferwort, durch ekstatischen Tanz, aber auch durch Macht produzierende Askese entstanden. Die Schöpfungsmaterie wird höchst unterschiedlich gesehen: Einerseits gibt es Vorstellungen von der Schöpfung aus dem »Nichts«, andererseits glaubt man an eine Gottheit, die zerstückelt und zur Schöpfung gemacht wird. Es gibt auch religiöse Traditionen, die eine Urmaterie voraussetzen, z. B. das kosmogonische Ei.

Neben solchen »Ursprungsmythen« (R. Pettazzoni) gibt es Erzählungen, die von der Entstehung wichtiger Kulturgüter und -techniken handeln, zugleich auch auffallende ökologische Erscheinungen (Seen, Berge, Gebäude, Städte) »erklären«.

Die Frage nach der Stellung des Menschen im Kosmos sowie nach seinem Verhältnis zu Tier und Pflanze wird ebenfalls ganz unterschiedlich – und hier nicht in Einzelheiten beschreibbar – beantwortet. Oft wird die leidvoll erfahrene Gegenwart, wie sie sich im aggressiven Verhältnis zwischen Mensch/Tier/Umwelt manifestiert, mit einer idealen Urzeit kontrastiert, dem »Goldenen Zeitalter«, wo ein paradieshafter Zustand geherrscht hat und die Geschöpfe harmonisch miteinander gelebt haben.

Die religiösen Traditionen haben das Mensch/Umwelt-Verhältnis auf sehr verschiedenartige Weise definiert. Einerseits haben sie den Menschen in die natürlichen Lebenskreisläufe eingebunden und Veränderungen (»Verletzungen«) der Umwelt durch menschliches Tun beargwöhnt. Andererseits haben Religionen die Natur dem menschlichen Machttrieb ausgeliefert. Die Auffassung von der modernen Umweltbeherrschung als Produkt jüdisch-christlichen Denkens ist mittlerweile durch differenzierte religionsgeschichtliche Untersuchungen in Frage gestellt worden.

Aufgrund von Beispielen aus China und Europa geht Y.F. Tuan davon aus, daß die unterschiedlichen ökologischen Ethiken keineswegs entsprechende Auswirkungen auf die Landschaft hatten.[58] H. Cancik[59] hat für den Bereich der römischen Religionsgeschichte darauf aufmerksam gemacht, daß zur Zeit der höchsten politischen und ökonomischen Macht Roms die Vorstellungen von der Heiligkeit der »Mutter Erde« und der heiligen Haine, Quellen und Bergeshöhen sich ohne Probleme mit einer aggressiv naturbeherrschenden Einstellung gegenüber Erde und Tier verbanden. Das Naturverständnis traditionaler Kulturen unterscheidet sich grundlegend von dem industrieller Gesellschaften, die sich in den gemäßigten Klimazonen befinden. Die Natureinwirkungen werden von jenen religiös interpretiert und als Ausdruck numinoser Kräfte wahrgenommen. Während heutzutage bei uns »Wege zu einem neuen Naturerleben« (Meyer-Abich)[60] entdeckt werden, die das Moment des »fascinans« betonen, geschehen in anderen Traditionen Handlungen, die das »tremendum«, das Grauen, vor der Natur dokumentieren und religiös zu bewältigen suchen. Um »Schutz vor den Naturgefahren«[61] zu finden, verwenden z.B. die Tibeter apotropäische Riten, die gegen Naturgewalten aller Art, gegen Feuer, Erdbeben, Sturm, Hagel, Frost usw. schützen sollen. Sie werden heutzutage noch in Ladakh, den nord-östlichen Landesteilen Nepals, Sikkims und Bhutans praktiziert. Anfang März 1986 haben peruanische Bauern nach schweren Überschwemmungen in der Region des Titicaca-Sees ein Menschenopfer dargebracht, um die Wettergötter milde zu stimmen (Frankfurter Allgemeine Zeitung vom 5.3.1986).

Traditionale Religionen

Das eigenständige Ökologieverständnis traditionaler Kulturen (früher sogenannter »Naturreligionen«, »primitiver Religionen« u. ä.), das mit ihrer religiösen Weltsicht identisch ist, hat soeben Klaus Seeland herausgearbeitet. An einem Fallbeispiel aus der östlichen Himalayaregion demonstriert er den Unterschied zwischen dem westlichen, rein diesseitigen Ökologieverständnis und einer Deutung, die diesseitige und transzendente Faktoren benutzt: »In beiden Fällen geht es um Lebensqualität, ja sogar um Überleben schlechthin. Doch ist es für den einen die Ressource Natur, die es zu hegen und für die Bedürfnisse des Menschen die Implementation technischer Problemlösungsvorschläge zu erhalten gilt, während der Mensch in der traditionalen Kultur in der ihn umgebenden Welt sich selbst gegenüber tritt. Im Kreislauf des Werdens und Vergehens geht er in ihr auf und wird aus ihr. Jede Veränderung verkörpert sich in ihm und an ihm. Die Verschlechterung von Lebensbedingungen bezieht der Hindu des Himalaya beispielsweise auf sein persönliches Schicksal, in dem sich Verfehlungen aus früheren Leben vergelten; ihm treten also Zustände gegenüber, die seinem eigenen Handeln an der Welt zuzurechnen sind .... Die Menschen der traditionalen Kulturen des Himalayaraums handeln nicht dadurch ökologisch, indem sie sich um die Erhaltung der natürlichen Grundstoffe und Arten sorgen, sondern sie stärken und aktivieren die positiven übernatürlichen Kräfte, die die Götter und Geister gut und die Ahnen wohlgesonnen stimmen sollen. Die Stärkung und Erhaltung des Familienverbandes, das persönliche Wohlergehen und das der eigenen sozialen Gruppe wird als Ausdruck des Wohlwollens der hochmächtigen Instanzen gesehen. Eine Verschlechterung der naturräumlichen Verhältnisse dagegen zeugt von einem Mangel an Achtsamkeit gegenüber jenen Mächten, die sich auf diese Weise in Erinnerung bringen«.[62]

Konfuzianismus

Von dem besonderen Naturverhältnis der frühen Taoisten war bereits in Kapitel 6 dieses Sammelbandes die Rede: Der Mensch als Teil der Natur besaß gegenüber den anderen Naturerscheinungen keine herausgehobene Stellung. Die Natur wurde nicht als Ergebnis eines zielgerichteten Schöpfungsgeschehens verstanden, sondern als letztlich nutzloser Ausdruck eines Prozesses. Ergänzend ist hier auf das sich insbesondere in der taoistisch inspirierten Dichtkunst und Malerei manifestierende harmonische Naturverständnis hinzuweisen.[63]
Der im Gegensatz zum Taoismus stehende, philosophische, religiöse sowie sozialpolitische Aspekte integrierende Konfuzianismus, der auf den Meister Kung (Kung-fu-Tzu/ 551–479 v. Chr.) und die (nicht vom Meister selbst stammenden) klassischen Schriften zurückgeführt wird, hat auch ein besonderes Naturverständnis entwickelt. Der in seiner latinisierten Form als Mencius bekanntgewordene konfuzianische Philosoph Meng-tzu (372–289 v. Chr.) interpretiert den bei Konfuzius im Mittelpunkt stehenden Begriff »jen« neu. Bei Konfuzius ist jen – ein Wort, das sich aus den beiden Zeichen für »Mensch« und »zwei» zusammensetzt und »Zweimenschlichkeit«, »Mitmenschlichkeit« bedeutet – charakterisiert als »ein Amalgam aus distributiver Gerechtigkeit und freundschaftlicher Zuneigung«[64]. Der chün-tzu, der Edle, der durch unablässiges Lernen die Tugenden (te) erworben hat, beachtet die »Goldene Regel«: »Was ich nicht will, daß man mir antue, das füge ich auch keinem anderen zu« (Lun-Yü V 11). Bei Meng-tzu bedeutet »jen« soviel wie Mitleid gegenüber leidenden Kreaturen und Verantwortung ihnen gegenüber. »Jen« ist für Meng-tzu angeboren und kein Produkt der Erziehung. Dieser »Samen« für humanitas, Rechtschaffenheit, Sittlichkeit und Weisheit unterscheidet den Menschen vom Tier. Die Reichweite von Meng-tzus

Ethik erstreckt sich auch auf die Tiere. Er plädiert für die humane Tierliebe, weil der »Edle« Tiere, die er zuvor lebend gesehen hat, nicht sterben sehen kann. »Wer sich diese Gefühle verscherzt und nicht weiß, wie er sie wieder erwerben kann, ist wahrlich zu beklagen! Wenn jemand ein Hühnchen oder einen Hund besitzt und das Tier verläuft sich, so unternimmt er etwas, um es wiederzufinden; aber die edlen Gefühle lassen die Menschen sich entgleiten ohne irgendeinen Versuch, sie wiederzuerlangen. Was aber bedeutet Erziehung anderes als das Wiedererlangen edler Gefühle, die verlorengingen?«[65] Ökologische Perspektiven deuten sich auch in Meng-tzus »Allegorie vom Ochsengebirge« an:

»Das Ochsengebirge war einst von wunderschönen Bäumen bestanden. Es lag jedoch nahe der Hauptstadt eines großen Landes. Die Leute kamen mit ihren Äxten und Hackmessern und holzten die Wälder ab. So verlor das Gebirge seine Schönheit. Aber wie es so geht, die Lüfte umstrichen es bei Tag und bei Nacht, und Regen und Tau durchfeuchteten es, bis hier und dort wieder frische Triebe zu sprießen begannen. Aber bald kamen die Kühe und Schafe und weideten sie ab, und schließlich wurde das Gebirge so nackt und kahl, wie es heute ist. Weil es nun so nackt und kahl aussieht, glauben die Leute, daß es von Anfang an so gewesen sei. Ebenso wie der ursprüngliche Zustand des Gebirges ganz anders war, als es heute scheint, so waren auch ganz gewiß in jedem Menschen ursprünglich die Gefühle für Anstand und Güte vorhanden (wenn auch oft fast unmerklich); und wenn diese edlen Gefühle heute nicht mehr da sind, so nur deshalb, weil man sie ruiniert und mit Axt und Messer ausgerottet hat. Mit jedem Tag werden sie aufs neue angegriffen. Welche Möglichkeiten hat denn unsere Natur jenem Gebirge voraus, ihre Schönheit zu bewahren? Auch uns umwehen die Lüfte bei Tag und bei Nacht. In der Morgendämmerung haben wir auch wirklich in gewisser Weise und eine kurze Zeitlang eine Stimmung, in der unsere Neigungen und Abneigungen fast die dem Menschen natürlichen sind. Aber noch ehe der Morgen vorüber ist, geschieht bestimmt etwas, das diese edleren Gefühle trübt und erstickt. Wenn sie dann immer und immer wieder in ihrer Entfaltung gestört werden, kann der Nachtwind sie schließlich nicht länger mehr schützen, und bald unterscheiden sich unsere Gefühle nicht mehr wesentlich von denen der Tiere und Vögel; daher kann jeder sich über uns ebenso täuschen wie über das Gebirge und meinen, daß von Anfang an niemals etwas Gutes in uns war. Aber der gegenwärtige Zustand unserer Gefühle ist ohne Zweifel nicht derselbe, wie er ursprünglich war.«[65]

Der im 3. Jh. v. Chr. lebende Konfuzianer Hsün-tzu polemisiert im Gegensatz zu Meng-tzu gegen die Glorifizierung der Natur und tritt für ihre Domestizierung und Veränderung ein.[67] Es genüge nicht, die Natur sich einfach entwickeln zu lassen. Wie jeder Heranwachsende Erziehung benötige, so habe auch der Mensch die Aufgabe, korrigierend in das Naturgeschehen einzugreifen.

Der frühkonfuzianische Denker Tung Chung-shu (179–104 v. Chr.) verband die kosmologischen Yin-Yang-Spekulationen mit der Lehre von den »Fünf Elementen« (Wasser, Feuer, Holz, Metall, Erde), welche den Naturkreislauf regeln.[68] Er vertrat folgende Leitgedanken: Zwischen Mensch und Natur besteht eine wechselseitige Beziehung. Menschliche Handlungen und natürliches Geschehen sind miteinander verknüpft. Insbesondere gilt dies für den Herrscher. Das Fehlverhalten des Herrschers korrespondiert mit Unregelmäßigkeiten im Naturgeschehen.

Der Neukonfuzianismus als »Phase der Wiederbelebung mystischer Traditionen und deren Einbeziehung in den konfuzianischen Kanon«[69] hat ein teilweise erweitertes Naturverständnis entwickelt. Im Unterschied zur traditionellen Auffassung, daß der Mensch und die Dinge der Natur nur jeweils verschiedenartige Verdichtungen von Ch'i (wörtl. Luft, Dampf, Hauch, Äther, Energie; zentraler Begriff des Taoismus der chinesischen Medizin), der vitalen Energie, seien, vertritt der Philosoph Ch'eng Hao (1032–1085 n. Chr.) die Ansicht von der Überlegenheit des Menschen, die in seiner und nur ihm gegebenen überlegenen Einsichtskraft bestehe. Der Mensch besitze allein das Wissen um das Gute. Er sei als »Mitte von Himmel und Erde entstanden«.[70] Trotz

dieser Überlegenheit des Menschen ist für den Philosophen »jen« das »Einssein mit allen Dingen«, der den Menschen, aber auch den Pflanzen und den Tieren gemeinsam gegebene Lebensimpuls (sheng-i). Von Zhou Dunyi (1017–1073) heißt es, daß er sich weigerte, das Gras vor seiner Tür mähen zu lassen.[71] Bei Wang Yang-Ming (1472–1529), einem der herausragendsten neukonfuzianischen Denker, wird die Lehre vom Einssein mit allen Dingen noch einmal mit besonderem Nachdruck vertreten. Nicht nur bedeutende Menschen, sondern auch die gewöhnlichen Sterblichen besitzen laut Wang Yang-Ming »jen« von Anfang an in ihrem Bewußtsein. Die Reichweite von Yang-Mings Ethik erstreckt sich über Mensch, Tier und Pflanze bis auf die unbelebte Natur. Modern gesprochen, haben wir es hier mit einer holistischen Umweltethik zu tun, die in den folgenden Überlegungen Yang-Mings deutlich hervortritt:
»Sieht man, wie ein Kind in den Brunnen zu fallen droht, dann verspürt man unwillkürlich den Impuls zu helfen. Das rührt daher, daß man durch ›jen‹ eine Einheit mit dem Kind bildet. Man mag einwenden, das Kind sei eben ein Mensch wie man selber. Doch auch der Klageschrei eines Tieres greift einem unweigerlich ans Herz. Das rührt daher, daß man durch ›jen‹ eine Einheit mit dem Tier bildet. Die Tiere sind auch noch fühlende Wesen. Doch man bedenke, daß man auch beim Anblick verdorrter abgerissener Pflanzen Mitleid fühlt. Das rührt daher, daß man durch ›jen‹ eine Einheit mit den Pflanzen bildet. Man mag dagegen einwenden, die Pflanzen seien eben auch Lebewesen. Aber selbst beim Anblick zerbrochener Ziegel oder Steine empfindet man Bedauern. Das rührt daher, daß man durch ›jen‹ auch mit Ziegeln und Steinen eine Einheit bildet.«[72]

Die Religion Zarathustras und die heutigen Parsen

Ökologische Einstellungen werden im Rahmen der Religionen der Hochkulturen z. B. in der Religion des Priester-Propheten Zarathustra greifbar, der wohl im 7. bzw. 6. vorchristlichen Jahrhundert im Osten Irans gelebt haben mag, und nach seiner Berufung zum Propheten Ahura Mazdas zum Verkündiger des Reiches Gottes wurde. Hier finden sich Vorschriften humaner Art auch im Verhalten gegenüber Tieren. Besonderen Schutz genoß das Rind, das in der auf Ackerbau und Viehzucht bezogenen Religion eine herausragende Stellung hatte. »Wer Korn sät, sät Heiligkeit«, lautet eine Maxime Zarathustras. Unter den fünf Todsünden gibt es Bestimmungen zum Schutze von Hund und Haushahn. Eine schwangere Hündin beispielsweise zu schlagen bzw. auch nur anzuschreien, ist sündhaftes Tun. Andererseits gelten Schlangen, Ungeziefer, Frösche, Mäuse, schädliche Insekten, Schildkröten, Ameisen und Wölfe als Tiere, die den Mächten des Bösen zugeordnet werden. Solchen Auffassungen liegt der Gedanke zugrunde, daß die Welt als gute Schöpfung Ahura Mazdas eine Stätte des permanenten Kampfes zwischen den guten und bösen Mächten geworden ist. Zur guten Schöpfung gehören Tiere, Feuer, Erde, Metall, Wasser, Pflanzen sowie Menschen. Jeder Mensch stehe jeden Augenblick vor der Entscheidung, für oder gegen das gute Reich Ahura Mazdas einzutreten. Die heutigen nicht- dualistisch ausgerichteten Parsen, deren Leitsatz »Gutes denken, Gutes reden, Gutes wirken« lautet, betrachten es als ihre religiöse Pflicht, die gute Schöpfung Ahura Mazdas zu erhalten und weiter zu verbessern. Der gläubige Parse hat eine Ehrfurcht vor allem, was an der materiellen Welt im Sinne seines gedanklichen Ansatzes »gut« ist, und geht davon aus, daß von Gottes Engeln sich jeder eines bestimmten Teiles der Schöpfung angenommen habe. In der Terminologie heutiger Umweltethik formuliert, haben wir es hier indes

»nur« mit einer anthropozentrischen Umweltethik zu tun, weil alles, was dem Menschen nützlich ist, als gut bezeichnet wird. Weil die Engel jeweils die einzelnen Lebensbereiche in Obhut nehmen, werden Haustiere sorgsam gepflegt, das Land bebaut und fruchtbar gemacht, die Pflanzen und die Gewässer geschützt und rein gehalten.[73]

Der japanische Shintoismus

Wie andere moderne Industriestaaten leidet auch Japan unter einer erheblichen Umweltbelastung, die von der japanischen Regierung über viele Jahrzehnte jedoch ignoriert wurde. Nachdem Todesfälle und gravierende Gesundheitsbeeinträchtigungen die japanische Umweltschutzbewegung landesweit anschwellen ließen, wurde Japan international zu einem umweltpolitischen Schrittmacher.[74] Seit dem Ende des letzten Jahrhunderts gibt es einen Begriff in der japanischen Sprache für alle möglichen Arten von Umweltzerstörung: »kogai« (wörtl. Unannehmlichkeiten, die der Bevölkerung zugefügt werden). Das Beispiel Japan demonstriert erneut, daß ein bestimmtes Umweltverständnis, welches die Natur als von heiligen Mächten beseelt glaubt, trotzdem keinen Schutz vor den Heimsuchungen moderner Industrie bot (vgl. die umweltzerstörenden Auswirkungen der Ashio-Kupfermine vor dem 2. Weltkrieg; den Fall Yokkaichi; die Methylquecksilbervergiftungen im Raum Minamate; die Cadmiumvergiftungen am Jintsu-Fluß, um nur die prominentesten Beispiele zu nennen). Der Shinto ist die traditionelle Religion Japans. Shinto heißt auf japanisch »kami no michi«, d. h. »Weg der kami«. Kami bedeutet soviel wie »der Obere, der Höhere, übergeordnet, mächtig«. Gemeint ist »eine überlegene geistige Kraft, die in erster Linie solche Naturgeschehnisse kontrollieren kann – Jahreszeitenwechsel, Erntewuchs, rechtzeitige Regenzeit, das Besiegen einer Pest –, die über die Verfügungs- und Verstehensmöglichkeit des

Menschen hinausgehen. Die Kamis kennen die Zukunft, welche dem Menschen verborgen ist. Daher kann man sie zum Schutz vor Unglück, für besondere Zwecke und bestimmte Informationen anrufen. Die meiste Zeit des Jahres wohnen sie gewissen Gegenständen und Orten ein, die aufgrund ihrer numinosen Gestalt oder ihrer geheimnisvollen und furchterregenden Assoziationen zeigen, daß sie Träger einer überirdischen Macht sind«.[75] Diese Auffassung vom Wesen der Kamis wirft Licht auf das shintoistische Naturverständnis. Die belebte wie auch unbelebte Natur ist kein einfaches Objekt, über das der Mensch schrankenlos verfügen könnte. Sie steht vielmehr mit der Welt der Kamis in engster Beziehung. Auch wenn viele »aufgeklärte« Japaner nicht mehr daran glauben, daß in Flüssen, Seen, Bergen und Bäumen Kamis wohnen, denen man sich verehrungsvoll zu nähern habe, so wird auch heute noch, etwa bei einer Schiffstaufe, ein Shinto-Priester beteiligt, der den Kami des Schiffes »einschreint« und dem unbelebten Fahrzeug seinen Segen spendet. Dasselbe gilt auch für Atomkraftwerke. Die Japaner stehen der Natur mit einem Gefühl der Vertrautheit gegenüber, das sich etwa in der Sitte ausdrückt, Dinge wie Reis, Kartoffeln, Bohnen, Tee und Wasser mit dem Ehrenpräfix »o« und dem Suffix »san« zu versehen und zu sagen »o-kome-san, o-ime-san, o-mame-san« usw.[76] Höchstwert des Shinto-Glaubens ist das Leben, das selbstverständlich in die größeren familiären, gesellschaftlichen und nationalen Zusammenhänge eingebunden ist. Die gegenwärtige Welt, in der die Japaner leben, gilt als das »mittlere Land«, das beste Land. Doch diese gute Welt, die von den Segnungen der Kamis lebt, ist ständig bedroht. Die von außen hereinbrechende Sünde, das Unglück, kultische Verunreinigungen usw. können aber durch spezielle Riten wieder beseitigt werden. Der als gutes Geschöpf der Götter (kami) mit einer gewaltigen Fülle an Möglichkeiten ausgestattete Mensch steht seinen Göttern in dankbarer Haltung gegenüber. Die Kamis werden in den Shinto-Heiligtümern, den Schreinen, verehrt. Hiermit ist ein Gebäude oder Ort gemeint, wo ein Kami oder mehrere Kamis »eingeschreint« sind. Es gibt in Japan etwa 100 000 Schreine unterschiedlicher Größe und Bauart. Dabei kann es sich um ein reizvoll in die Landschaft eingepaßtes, an einer Straße oder in der Ecke einer Fabrikhalle erbautes kleines Gebäude handeln. Es gibt aber auch größere Schreine mit dazugehörigen weiteren Gebäuden. Am Eingang der meisten großen Schreine befindet sich ein hölzerner Torpfosten (torii = Vogelsitz), der den irdischen Bereich von der Kami-Welt symbolisch abgrenzen soll. Mehrere torii können aber auch hintereinander aufgestellt werden. Zum eigentlichen Schrein führt dann ein steiniger oder sandiger Weg, der im Beschreiter eine harmonisch-natürliche Einstellung erwecken soll. Die größeren Schreine befinden sich meist in landschaftlich reizvoll gelegener Gegend.[77]

Ökologisch weitblickend ist die »Volksethik« des Shintoismus und dessen Sündenvorstellungen. Anläßlich der Entsühnungsfeier des ganzen japanischen Volkes wird das Gebet der großen Reinigung ausgesprochen. In wertmäßiger Abstufung wird zwischen »himmlischen« und »irdischen Sünden« unterschieden: »Von den mancherlei Sünden, die vorsätzlich oder in Unbedachtsamkeit begangen worden sein mögen von dem himmelentstammten Geschlechte, das in immer wachsender Zahl bevölkert dies Land friedsamen Regimentes, heben etliche besonders sich hervor als die (sogenannten) himmlischen Sünden, als da sind: Durchbrechen von Reisfelddämmen, Verstopfen von Wasserzuleitungen im Reisgelände, Schleusenaufziehen, Saatübersäen, Fußangeln legen im Reisfeld, Rückwärtsschinden von Tieren bei lebendigem Leibe und Verunreinigungen (rituell reiner Orte) durch Exkremente: alles das sind himmlische Sünden. Irdische Sünden aber, so da vorkommen, sind: Körperverletzung, Leichenschändung, Albinismus, Aussatzbehaftung, Blutschande mit der eigenen Mutter usw.«[78]

6. Wirkungen der Umwelt auf die Religionen[79]

Bis in die jüngere Vergangenheit, ja teilweise Gegenwart, hat die Frage nach den Wirkungen der Umwelt auf die Religion(en) in der Religionsforschung zu deterministischen Konstruktionen geführt. Das sog. Umweltabhängigkeitsdenken hat im abendländischen Bereich eine lange Vorgeschichte und findet sich schon bei den religionskritischen Aussagen der frühen christlichen Aufklärer, die religiöse Vorgänge entweder als Vergöttlichung von Naturvorgängen interpretierten oder bestimmte Umweltfaktoren (etwa Klima, Temperatur) bzw. die Umwelt als Ganzes für religionskonstituierend hielten.

Der Vater der modernen Religionswissenschaft, der Sprach- und Mythenforscher Friedrich Max Müller (1823–1900), begründete die sog. naturmythologische Richtung, welche die Naturphänomene für chiffrierte Beschreibungen auffälliger Naturgegebenheiten hielt. Im Anschluß an das von Müller erarbeitete Paradigma spürten zahlreiche Forscher bis zum Ende des letzten Jahrhunderts nach allen möglichen Naturphänomenen und deren Wirkung auf die Mythenbildungen der Völker. Religionsethnologie, historische Bibelforschung, Geographie, ja selbst die Psychologie lieferten Beispiele deterministischer Erforschung des Umwelt/Religion-Verhältnisses.

Als berühmt-berüchtigtes Beispiel für eine monokausale Umweltabhängigkeitslehre kann die Breslauer Dissertation von Willibald Gebel: »Der Islam in seinen geographischen Beziehungen« (1922) angeführt werden. Gebel erklärt die Religion Muhammads »geradezu als die Wüsten- und Steppenreligion«. Die geographischen Bedingungen prägen angeblich die wichtigen Wesenszüge dieser Religion. So gilt die Wüste wie schon bei E. Renan als »Heimat des Monotheismus«. Die »kärglich spendende Natur« habe die Muslime zu einem »kriegerischen Herrenvolke« werden lassen. Die Abhängigkeit von der Natur erkläre den vermeintlichen »Fatalismus bei den Steppenbewohnern«. Die islamischen Vorstellungen von Himmel und Hölle verraten angeblich den Einfluß von Wüste und Steppe. Darüber hinaus seien eine Reihe religiöser Vorschriften (Reinigungs-, Speisevorschriften, »Almosengebote«, schließlich die vermeintlich niedrige Stellung der Frau) aus der Umwelt direkt erklärbar. Gebel resümiert: »So können wir den Islam, wie er im Koran zum Ausdruck kommt, mit Recht als die religiöse Ausdrucksform der Naturgegebenheiten von Wüste und Steppe bezeichnen.«

Einflußreich war zeitweilig die geopsychologische Theorie Willy Hellpachs, der in mehreren Werken und Aufsätzen den zeitgenössischen biologischen Umweltbegriff erweiterte.[80] Hellpach differenziert zwischen der natürlichen, sozialen und kulturellen Umwelt und untersucht insbesondere die »geopsychischen Erscheinungen« (Wetter, Klima, Landschaft) auf das Seelenleben. Im Blick auf den Faktor Religion postuliert er die »geopsychologische Urtatsächlichkeit«, die er für übervölkisch und nationalrelativ hält. Diese vermeintliche Urtatsache bestehe darin, daß bei den relativ nördlicheren Völkern oder Volksteilen Nüchternheit, Verstandes- und Willenszüge, Geduld, Zähigkeit und Strenge, bei den südlicheren dagegen Lebhaftigkeit und Anschauungsfülle, Behäbigkeit oder Leidenschaft und Launenhaftigkeit vorherrschen. Diese Eigentümlichkeiten führen nach Hellpach zu signifikanten Intensitätsunterschieden der Kultausübung und -gesinnung.

Geopsychologische bzw. öko-religionspsychologische Interessen verfolgt in unseren Tagen noch der Religionswissenschaftler Antonio R. Gualtieri.[81] Ihn interessiert, »how... does the natural or ›raw‹ landscape transform consciousness?« (S. 161). Insbesondere thematisiert er die Frage nach dem »effect of landscape on the imagination« (S. 163). Am Beispiel der Begegnung des Menschen mit der Bergwelt demonstriert Gualtieri die umweltbeeinflußten Erfahrungsweisen in ausgewählten religiösen Traditionen (»European Responses to the Karakorum«, »The Impact of Mountains on Tibetan Religiousness«).

Die Beziehungen zwischen Umwelt und Religionen müssen in ihren wechselseitigen Durchdringungen erfaßt werden. Die von den Religionen auf die Umwelt ausgeübten Einflüsse erstrecken sich in engerem Sinne auf den kultischen Bereich. Fickeler, einer der Pioniere der modernen Religionsgeographie, unterschied mehrere sog. »Verkultungsarten«, wozu er beispielsweise »äußere, sinnenhaft wahrnehmbare Erscheinungen wie heilige Natur- und Kulturstätten mit der ganzen Mannigfaltigkeit ihrer dem Kult dienenden Farben, Töne, Düfte, Richtungen und Zahlen, Pflanzen, Tiere und Menschen (Heiligenkult), Berge, Gewässer, Haine, Kultbauten und Gräber, Wallfahrtsstätten und ganze Kultlandschaften, Kulthandlungen und Pilgerverkehr«[82] zählte. Umweltprägungen durch die Religionen erstrecken sich aber weit über den engeren kultischen Bereich hinaus und beeinflussen Politik, Wirtschaft, Kultur, Gesellschaft, Raumgestaltung in vielfältiger Weise. Zwei willkürlich herausgegriffene Beispiele: Wo, wie und in welche Richtung ein Haus bzw. Tempel oder Friedhof usw. gebaut wird, unterliegt ebenso religiösen Bestimmungen wie der Einfluß von Nahrungstabus (z.B. Schwein bei Juden und Muslimen, Rind bei Hindus, Wein bei Muslimen usw.) auf Ackerbau und Viehzucht einer bestimmten Agrarregion.[83]

9 Anmerkungen

Kapitel 1

[1] Siehe H.-J. Loth, Besitz und Armut, in: M. Klöcker und U. Tworuschka, Hrsg., Ethik der Religionen – Lehre und Leben, IV: Besitz und Armut, München-Göttingen 1986,10.

[2] Neben Elohist und Deuteronomium sind J und P die wichtigsten Pentateuchquellen.

[3] Vgl. Westermann, Die theologische Bedeutung der Urgeschichte (1973), in: ders., Forschung am Alten Testament II, München 1974, 103.

[4] Siehe A. D. Kilmer, The Mesopotamian Concept of Overpopulation and Its Solution as Reflected in the Mythology, in: Orientalia 41 (1972), 160–177.

[5] Siehe M. Detienne, La viande et le sacrifice en Grèce ancienne, in: La Recherche 8/no. 75 (1977), 152–160.

[6] So P. Lapide, Schöpfung im Judentum, in: Anstöße [Evang. Akademie Hofgeismar] 25 (1978), 110.

[7] Siehe L. I. J. Stadelmann, The Hebrew Conception of the World, Roma 1970, 2f. 177.

[8] Vgl. Westermann, a. a. O., 102

[9] Vgl. S. Herner, Die Natur im Alten Testament, in: Kungliga Humanistiska Vetenskapssamfundet i Lund Årsberättelse 1940–1941, 27.

[10] Siehe M. Fox, Maimonides and Aquinas on Natural Law (1972), in: Studies in Maimonides and St. Thomas Aquinas, ed. by J. I. Dienstag, New York 1975, 77.

[11] Siehe N. Hareuveni in association with H. Frenkley, Ecology in the Bible, 2nd printing, Tel Aviv 1974, 10.

[12] Siehe S. Krauss, Talmudische Archäologie II, Leipzig 1911, 162f.

[13] Vgl. F. C. Fensham, Salt as Curse in the Old Testament and the Ancient Near East, in: The Biblical Archaeologist 25 (1962), 48–50.

[14] Siehe M. Wax, Ancient Judaism and the Protestant Ethic, in: American Journal of Sociology 65 (1960) 452f.

[15] Siehe A. DeGuglielmo, The Fertility of the Land in the Messianic Prophecies, in: The Catholic Biblical Quarterly 19 (1957), 306–311.

[16] Siehe A. H. Rabinowitz, Commandments, The 613, in: Encyclopaedia Judaica 5, Jerusalem 1978, 760–783.

[17] Siehe E. G. Freudenstein, Ecology and the Jewish Tradition, in: Judaism 19 (1970), 411 A. 10.
[18] Ebd., 409.
[19] Les Oeuvres de Philon d'Alexandrie I: De opificio mundi. Introduction, traduction et notes par R. Arnaldez, Paris 1961.
[20] Hierbei handelt es sich um Erzählungen: Legenden, Märchen, Wundergeschichten, Gleichnisse u. a. m.
[21] V. Aptowitzer, Anteilnahme der physischen Welt an den Schicksalen des Menschen, in: Monatsschrift für Geschichte und Wissenschaft des Judentums 64 (1920), 305.
[22] Siehe R. Gordis, »the earth is the Lord's« – Judaism and the spoliation of nature, in: Keeping Posted 16 (1970), 7.
[23] Siehe I. Jakobovits, The Medical Treatment of Animals in Jewish Law, in: Journal of Jewish Studies 7 (1957), 207–220.
[24] Siehe I. Simon, L'étude des problèmes de l'environnement (écologie) et de la qualité de la vie dans les textes bibliques, talmudiques et rabbiniques ainsi que dans leurs commentaires, in: Revue d'Histoire de la Médecine Hébraique 31 (1978) no. 127,91–96; 32 (1979) no. 128,15–19; *hier*: 16.
[25] Siehe ebd., 96.
[26] Siehe S. W. Baron, A Social and Religious History of the Jews, 2nd ed., New York u. a. 1957, 151.
[27] Ebd., 224 ff.
[28] Siehe Kap. 6,8.9.10.14.15. Engl. Übers.: The Code of Maimonides. Book Fourteen: The Book of Judges, transl. by A. M. Hershman, 2nd printing, New Haven-London 1963, 222 ff.
[29] Siehe bei Simon, a. a. O., 19.
[30] Ebd., 93.
[31] Zit. in: Der Spiegel, Nr. 20 v. 17. Mai 1982, 187 (»Israel: Heilige Gefühle«). Zu »Hai-Bar« siehe die von U. Paz u. a. für die Nature Reserves Authority und »Hai-Bar« Organisation verfaßte Informationsbroschüre »Hai-Bar Arava: Noah's Ark in the Twentieth Century – Biblical Wild Life Reserve«.
[32] Siehe Art. »Pollution: Israel's Other War«, in: The Times of Israel, May 1974, 59.
[33] Siehe Israel Environment Bulletin 9,1 (Summer 1984), 9.
[34] Siehe ebd., 7, und 6,3 (Winter 1981), 5.
[35] Vgl. J. Wiemeyer, Sozialethische Überlegungen zur Umweltproblematik, in: Jahrbuch für christliche Sozialwissenschaften 26 (1985), 200.
[36] Siehe Israel Environment Bulletin 7,2 (Winter-Spring 1982), 3.
[37] »Denkmal und Name«: eine Gedächtnis- und Forschungsstätte für die Zeit der NS-Verfolgungen und des Widerstandes.
[38] Siehe E. Orni, Bodenreform und sozialer Fortschritt in Israel, Jerusalem 1973, 9 ff.
[39] Siehe S. Ph. De Vries, Jüdische Riten und Symbole, Wiesbaden 1981, 273 f.

Kapitel 2

[1] Carl Amery, Das Ende der Vorsehung. Die gnadenlosen Folgen des Christentums, Reinbek 1972.
[2] Alfons Auer, Umweltethik. Ein theologischer Beitrag zur ökologischen Diskussion. Düsseldorf 1984.
[3] Vgl. dazu vom Vf.: Säkulare Welt – sakrale Schöpfung – geistige Materie. Vorüberlegungen zu einer trinitarisch begründeten Praktischen und Systematischen Theologie der Natur, in: Evangelische Theologie 1985, 261–276; ders.: Friede mit der Natur. Zur theologischen Begründung der Umweltethik, in: Evangelische Kommentare 1986, 8–11.
[4] Ole Jensen, Theologie zwischen Illusion und Restriktion, München 1975, 275; ders., Unter dem Zwang des Wachstums. Ökologie und Religion, München 1977, bes. 81 ff.: 3. Kap. »Kritik an der westlichen Haltung«.
[5] A.a.O. (1975) 273 ff.
[6] Lynn White, jr., The Historical Roots of our Ecological Crisis, in: Science, Vol. 155/1967, 203–207; deutsch in: M. Lohmann (Hg.), Gefährdete Zukunft (dtv 920), München 1973, vgl. auch Carl Amery, o. Anm. 1.
[7] Artur Weiser, Die Psalmen (ATD 14/15), Göttingen [6]1963, 94.
[8] Friedrich Gogarten, Der Mensch zwischen Gott und Welt, Stuttgart 1952/1956; ders., Verhängnis und Hoffnung der Neuzeit. Die Säkularisation als theologisches Problem, Stuttgart 1953.
[9] Lynn White, jr., Continuing the Conversation, in: I.G. Barbour (ed.), Western Man and Environmental Ethics, Reading, Mass. 1973, 61 ff.
[10] Odil Hannes Steck, Welt und Umwelt, Stuttgart 1978, 81; ders., Zwanzig Thesen zum Thema »Die jüdisch-christliche Lehre von der Schöpfung in Beziehung zu Wissenschaft und Technik«, in: Kerygma und Dogma 1977, 290.
[11] Gerhard Liedke, Im Bauch des Fisches, Ökologische Theologie, Stuttgart 1979, darin bes.: Die Machbarkeit der Welt und der göttliche Herrschaftsauftrag an den Menschen, 63 ff.
[12] Udo Krolzig, Umweltkrise – Folge des Christentums?, Stuttgart 1979, darin bes.: Zu den historischen Wurzeln der Umweltkrise, 41 ff.
[13] Bericht der Sachverständigenkommission »Staatszielbestimmungen/Gesetzgebungsaufträge«, Bonn 1983, Randziffer 155. 114, zit. nach Meyer-Abich (s. folgende Anm.), 64.
[14] Klaus Michael Meyer-Abich, Wege zum Frieden mit der Natur. Praktische Naturphilosophie für die Umweltpolitik, München 1984, darin bes. 65 ff., 190 ff.
[15] Gotthard M. Teutsch, Lexikon der Umweltethik, Göttingen/Düsseldorf 1985, 17 f.
[16] Ernesto Cardenal, Das Buch von der Liebe, Gütersloh [6]1978, 93 f. 101.
[17] Jonas Jonson, Global och nationell jämvikt som utmaning till kyrkan. Teologernas svek, in: Vår Lösen 1/1977.
[18] Jürgen Moltmann, Gott in der Schöpfung. Ökologische Schöpfungslehre, München 1985, 26.

Kapitel 3

[1] Vgl. John Black, The Dominion of Man. The Search for Ecological Responsibility, Edinburgh 1970, S. 50f.
[2] Ulrich Planck, Art. Landwirtschaft. In: Klaus Kreiser/Werner Diem/Hans-Georg Majer (Hg.), Lexikon der Islamischen Welt, Bd. 2, Stuttgart u.a. 1974, S. 117–122, bes. 117.
[3] Vgl. Gotthard M. Teutsch, Lexikon der Umweltethik, Göttingen/Düsseldorf 1985, S. 103f. (Art. Umwelt).
[4] Willibald Gebel, Der Islam in seinen geographischen Beziehungen, Diss. phil. Breslau 1922.
[5] Vgl. z.B. Heinz-Gerhard Zimpel, Vom Religionseinfluß in den Kulturlandschaften zwischen Taurus und Sinai. In: Martin Schwind (Hg.), Religionsgeographie (= Wege der Forschung Bd. CCCXCVII), Darmstadt 1975, S. 254–321, sowie Eugen Wirth, Religionsgeographische Probleme am Beispiel der syrisch-libanesischen Levante. In: Ebd., S. 322–332.
[6] Aus der Vielzahl einschlägiger Studien vgl. Ghazy Abdul Wahed Makky, Mecca: The Pilgrimage City. A Study of Pilgrim Accomodation (= Hajj Research Centre Studies 1), London 1978.
[7] Toshihiko Izutsu, God and Man in the Koran (= Studies in the Humanities and Social Relations, Vol. V), Tokyo 1964, S. 120.
[8] vgl. die Koranverse 7,52; 11,9; 13,2; 57,4.
[9] s. auch 2,260; 14,22; 18,6; 21,57; 32,3; 38,26; 39,47; 46,32; 64,3; 65,12; 67,3.
[10] siehe auch 6,75ff.; 13,2ff.; 16,11ff.; 21,38; 30,19ff.; 36,37; 39,37; 41,37ff.; 42,31; 45,3. – Vgl. Kenneth Cragg, The Mind of the Qur 'ān. Chapters in Reflection, London 1973, S. 146ff. (= Kapitel: »The Sacramental Earth«).
[11] Siehe auch: 22,5; 40,69; 53,47; 55,13; 75,37f.; 80,17ff.; 86,4ff. Die Beschreibungen weisen kleine Unterschiede auf.
[12] Hassan Askari, Einheit und Entfremdung im Islam. In: J. Robert Nelson/Wolfhart Pannenberg (Hg.), Um Einheit und Heil der Menschheit, Frankfurt 1976², S. 75–86, bes. S. 81.
[13] Vgl. auch 7,10ff.; 15,28ff.; auch: 6,165; 39,71ff.
[14] Vgl. Kenneth Cragg, a.a.O. (vgl. Anm. 10, S. 93ff. (= Kapitel: »The Trouble of Man«).
[15] Vgl. 20,55; 43,9; 78,6. Siehe auch: 7,9; 14,37ff; 15,19ff.; 16,5ff., 16,68ff.; 17,72; 22,64; 23,18ff.; 26,133f.; 27,161; 42,10.
[16] 2,23; 3,13.127.130.197; 4,17.60.121.123; 5,88.119; 9,90.109; 13,18.23.35; 20,78; 22,14.23; 25,11.16; 29,58; 40,8; 44,52; 47,16f.; 48,5; 56,11ff.; 61,12; 66,8; 85,11; 98,7.
[17] Willibald Gebel, a.a.O. (vgl. Anm. 4), o.S.
[18] Muhammad Hamidullah, Der Islam. Geschichte, Religion, Kultur, Salmiyah/Kuwait 1973, S. 99.
[19] Muslim, Nr. 1902 Riyāḍ aṣ-Ṣāliḥīn von Imam Nawāwī.
[20] Vgl. Monika Tworuschka, Arbeit im Islam. In: Ethik der Religionen – Lehre und Leben, Bd. 2, Göttingen/München 1985, S. 73f.
[21] U. Planck, a.a.O. (vgl. Anm. 2)

[22] Abū ʿAbdallah Muḥammad ibn Aḥmad al-Anṣārī al-Qurṭubī (Hg.), al-Ǧāmiʿ li Aḥkam al-Qurʾān, Kairo 1967, Teil 1, S. 264 ff. Für Hinweise danke ich sehr Herrn Prof. Dr. Falaturi (Köln).
[23] Ebd. Teil 1, S. 74 ff. Siehe auch: Aḥmad Muḥammad Šākir (Hg.), Tafsīr at-Ṭabari, Ǧāmiʿ al-Bayān ʿan Tāwīl al-Qur ʾān, Teil 1, Kairo o. J., S. 439 ff.
[24] Ad-Daḥāk, in: Abū ʿAbdallah Muḥammad ibn Aḥmad al-Anṣārī al-Qurṭubī, Teil 7, S. 226 f.
[25] Vgl. John Black, a. a. O. (vgl. Anm. 1).
[26] Kenneth Cragg, The Privilege of Man, London 1968, zitiert bei: Black, a. a. O. (vgl. Anm. 1), S. 51. Craggs Islambild ist soeben untersucht worden von Klaus Hock, Der Islam im Spiegel westlicher Theologie (= Kölner Veröffentlichungen zur Religionsgeschichte, Bd. 8), Köln/Wien 1986, S. 259–287.
[27] Abū ʿAbdallah Muḥammad ibn Aḥmad al-Anṣārī al-Qurṭubī, a. a. O. (vgl. Anm. 22), Teil 20, S. 148 ff.
[28] Kenneth Cragg, The Mind of the Qur ʿān, a. a. O. (vgl. Anm. 10), S. 95.
[29] Vgl. Hussein Abdul Fattah, Die Erde: Ein Gottesgeschöpf. Meditative Gedanken zu Versen aus dem Koran. In: Sufi. Zeitschrift für Islam und Sufitum 1/1985, S. 35–50.
[30] Koran und Umwelt (= Schriftenreihe des Islamischen Zentrums München Nr. 8), 1984.
[31] Vgl. die Ahmadiyya-Koranausgabe von Maulana Sadr-ud-Din: Der Koran Arabisch-Deutsch, Berlin 1964 (Kommentar zu Sure 6,38 auf S. 223).
[32] Vgl. Ute Hahn, Die Entwicklung des Tierschutzgedankens in Religion und Geistesgeschichte, Diss.Med.Vet. Hannover 1980 – Vgl. auch D. Müller, Das Tier im Leben und Glauben der Frühislamischen Gesellschaft, Diss.phil. Münster 1969.
[33] Abū ʿAbdallah … (vgl.Anm. 22), Teil 10, S. 261.
[34] Ebd., Teil 5, S. 389 ff.
[35] Zitiert bei Holger Schleip, Zurück zur Natur-Religion? In: Al-Islam 6/1985, S. 5.
[36] Erdmute Heller, Der Untergang des Wüstenschiffs. Auf den Spuren des Kamels in der orientalischen Geschichte. In: SZ am Wochenende vom 4./5. August 1984, S. 127.
[37] Ebd.
[38] Vgl. Der Spiegel Nr. 14 40 (1986) vom 31. März 1986, S. 170–172. Bemerkenswert ist auch die Umweltschutzmaßnahme des Sultans von Oman, Qaboos, die vom Aussterben bedrohte Oryxantilope wieder anzusiedeln. Vgl. Karl Heinz Reger, Oryx-Projekt: So rettet man Tiere vor dem Aussterben. In: tz München vom 28. 4. 1986.
[39] Vgl. Kuwait Document. Islamic Code of Medical Ethics, Januar 1981 (erläutert und zusammengefaßt in: Monika Tworuschka, Gesundheit im Islam (= Ethik der Religionen – Lehre und Leben, Bd. 3), Göttingen/München 1985, S. 86–88.
[40] Smail Balić, Ruf vom Minarett, Weltislam heute – Renaissance oder Rückfall? Eine Selbstdarstellung, Wien 1979, S. 63.

[41] Vgl. Seyyed Hossein Nasr, Man and Nature. The Spiritual Crisis of Modern Man, 1968, als Mandala edition 1976, S. 96.
Zur Person: Seyyed Hossein Nasr, geb. 1933. Studium der Physik und Mathematik am Massachusetts Institute of Technology; 1958 Promotion zum Doktor der Philosophie mit dem Fachgebiet Geschichte der Wissenschaft und der Philosophie, mit besonderer Berücksichtigung der Islamkunde. Z. Zt. Professor für Islamische Studien an der George Washington Universität Washington, D. C. Mehrere Gastprofessuren an verschiedenen Universitäten. Als erster Muslim hielt er in diesem Zusammenhang die berühmten Gifford Lectures an der Universität Edinburgh (1981).

[42] Iqtidar H. Zaidi, On the Ethics of Man's Interaction with the Environment: An Islamic Approach. In: Environmental Ethics, vol. 3 (1981), S. 35–47.

[43] Ebd., S. 44ff.

[44] Malik ibn Anas zitiert bei: Hussein Abdul Fattah, Die Erde: Ein Gottesgeschöpf, a. a. O. (vgl. Anm. 29), S. 35f.

[45] Hussein Abdul Fattah, a. a. O.

[46] Seyyed Hossein Nasr, Man und Nature, a. a. O. (vgl. Anm. 41), S. 31f. und 105f. Übersetzung: Monika Tworuschka.

[47] Zaidi (vgl. Anm. 42), S. 46f.

[48] Hussein Abdul Fattah a. a. O. (vgl. Anm. 44), S. 50.

Kapitel 5

[1] Kl. Klostermaier, World religions and the ecological crisis, in: Religion. Journal of Religion and Religions. 1973, S. 140.

[2] Vgl. J. Gonda, Die Religionen Indiens, Bd. 1, Stuttgart 1960, S. 314. Auch A. Avalon: »Für den Hindu ist der Unterschied zwischen Pflanze und Tier und zwischen Tier und Mensch mehr ein gradmäßiger«. Shakti und Shakta. Weilheim 1962, S. 40.

[3] R. Panikkar, Aspekte heutiger Hindu-Spirtualität, in: Inter Confessiones. Fr. Heiler zum Gedächtnis. A. M. Heiler (Hrsg.), Marburg 1972, S. 150. Er weist auch auf die Verständnisschwierigkeit für das säkularisierte Denken hin: der »Sinn für Heiligkeit als eine allgemeine Einstellung hat, da sie nicht einer profanen Sphäre entgegengesetzt ist und da sie eigentlich gar nicht definiert werden kann, weil gar nichts da ist, was neben ihr stünde, eine sehr eigentümliche Konsequenz, die schon manchen Gelehrten irregeführt hat«. Daß diese Haltung auch zu Resignation oder gar Furcht vor jeglicher Veränderung führen kann, nimmt ihren grundlegenden Wert nicht weg. Sie ist in ihrer hemmenden Wirkung karikaturhaft beschrieben in der indischen Kurzgeschichte von Mulk Radsch Anand, »Der Traktor und die Getreidegöttin«, in: Der sprechende Pflug. Indien in Erzählungen seiner besten zeitgenössischen Autoren. W. A. Oerley (Hrsg.), Herrenalb 1962, 217–224.

[4] In der indischen Philosophie werden Phänomene, die wir als psychisch oder moralisch und somit nicht in den Kategorien der Naturwissenschaft beschreibbar betrachten, oft substantialistisch gedeutet. Gerade die in der indischen Morallehre so wichtigen Begriffe wie Dharma und Karma werden mit der Kategorie einer äußerst feinen, übersinnlichen Materie beschrieben, die einem Menschen anhaftet. Vgl. P. Hacker, Dharma im Hinduismus, in: Zeitschr. f. Missionswissenschaft und Religionswissenschaft, 1965, S. 102–3.

[5] Vgl. Gonda, a. a. O., siehe Anm. 2, S. 190ff.

[6] Vgl. Gonda, S. 289–290. Und H. J. Klimkeit: »So umspannend wird der Dharma als umfassende Lebensordnung gesehen, daß nicht nur der Mensch, sondern alle Lebewesen einschließlich der Tiere und Götter, ja alle Erscheinungen des Kosmos, ihm untergeordnet sind. Würde diese fundamentale Macht nicht beachtet, so betont schon der Realpolitiker Kautilya (3,14), so ginge die ganze Welt zugrunde.« In: Der politische Hinduismus. Indische Denker zwischen religiöser Reform und politischem Erwachen. Wiesbaden 1981, S. 65.

[7] Mahābhārata, Shantiparvan 10, 10–11. Nach dem neuhinduistischen Autor K. L. Seshagiri Rao, Weltprobleme aus der Perspektive eines Hindu. In: H. Schultze u. W. Trutwin, Weltreligionen, Weltprobleme. Düsseldorf/Göttingen 1973, S. 80. Jawaharlal Nehrus (wie auch vieler anderer Vertreter des Neuhinduismus) Plädoyer für eine Synthese von Wissenschaft und Spiritualität folgend, achtet dieser Autor nur auf die moralischen und psychischen Gefahren einer überbetonten Industriewirtschaft; die physischen Aspekte sind noch nicht ins Blickfeld geraten (S. 85).

[8] Āpastambadharmasūtra 1,7,20,6–8, nach Hacker, siehe Anm. 4, S. 98.

[9] Eine Beschreibung dieser Macht im Sinne von Vorbild wäre zu mager, da es sich nie nur um eine freiwillige Nachfolge oder eine ›nur psychische‹ Einwirkung handelt. H. Zimmer schreibt: »Der Weise wird wegen seiner übernatürlichen Seelenkraft, die er in die Welt ausstrahlt, verehrt und zugleich gefürchtet.« Und: »Er ist wohl auch wie ein indischer Asket, der durch selbstauferlegte Entsagung seine menschlichen Grenzen überschritten und eine solche Macht erworben hat, daß ihm sogar die Götter, die über die Weltkräfte und -sphären herrschen, unterstehen.« Philosophie und Religion Indiens. Suhrkamp Tb. 1973, S. 71–2. Bis im Neuhinduismus findet man diese Auffassung zurück, im Glauben an die Wirksamkeit der Anwesenheit des Gurus und z. B. in Sri Aurobindos Vorhaben, die materielle Welt durch spirituellen Fortschritt umzugestalten.

[10] Siehe meinen Beitrag »Hinduismus und Arbeit« in Bd. 2 dieser Reihe Ethik der Religionen.

[11] Vgl. Gonda, Bd. I, S. 290. Auch Klimkeit (siehe Anm. 6): »Die Unfruchtbarkeit der Frau, die Sterilität der Kuh, Mißernten und Unwetter sind Indizien für ein Dharma-widriges Verhalten.« S. 66.

[12] »Where the land is kingless, the cloud, lightning-wreathed and loud-voiced, gives no rain to the earth.« Rāmāyana 2,57, nach A. L. Basham, The wonder that was India. London 1954, S. 85.

[13] Siehe Vālmīkis Rāmāyana 6,131,97–105.

[14] Z. B. Mahatma Gandhi in der religiös inspirierten Unabhängigkeitsbewegung, aber auch die orthodox-hinduistische Rām Rājya Parishad, 1948, die Genossenschaft zur Förderung der Rāmā-Regierung. In der Gesellschaft der Hindu Mahāsabhā und der Bhāratīya Jan Sangh zeigt eine solche Vereinigung allerdings, daß eine auf die Tradition gebaute ganzheitliche Tendenz im modernen Indien zu faschistoiden Zügen kommen kann.

[15] Vgl. H. P. Th. Gaeffke, De hindi literatuur en het indische nationalisme, Leiden 1966, S. 7.

[16] Vgl. Mahābhārata 12,263,40.

[17] Vgl. H. Zimmer, Indische Mythen und Symbole. Düsseldorf/Köln 1972, S. 125.

[18] Vgl. Gonda, Bd. I, S. 318, Bd. III, S. 260. Bereits das Gesetzbuch Manus erklärt, daß Bäume und Pflanzen ein gewisses Bewußtsein haben und Wohlbefinden oder Schmerz erfahren, was, wenn auch sicher in einer anderen Deutungsterminologie, in unserem Jahrhundert durch wissenschaftliche Versuche des indischen Naturwissenschaftlers Sir Jagdish Chandra Bose bestätigt sein soll.
Die indische Tradition drückt ihre Lebensweisheiten oft aus in Tierfabeln. Diese »sind der natürliche Ausdruck des Lebens, das sich eins weiß in Mensch und Tier und über Tode ohne Zahl in unermüdetem Gestaltwandel zu neuem Dasein drängt. Mensch wandelt sich zu Tier und Tier zu Mensch im Kreislauf der Geburten nach dem Maße seiner Reife in Güte und Erkenntnis.« H. Zimmer, Spiel um den Elefanten. Ein Buch von indischer Natur. Düsseldorf/Köln 1976, S. 27.

[19] Bei der Deutung von Ahiṃsā gilt eine gewisse Vorsicht, da dieser Begriff eine Interpretationsbreite bekommen hat, die von einer rein negativen Tötungs-Abstinenz (a-hiṃsā) bis zu einer alle Kreatur Gottes in gleichem Maß umfassenden Liebe (Mahatma Gandhi) reicht. Das alte hinduistische Gebot der Ahiṃsā hatte ursprünglich mit Ethik in unserem Sinne nichts zu tun, sondern war ein magisch-ritualistisches Tabu auf das Leben, das in keiner seiner Formen zerstört werden durfte. Erst später hat es die heute gültige ethische Begründung bekommen. Vgl. L. Alsdorf, Beiträge zur Geschichte von Vegetarismus und Rinderverehrung in Indien. Main 1962, S. 15 u. 33.

[20] »Ahiṃsā signifie ne causer de douleur à aucune créature, par aucun moyen et jamais. Les refrènements (yama) et les disciplines (niyama) qui suivent, ont leurs racines dans l'ahiṃsā et tendent à parfaire l'ahiṃsā.« M. Eliade, Le Yoga. Immoratilé et liberté. Paris 1954, S. 59. Vgl. auch Yogasūren von Patanjali, 2.30.

[21] Vgl. »Nature (Hindu)«, in: Encyclopaedia of Religion and Ethics, J. Hastings (ed.), 1908.

[22] Bei Tagore denke man an seinen auf eine ganzheitliche Erziehung gerichteten Ashram in Shantiniketan, bei Aurobindo an sein Hauptwerk The Life Divine und bei Radhakrishnan an sein Buch Wissenschaft und Weisheit.

[23] Die im letzten Viertel des 19. Jh. von der Ārya Samāj initiierte Shuddhi (= Reinigungs)-Bewegung wollte durch eine Reinigungszeremonie alle andersgläubigen Inder, bes. Muslimen und Christen, aber auch die Unberührbaren, zu der ›wahren, vedischen‹ Religion zurückbringen, ein Anliegen, das

deutlich neben religiösen auch soziale und nationalistische Ziele hatte. In der Kolonialzeit verständlich und von teilweise humanitären Absichten getragen (Unberührbare), wurde diese Tendenz nach der Unabhängigkeit eindeutig faschistoid bei einigen rechten politischen Parteien, die Hindutva (= Inder/Hindu-tum) zu ihrem zentralen Begriff machten und immer wieder versuchten, Bekehrungen zu einer nicht-hinduistischen Religion gesetzlich zu erschweren.

24 O. Wolf, Sri Aurobindo. RoRoRo 1967, S. 31. Aurobindo in einem Brief an seine Frau Mrinalini.

25 Nach India. A reference annual. Publ. Division, Ministry of Information and Broadcasting, India 1980, S. 16. Ursprünglich in Bengali von Bankim, Englisch von Aurobindo.

26 Von Rabindranath Tagore, nach: India, siehe Anm. 25, S. 16.

27 Bankim Ch. Chattarji, nach: Klimkeit, siehe Anm. 6, S. 106.

28 Wie es z. B. einzelne Rechtsparteien in der Janata-Regierung, Ende der 70er Jahre, mit ihrem Gesetzesvorhaben zum allgemeinen Verbot der Kuh-Tötung versucht haben.

29 Siehe dazu »Auflösung des Dorfverbandes«, in: D. Kantowsky, Dorfentwicklung und Dorfdemokratie in Indien. Bielefeld 1970, S. 38 ff.

30 B. S. Gupta, Indische Hiobsbotschaften. Wachsende ökologische Krise in Indien. In: epd-Entwicklungspolitik 10/11/84 (Juni), S. 16.

31 Vgl. Kantowsky, siehe Anm. 29, S. 135. Hier ist eigentlich nur die Sozialisation in den höheren Kasten gemeint. Diese haben aber eine vorbildliche Wirkung auf die unteren Kasten, und ihre Angehörigen bilden obendrein einen Großteil des Beamtentums.

32 Aus dem Bericht einer Untersuchungskommission über die Kumaon-Wälder. Nach: Bharat Dogra, Ontbossing in India. Amsterdam 1981, S. 27 (niederl. Übersetzung des engl. Forests and People, the efforts in Western Himalayas to re-establish a long-lost relationship. Rishikesh 1980).

33 Siehe H. G. Gensch, »Nun ruhen alle Wälder?«. In: epd-Entwicklungspolitik 11/1982, S. 11–14. Auch: Bharat Dogra, S. 50–54. Die Idee, Bäume zu umarmen, soll auf das Beispiel von 200 Frauen in Rajasthan zurückgehen, die 1730 getötet wurden beim Versuch, die Bäume ihrer Umgebung mit ihrem Körper gegen Holzfäller zu schützen, die im Auftrag eines Maharajas zum Neubau dessen Palastes auftraten.

34 Ein Chipko-Aufruf, nach: Gensch, S. 12.

35 Hügelland westlich von Kalkutta. Ādivāsis sind Nachkommen der Ureinwohner und sind oft nur sehr oberflächlich hinduisiert.

36 »Die kulturelle Bedeutung der natürlichen Umwelt ist heute noch in den Liedern, Tänzen und Festen der Ādivāsis zu sehen, die eine sinnlich liebende Beziehung zwischen Mensch und Natur widerspiegeln.« B. S. Gupta, Schlechtes Beispiel macht Schule. Historisch-politische Ursachen der Ökokrise in Indien. In: epd-Entwicklungspolitik Juni 1984, S. 23.

37 Äußerung eines betroffenen Bauern, in: Bharat Dogra, siehe Anm. 32, S. 21.

38 Bharat Dogra, a. a. O. S. 60.

Kapitel 7

[1] Vgl. John (Fire)Lame Deer/Richard Erdoes, Lame Deer Seeker of Visions, New York 1972, S. 12.; s. auch The Sacred Pipe, Black Elk's Account of the Seven Rites of the Oglala Sioux, ed. Joseph E. Brown, 4.1, New York 1976.
[2] Vgl. Lame Deer/Erdoes, a.a.O. (Anm. 1).
[3] Touch The Earth, A Self-Portrait of Indian Existence, ed. T.C. McLuhan, New York 1971, S. 5.
[4] Der Begriff »Great Spirit« (Großer Geist) ist heute allgemein als Sammelbegriff für die bei allen indianischen Völkern verschiedene Bezeichnung des obersten Gottes akzeptiert.
[5] Vgl. u.a. Wolfgang Lindig/Mark Münzel, Die Indianer. Kulturen und Geschichte der Indianer Nord-, Mittel- und Südamerikas, München 1976; Clark Wissler, Indians of the United States, New York ²1966; Alvin M. Josephy Jr., The Indian Heritage of America, New York 1968; Axel Schulze-Thulin, Weg ohne Mokassins, Düsseldorf 1976.
[6] Lame Deer/Erdoes, a.a.O. (Anm. 1), S. 112.
[7] Thomas E. Sanders (Nippawanock)/Walter W. Peek (Metacomet), Literature of the American Indian, Beverly Hills 1973, S. 17.
[8] White Bone, Iron Bird u. Standing Bear, »Songs of the Dakotas«, in: The Indians Book, New York 1968, zit. b. Sanders/Peek, a.a.O. (Anm. 7), S. 16.
[9] Lame Deer/Erdoes, a.a.O. (Anm. 1), S. 174ff.
[10] Vgl. Albert Roland, The First Americans, in: Dialogue, Vol. 6, 1973, S. 19
[11] Leer Deer/Erdoes, a.aO. (Anm. 1), S. 46.
[12] Vgl. Edmund Wilson, Apologies to the Iroquois, New York 1959, S. 44.
[13] Vgl. Liselotte Ungers, Die Rückkehr des Roten Mannes, Köln 1974, S. 23 u. Lindig/Münzel, a.a.O. (Anm. 5), S. 67f.
[14] Vgl. ebd., S. 15f.
[15] Vgl. Holger Möllenberg, Die Rhetorik indianischer Literatur, Frankfurt a.M. 1982.
[16] Vgl. Schulze-Thulin, a.a.O. (Anm. 5), S. 222f.
[17] American Indian Environments, Ecological Issues in Native Americ History, ed. Christopher Vecsey/Robert W. Venables, Syracuse, S. 168ff.
[18] Eine genaue Datierung des Aufsatzes fehlt.
[19] Sun Bear, Büffel-Herzen, Baden-Baden 1981, S. 9.
[20] Vgl. Interview mit Herb Norwegian im Quellenanhang.

Hinweis: Die englischen Originalzitate wurden (mit Ausnahme der Textpassage von Sun Bear) vom Autor übersetzt.

Kapitel 8

[1] Vgl. A. Lang, Art. Ökologie II. Psychologie. In: Historisches Wörterbuch der Philosophie, Bd. 6, Sp. 1147–1149. – Innerhalb der Psychologie unterscheidet man inzwischen eine »ökologische Psychologie«, welcher es »um die Berücksichtigung von Umweltaspekten in psychologischen Begrifflichkeiten, Theorien und Methoden« geht, und eine »Umweltpsychologie«, deren Anliegen darin besteht, drängende Umweltprobleme unter Beteiligung der Psychologie zu lösen. Vgl. Hans-Joachim Fietkau, Psychologische Aspekte umweltpolitischen Handelns (= IIUG preprints 85–17), Berlin 1985, S. 1 (Lit.).
[2] Vgl. M. Dabag, Art. Mitwelt. In: Historisches Wörterbuch der Philosophie, Bd. 5, Sp. 1439–1441.
[3] Vgl. Hans-Jürgen Fraas, Der Schüler: Religiöse Sozialisation – Religiöse Erziehung. In: Religionspädagogisches Kompendium. Hg. von G. Adam/R. Lachmann, Göttingen 1984, S. 85.
[4] Gotthard M. Teutsch, Lexikon der Umweltethik, Göttingen 1985, S. 103 (Art. Umwelt). Vgl. weiter: Otto Ahlhaus/Gerhardt Boldt/Klaus Klein, Taschenlexikon Umweltschutz. Düsseldorf [4]1980.
[5] Vgl. Adolf Portmann, Art. Umweltforschung. In: Wörterbuch der Soziologie, 2. neubearb. und erw. Aufl. hg. von Wilhelm Bernsdorf, Stuttgart 1969, S. 1190–1193, hier 1191.
[6] Ebd., S. 1192.
[7] Vgl. Wolfgang Altenkirch, Ökologie (= Studienbuch Biologie), Frankfurt 1977, S. 53.
[8] Odum/Reichholf. Vgl. Udo E. Simonis, Ökologie, Politik und Wissenschaft, Berlin o. J. (vom Autor freundlicherweise zur Verfügung gestelltes ›paper‹).
[9] Teutsch, a. a. O. (= Anm. 4), S. 16 (Art. Biosphäre).
[10] Ebd., S. 16 (Art. Biosphäre).
[11] Ebd., S. 103 (Art. Umwelt).
[12] Vgl. vor allem Udo Krolzik, Umweltkrise – Folge des Christentums, Stuttgart/Berlin 1979, 2. Aufl. 1980. – Ders., Ökologische Probleme und das Naturverständnis des christlichen Abendlandes (Information Nr. 87, II/83), Stuttgart 1983 (Evangelische Zentralstelle für Weltanschauungsfragen). – Neuerdings vom selben Autor: Säkularisierung der Natur. Providentia-Dei-Lehre und Naturverständnis der Frühaufklärung, Neukirchen 1986.
[13] Vgl. u. a. John Passmore, Man's Responsibility for Nature. Ecological Problems and Western Traditions, 2. Aufl. London 1980.
[14] Eugen Drewermann, Der tödliche Fortschritt. Von der Zerstörung der Erde und des Menschen im Erbe des Christentums, Regensburg 3. Aufl. 1981. Zitiert bei: Konrad Hilpert, Verantwortung für die Natur. Ansätze zu einer Umweltethik in der gegenwärtigen Theologie. In: Theologie und Philosophie 60 (1985), S. 376–399, hier: S. 388.
[15] Udo E. Simonis, Erlösung der Natur, Berlin o. J. (Vom Autor freundlicherweise zur Verfügung gestelltes ›paper‹).

[16] Teutsch, a.a.O. (Vgl. Anm. 4), S. 113 (Art. Umweltethik).
[17] Ebd., S. 27 (Art. Ehrfurcht vor dem Leben).
[18] Julius Richter, Albert Schweitzer als Mystiker. In: Freies Christentum 17 (1965), S. 149–155 und S. 163–169. Albert Schweitzer war der 1. Ehrenpräsident des Bundes für Freies Christentum, welches die genannte Zeitschrift herausgibt.
[19] Albert Schweitzer, Kultur und Ethik, S. 239.
[20] Die Weltanschauung der indischen Denker, S. 208.
[21] Kultur, S. 241.
[22] Ebd., S. 247ff.
[23] Ulrich Mann, Schöpfungsmythen. Vom Ursprung und Sinn der Welt, Stuttgart, Berlin 1982.
[24] Teutsch, a.a.O. (vgl. Anm. 4), S. 113f. (Art. Umweltethik).
[25] Ulrich Linse, Neues Leben, neue Sünden. Über die Experimente der Landkommunen in Deutschland. In: SZ vom 16./17. Juli 1983, S. 111. Vgl. vom Autor weiterhin: »Zurück, o Mensch, zur Mutter Erde«, München 1983.
[26] Vgl. Hubert Cancik (Hg.), Religions- und Geistesgeschichte der Weimarer Republik, Düsseldorf 1982 (hierin die Beiträge von W. Mogge, Religiöse Vorstellungen in der deutschen Jugendbewegung, S. 90–103; E. Hieronimus, Zur Religiosität der völkischen Bewegung, S. 159–175; H. Cancik, ›Neuheiden‹ und totaler Staat. Völkische Religion am Ende der Weimarer Republik, S. 176–212).
[27] Materialdienst aus der Evangelischen Zentralstelle für Weltanschauungsfragen 42 (1979), S. 177.
[28] Vgl. den Beitrag von Holger Möllenberg in dem vorliegenden Band. Außerdem grundlegend: Werner Müller, Glauben und Denken der Sioux. Zur Gestalt archaischer Weltbilder, Berlin 1970. – Ders., Geliebte Erde. Naturfrömmigkeit und Naturhaß im indianischen und europäischen Nordamerika, 4. Aufl. Bonn 1982.
[29] Vgl. Christopher Markert, Yin Yang. Harmonie von Sinnlichkeit und Vernunft (= Goldmann-TB 11379), München 1984 (unter Bezug auf E. B. Szekely, Das Friedensevangelium der Essener, Frankfurt 1977), S. 137–144.
[30] Vgl. Klaus T. Seeland, Ecology and the Comeback of Religiousness, Berlin o. J. (Dieser Beitrag wurde uns freundlicherweise von Herrn Kollegen Prof. Dr. Udo E. Simonis, Direktor des IIUG (= Internationales Institut für Umwelt und Gesellschaft, Wissenschaftszentrum Berlin) zur Verfügung gestellt.
[31] Georg Schmid, Interessant und heilig. Auf dem Weg zur integralen Religionswissenschaft, Zürich 1971.
[32] Hubertus Mynarek, Ökologische Religion (= Auszug aus dem Buch des Verf., Religiös ohne Gott? Düsseldorf 1983), S. 3.
[33] Ders., Der Ökologische Humanismus als weltanschaulicher, ethischer und religiöser Impuls (= Überarbeitung eines Vortrags, den Prof. Mynarek beim VII. Achberger Jahreskongreß 1980 gehalten hat). Vervielfältigter Auszug, vom Autor zur Verfügung gestellt.

[34] Vgl. Hans-Jürgen Ruppert, Heilung für die Erde. Weltanschauliche Voraussetzungen des biologisch-dynamischen Landbaus (= Information Nr. 88 VI/83), Stuttgart 1983.
[35] Reinhart Hummel, Im Zeichen des Wassermanns. Zu den Hintergründen der New-Age-Bewegung. In: EvKomm 19 (1986), S. 71–74, hier: S. 71.
[36] Vgl. Edwin Maynard (Hg.), Leben in Findhorn, Freiburg ²1983.
[37] Vgl. jetzt den bibliographischen Überblick von Uwe Gerber, Feministische Theologie. In: Walter Schöpsdau (Hg.), Mariologie und Feminismus (= Bensheimer Hefte 64), Göttingen 1986.
[38] Elisabeth Moltmann-Wendel, Nachwort zur deutschen Ausgabe von Virginia R. Mollenkott, Gott eine Frau? Vergessene Gottesbilder der Bibel, München 1984, S. 124.
[39] Rosemary Radford Ruether, Frauenbefreiung und Wiederversöhnung mit der Erde. In: E. Moltmann-Wendel (Hg.), Frauenbefreiung. Biblische und theologische Argumente, München/Mainz 1978 (= 2. Aufl. von Menschenrechte für die Frau), S. 192–202, hier: S. 201 f. – Vgl. R. Radford Ruether, Frauen für eine neue Gesellschaft. Frauenbewegung und menschliche Befreiung, Teil drei, Pkt.8: »Die neue Frau auf einer neuen Erde: Frauen, Ökologie und Revolution«, Mainz 1979, S. 200–229.
[40] Rosemary Radford Ruether, Sexismus und die Rede von Gott. Schritte zu einer anderen Theologie, Gütersloh (GTB 488) 1985, S. 109–115 (»Ökologisch-feministische Theologie der Natur«).
[41] Virginia R. Mollenkott, a. a. O. (Vgl. Anm. 38).
[42] Starhawk, Der Hexenkult als Ur-Religion der Großen Göttin. Magische Übungen, Rituale und Anrufungen, 2. Aufl. Freiburg 1985 (amerik. Titel: The Spiral Dance. A Rebirth of the Ancient Religion of the Great Goddess).
[43] Vgl. Michael Weisser, Spiegel der Träume und Ängste. Science-fiction – das Gegenwartsgeschäft mit der Zukunftsliteratur. In: SZ vom 28./29. April 1984, S. 113.
[44] Ruether, a. a. O. (vgl. Anm. 40), S. 318.
[45] Schamanismus und archaische Ekstasetechnik, Zürich/Stuttgart o. J. (1957), S. 5.
[46] Mircea Eliade, Das Heilige und das Profane. Vom Wesen des Religiösen, Hamburg 1957, S. 8.
[47] Karl Hoheisel, Geographische Umwelt und Religion in der Religionswissenschaft. In: Geographia Religionum. Interdisziplinäre Schriftenreihe zur Religionsgeographie, hg. von M. Büttner, K. Hoheisel u. a., Bd. 1, Berlin 1985, S. 123–164, hier: S. 147.
[48] Vgl. Klaus Seeland, Ökologische Problemlösungen in traditionalen Kulturen. Ableitung und Deutung autochthoner Potentiale anhand eines Fallbeispiels aus der östlichen Himalayaregion (= IIUG pre 85–9), Berlin 1985, S. 23.
[49] Åke Hultkrantz, An Ecological Approach to Religion. In: Ethnos 31 (1966), S. 131–150. – Ein erweiterter Aufsatz mit dem Titel »Religio-ecological approach« findet sich bei L. Honko (Hg.), Studies in methodology (= Religion and Reason 13), The Hague/Paris/New York 1979. Die Seitenangaben im Text beziehen sich auf den erstgenannten Aufsatz.

[50] Vgl. u. a. Ivar Paulson, Vom Wesen und aus der Geschichte der Religion, Stockholm 1963.
[51] Karl Hoheisel, a. a. O. (vgl. Anm. 47), S. 152.
[52] Vgl. Martin Schwind (Hg.), Religionsgeographie (= Wege der Forschung Bd. CCCXCVII), Darmstadt 1975. – Grundlegend jetzt die neue interdisziplinäre Schriftenreihe »Geographia Religionum« (vgl. Anm. 47).
[53] Gustav Mensching. Die Religion (Goldmann-TB 882/883), München 1966, S. 119.
[54] Volker Prittwitz, Acht Thesen zur sozialwissenschaftlichen Umweltforschung (= IIUG discussion papers 85–26), Berlin 1985, S. 1.
[55] Ebd., S. 2.
[56] Vgl. Hoheisel, a. a. O. (vgl. Anm. 47), S. 152ff.
[57] Vgl. einführend: Hans-Joachim Klimkeit, Schöpfung. In: Udo Tworuschka/Dietrich Zilleßen (Hg.), Thema Weltreligionen, Frankfurt/München 1977, S. 79–87 (Lit.).
[58] Y. F. Tuan, Discrepancies between environmental attitudes and behavior: examples from Europe and China: In: Canadian Geographer 12 (1968), S. 176–191.
[59] Hubert Cancik, Römische Rationalität. Religions- und kulturgeschichtliche Bemerkungen zu einer Frühform des technischen Bewußtseins. In: Peter Eicher (Hg.), Gottesvorstellung und Gesellschaftsentwicklung, München 1979, S. 67–92.
[60] Klaus Michael Meyer-Abich, Die Welt zum Blühen bringen. Wege zu einem neuen Naturerleben. In: SZ vom 29./30./31. März 1986.
[61] Christa Klaus, Schutz vor den Naturgefahren. Tibetische Ritualtexte aus dem Rin chen gter mdzod, ediert, übersetzt und kommentiert, Wiesbaden 1985 (Asiatische Forschungen Bd. 97).
[62] Vgl. Anm. 48, S. 22.
[63] Hubert Seiwert, Ethik in der chinesischen Kulturtradition. In: Peter Antes u. a., Ethik in nichtchristlichen Kulturen, Stuttgart 1984, S. 136–167, hier: S. 147.
[64] Peter J. Opitz, Präkonfuzianische Ordnungsspekulation. In: Ders. (Hg.), Chinesisches Altertum und konfuzianische Klassik, München 1968, S. 17–68, hier: S. 59.
[65] Zitiert bei: Arthur Waley, Lebensweisheit im Alten China, Frankfurt 1974, S. 92.
[66] Ebd., S. 93.
[67] Vgl. John Passmore, a. a. O. (vgl. Anm. 13), S. 26f.
[68] D. Howard Smith, Confucius, Frogmore 1974, S. 126.
[69] Lexikon der östlichen Weisheitslehren, München 1986, S. 194 (Art. Konfuzianismus).
[70] Shimada Kenji, Die neo-konfuzianische Philosophie. Die Schulrichtungen Chu Hsis und Wang Yang-Mings, übersetzt von Monika Übelhör (Mitteilungen der Gesellschaft für Natur- und Völkerkunde Ostasiens LXXIV), Hamburg 1979, S. 48.
[71] Vgl. Seiwert, a. a. O. (vgl. Anm. 63), S. 147.
[72] Zitiert bei Shimada Kenji, a. a. O. (vgl. Anm. 70), S. 143f.

[73] Vgl. Mary Boyce, Der spätere Zoroastrismus. In: Handbuch der Religionsgeschichte, hg. von Jes Peter Asmussen/Jørgen Læssoe in Verbindung mit Carsten Colpe, Bd. 2, Göttingen 1972, S. 359–372, hier: S. 362.
[74] Vgl. Shigeto Tsuru, Zur Geschichte der Umweltpolitik in Japan (IIUG pre 85-4), Berlin 1985. – Ebenfalls: Ders./Helmut Weidner (Hg.), Ein Modell für uns. Die Erfolge der japanischen Umweltpolitik, Köln 1985.
[75] Carmen Blacker, Religions of Japan. In: Historia Religionum, vol. II: Religions of the Present, hg. von C. J. Bleeker/Geo Widengren, Leiden 1971, S. 516–549, hier: S. 532.
[76] Vgl. Masatoshi Doi, Religion und Natur. In: Douglas J. Elwood (Hg.), Wie Christen in Asien denken. Ein theologisches Quellenbuch, Frankfurt 1979, S. 79–88, hier: S. 85.
[77] Vgl. die schönen Ausführungen von Martin Schwind, Japanische Landschaft. In: Archiv für Ostasien 1 (1948), S. 24–35.
[78] Zitiert bei: Gustav Mensching, Gut und Böse im Glauben der Völker, 2. völlig neubearb. Aufl. Stuttgart 1950, S. 46.
[79] Vgl. grundsätzlich K. Hoheisel, a. a. O. (vgl. Anm. 47).
[80] Vgl. W. Hellpach, Geopsyche, Stuttgart [8]1977.
[81] Antonio R. Gualtieri, Landscape, Consciousness and Culture. In: Religious Studies 19 (1983), S. 161–174.
[82] P. Fickeler, Grundfragen der Religionsgeographie (urspr. 1947), in: M. Schwind (Hg.), a. a. O. (vgl. Anm. 52), S. 48–99.
[83] Vgl. einführend D. E. Sopher, Geography of Religions, Englewood Cliffs 1967. – Ders., Geography and Religions, 1981.

10 Vergleichendes Themenregister

11 Verzeichnis der Mitarbeiter

1. Prof. Dr. Sigurd M. Daecke (Professor für Evangelische Theologie, Schwerpunkt Systematische Theologie, an der RWTH Aachen), Flandrische Straße 36, 5100 Aachen

2. Dr. Alphons van Dijk (Religionswissenschaftler, Lehrbeauftragter an der Universität Oldenburg. Schwerpunkte: Hinduismus, Neuhinduismus, Buddhismus, Religionsbegegnung, nichtchristliche Religionen in Europa). Wuppertaler Str. 57, 4322 Sprockhövel 1

3. Dipl.-Päd. Dr. Heyo E. Hamer (Akademischer Oberrat an der Universität Essen – Gesamthochschule, Fachbereich 1: Philosophie, Religions- und Sozialwissenschaften, Fach: Evang. Theologie und ihre Didaktik, Schwerpunkt: Religionswissenschaft), Auf der Recke 11, 4290 Bocholt

4. Prof. Dr. Michael Klöcker (Professor für Moderne Sozialgeschichte an der Universität zu Köln), Werderstraße 37, 5000 Köln 1

5. Heinz-Jürgen Loth, M. A. (Religionswissenschaftler, Schwerpunkte: Judentum und Religionssoziologie), Hardenbergstr. 9, 4040 Neuss 21

6. Dr. Holger Möllenberg (Redakteur beim Westdeutschen Rundfunk, Fernsehen; Veröffentlichungen und Fernsehbeiträge zu Indianerfragen), Beethovenstraße 12, 5000 Köln 1

7. Dr. Rainer Neu (Lehrbeauftragter an der Gesamthochschule Essen, Schwerpunkte: Religionssoziologie und alttestamentliche Sozialgeschichte), Walter-Heimig-Stege 5, 4230 Wesel

8. Dr. Monika Tworuschka (Islamwissenschaftlerin und Publizistin), Blumenweg 2, 5358 Bad Münstereifel-Arloff

9. Prof. Dr. Udo Tworuschka (Professor für Allgemeine Religionsgeschichte im Fach Evangelische Theologie an der Universität zu Köln), Blumenweg 2, 5358 Bad Münstereifel-Arloff

10. Dr. Ernstjoachim Vierheller (Lehrbeauftragter an der Universität Hamburg für Sinologie, Schwerpunkt: chinesische Philosophie), Fritz-Reuter-Weg 21, 2106 Bendestorf